新时代教育评价改革研究丛书

学生评价

苏启敏　陶燕琴　著

XUESHENG

PINGJIA

北京师范大学出版集团
BEIJING NORMAL UNIVERSITY PUBLISHING GROUP
北京师范大学出版社

图书在版编目(CIP)数据

学生评价/苏启敏,陶燕琴著．—北京:北京师范大学出版社,
2023.5
(新时代教育评价改革研究丛书)
ISBN 978-7-303-28190-9

Ⅰ.①学…　Ⅱ.①苏…　②陶…　Ⅲ.①中小学－教育评估
Ⅳ.①G632.0

中国版本图书馆 CIP 数据核字(2022)第 191079 号

国家社会科学基金(教育学)国家一般课题"实践取向教育评价哲学的
本土化建构研究"(项目编号:BAA190239)的阶段性研究成果。

教 材 意 见 反 馈　gaozhifk@bnupg.com　010-58805079
营 销 中 心 电 话　010-58802755　010-58805079
北师大出版社教师教育分社微信公众号　京师教师教育

XUESHENG PINGJIA

出版发行:北京师范大学出版社　www.bnupg.com
　　　　　北京市西城区新街口外大街 12-3 号
　　　　　邮政编码:100088
印　　刷:北京溢漾印刷有限公司
经　　销:全国新华书店
开　　本:710 mm×1000 mm　1/16
印　　张:15.75
字　　数:300 千字
版　　次:2023 年 5 月第 1 版
印　　次:2023 年 5 月第 1 次印刷
定　　价:68.00 元

策划编辑:鲍红玉　　　　　　　　　责任编辑:孟　浩
美术编辑:焦　丽　　　　　　　　　装帧设计:焦　丽
责任校对:陈　荟　　　　　　　　　责任印制:马　洁

序　言

学生评价何以必要

学生评价是学校教育中不可或缺的一环，与班级管理、课堂教学以及课外指导等活动一起构成了中小学教师日常工作的重要组成部分。但与此同时，对于有些教师而言，学生评价又像是"最熟悉的陌生人"。虽然年复一年、日复一日地从事学生评价工作，他们却依然对如何进行学生评价充满了各种困惑。

有的教师困惑于不知道学生评价应该评价学生的哪些方面，认为除了考试成绩以外其他方面似乎并不那么重要；有的教师困惑于不知道如何进行学生评价才能对学生的某些方面做到真正了解；有的教师困惑于成绩和学生实际表现的不匹配，认为有些成绩优异学生的实际动手能力却不尽如人意；有的教师困惑于学生评价到底有什么用，认为除了甄别选拔学生以外学生评价好像并未对学生的长远发展产生实际的影响和作用。

所有这些困惑的根源主要有两方面。从客观方面而言，学生评价的性质决定了它并不一定能够完全真实地反映学生实际的学习过程和结果。学生评价是一个通过学生外在的学习活动或行为推断学生内在的学习素养或效果的过程。这种推断并非直接推断，如同从事物的长度或重量直接推断出事物之间孰大孰小或孰轻孰重，而是一种间接推断，需要以学生的活动或行为为中介，来推断学生的精神和心理世界。然而，学生的知与行并不总是合一。因此，学生评价作为一种间接推断，就会伴随"测不准"现象的产生。

英国学者安德鲁·戴维斯（Andew Davis）在他的著作《教育评价的限度》中提到了类似的"测不准"现象："从学校到高等教育或就业的发展变化说明，在新的环境下，可能缺乏从学校成就到（社会）成功的转化。在学校里缺乏成就也可能并不会在以后的环境中'转化'为失败。"①

中外的不少研究也充分证明"测不准"现象的存在，这种现象的存在是不以人的意志为转移的。面对这种现象，在主观层面上，教师如果缺乏主动了解学生评价、掌握学生评价的意愿，就会使"测不准"现象越发明显。在评价学生的学习过程和结果时，外在行为表现和评价结果之间的误差就会增加。正因如此，要把这种误差控制在一个合理的区间范围之内，最佳的途径就是帮助教师更为深入地了解学生评价，使教师既掌握学生评价背后的理论基础，也能够运用学到的理论科学、客观、合理地从事学生评价实践的各项工作。

2020 年，中共中央、国务院正式印发《深化新时代教育评价改革总体方案》。该方案对学生评价提出了新的要求："坚决改变用分数给学生贴标签的做法，创新德智体美劳过程性评价办法，完善综合素质评价体系。"在新时代的背景下，社会各界对学生评价提出了新的要求，对学生的全面发展有了更多的期待。教师作为学生评价的主要组织者和评价者，在改革的进程中将面临更为巨大的挑战。提升自身的学生评价素养，成为学生评价专业人员，是教师无法回避的使命，也是教师应对挑战的根本途径。

为了帮助教师更好地应对学生评价带来的挑战，本书尝试从理论到实践阐明学生评价领域的已有研究成果，为教师提供理解和运用学生评价的基本指南。

第一章"学生评价概述"着重从学生与评价的关系以及学生评价的概念、类型与功能几方面，对学生评价体系做导引式的介绍。

第二章"学生评价的历史发展"尝试对学生评价的演变历程进行分期，从萌芽时期、科学化时期、体系化时期、多元化时期阐述学生评价理论与实践的发展历史。

第三章"学生评价标准"聚焦于学生评价实施的前提，即学生评价标准的设计与制定。学生评价标准的制定需要经历评价指标的制定、评价权重的确定和评价基准的选取三个步骤。

第四章"学生评价方法"将具体探讨评价学生学习过程与结果所采用的基本方法，包括测验法、问卷法、访谈法、观察法和档案袋法。

---

① Andrew Davis, *The Limits of Educational Assessment*, Oxford, Blackwell Publishers, 1998, pp. 4-5.

第五章"学生评价过程"主要关注学生评价的一般过程和学生评价过程遵循的价值原则。学生评价的一般过程包括准备阶段、实施阶段、反馈阶段。学生评价过程遵循的价值原则包括民主原则和公平原则。

第六章"学业评价"首先界定"学业"和"学业评价"的含义，对学业评价的两种基本形式，即学科知识评价和学科技能评价进行深入分析。

第七章"综合素质评价"根据学生综合素质的定义和类型，将综合素质评价区分为学习素养评价、道德素养评价、审美素养评价和劳动素养评价，并逐一揭示其具体主旨和实施方式。

第八章"学生评价改革的新动向"尝试展望学生评价改革的趋势，归纳出学生评价改革的大致方向。其中具有代表性的是基于教育过程的学生评价改革、基于核心素养的学生评价改革和基于信息技术的学生评价改革。

全书共八章，旨在为教育评价研究人员和广大一线教育工作者，尤其是教师，提供整体认识学生评价体系的全景地图，使教师能够更合理有效地使用学生评价为自身的教学工作和学生的学习活动服务。书中各章内容以学生评价的基本原理为框架，结合具体案例，力求深入浅出，使教师在使用学生评价工具时能够有据可依，有章可循。

诚然，《学生评价》一书是作者历经 14 年教育评价理论研究和教学所积累而成的经验总结。但鉴于作者学识和能力上的局限，本书依然存在不足之处，还望读者去芜存菁，择其善者而学之，择其不善者而针砭之，对本书提出宝贵的修改意见。

苏启敏
2022 年 10 月于广州大学文逸楼

目 录

第一章 学生评价概述

在中文语境下，学生评价是一个偏正短语。在这个短语里面，"学生"是修饰语，"评价"是中心语。前者指出了学生评价的对象，后者指出了学生评价的性质。

第一节 学生与评价的关系

首先来看"学生"这个修饰语。学生作为一种社会角色，具有丰富的社会学内涵。有教育社会学者将学生视为一种独特的社会存在。"学生既非不承担任何社会义务的婴幼儿，也非以职业劳动而与社会进行交换的成人，学生是介于婴幼儿与成人之间的'半'社会成员。这一社会属性导致学生在相当程度上带有'边缘人'（marginal man）的特征。事实上，'学生'本来也并非仅仅是学生。与教师不同，学生是学校中最游离不定的成员（the most transient），因为他（她）们本来就是作为一个社会性未成熟者而生活于一个多重社会之中。"[1]从教育社会学学者对学生的界定来看，如果以成人的标准来衡量学生，学生就只是未"成熟"的社会成员。正因为离"成熟"尚有不少距离，所以学生才需要接受教育，尤其是正规的学校教育。学校教育的价值也就体现在学生趋于"成熟"的过程中产生的发展和变化。要知晓学校教育价值是否得以实现，就需要对学生这种"半"社会成员进行评价。显然，学生评价的对象是作为"半"社会成员的学生。

这样的结论还不够具体。因为学生本身具有的特征是多样的，对他们的发展既无法全部进行评价，也没有必要全部进行评价。例如，对于学生的肤色、身高、体重等生理特征的发展和变化，如果学生这些特征的发展不是出自学校教育当中有目的、有计划、有组织、有指导的学习活动，不是一种趋向完善的发展，那它们就不属于学生评价的对象。换句话说，只有出自学校教育中有目的、有计划、有组织、有指导的学习活动，并由此导致学生趋于向善的发展，这种发展的过程和结果才是学生评价真正的对象。

---

[1] 吴康宁：《教育社会学》，222～223页，北京，人民教育出版社，1998。

1

再来看"评价"这个中心语，顾名思义，就是"评定价值"的意思。那究竟要评定什么价值呢？要回答这一问题，我们首先要界定清楚"价值"的内涵。根据《辞海》第六版对"价值"一词的界定：在哲学上，不同的思想视域和思想方式对于价值有不同的理解。例如，舍勒把价值理解为客观的实在，它所反映的是存在事物的等级状态，如人有着比动物更高的存在状态，意味着比动物有更高的价值……人们还可以从人与对象物的关系的思想视域中理解价值现象，即价值可以指人根据自身的需要、意愿、兴趣或目的对他生活相关的对象物赋予的某种好或不好、有利或不利、可行或不可行等的特性。也可以指对象物所具有的满足人的各种需要的客观特性。[①]

可见，工具书中对"价值"的理解大致有三种：第一种是把"价值"理解为一种客观实在，这种客观实在具有不同的等级；第二种是把"价值"理解为一种人与对象物的关系，它是对象物的特性对人的需要的满足关系；第三种是把"价值"理解为一种对象物的客观特性，这种特性也是由人的需要所决定的。第一种理解仅仅从客观的方面来看待价值，忽略了人的需要对价值产生的影响。第三种理解又过于强调人的需要的决定性作用，而无视对象物的客观特性不以人的意志为转移的方面。从人类实践的过程来看，价值的产生源于人的主观需要，价值的实现归因于对象物的客观属性能够满足人的主观需要。在人与对象物之间便构成了一种特殊关系，这种特殊关系就是价值。

需要注意的是，人的主观需要并不都是正当的。对象物的客观属性对不正当需要的满足只是一种恶的表现，而称不上是价值。例如，无条件地满足学生的网瘾导致学生荒废学业，这样的满足关系就无法纳入价值的范畴。所以在界定价值的内涵时，我们必须考虑人的主观需要的正当性。为此，我们可以把"价值"界定为：对象物所具有的客观属性能够满足人的正当需要的关系。

具体到教育领域，人的正当需要包括两个方面。一是社会的正当需要，二是个体的正当需要。一方面，社会对学校教育的正当需要表现为政治发展的需要、经济发展的需要和文化发展的需要，这些需要整体表现为社会需要学校教育培养人才推动政治、经济和文化等领域的发展。个体的正当需要表现为生存就业的需要、自我实现的需要、追求真善美的需要，这些需要整体表现为个体需要通过学校教育提升自身在满足这些需要方面的能力。另一方面，学校教育作为对象物，正因为自身所具有的客观属性能够满足社会和个体的正当需要，自身的价值才得以彰显。这种客观属性主要是有目的、有计划、有组织、有指导的学习活动所促成的学生向善发展。

---

① 辞海编辑委员会：《辞海》第六版，876 页，上海，上海辞书出版社，2010。

如果要对学生与评价之间的关系做一个系统的总结，那么学生评价的实质是对学校教育促成的学生向善发展过程与结果满足社会和个体正当需要的程度所做的判断，同时也是对学校教育价值的判断。学生的向善发展过程与结果事实上是一个中介。我们通过对这个中介的评价，才能最终实现对学校教育价值的评价。只有学生向善发展过程与结果满足社会和个体正当需要，学校教育才是有价值的。满足的程度越大，学校教育的价值就越大。学生评价存在的意义就在于它是了解这种满足是否实现和满足的程度如何的一种手段和工具。

第二节　学生评价的概念

在梳理清楚学生与评价之间的关系以后，我们就可以进一步深入了解学生评价的概念。何谓概念？概念是人类思维活动中最小的、最基本的构成单位，是做出判断和进行推理与论证的基础，也是反映对象本质属性的思维方式。因此，要弄清楚什么是学生评价，首先需要对学生评价的概念进行界定。从逻辑学角度来看，概念都有特定的反映对象和对象范围。这就是概念的内涵和外延。具体到学生评价领域，前者涉及学生评价的定义，后者涉及学生评价的类型。本节首先分析学生评价的定义，学生评价的类型在下一节再进行探讨。

一、学生评价的定义

学生评价的定义背后潜藏着"什么是学生评价"的基本问题。针对这一问题，不同的学者有不同的看法。陈玉琨将学生评价看作"对学生个体学习的进展和变化的评价"[1]。它包括对学生学业成绩、学生思想品德和个性的评价等方面。他还指出："学生评价是教育评价领域中最基本的一个领域，也是教育工作者最关心的一项工作。"[2] 金娣和王钢认为："学生评价是在系统地、科学地和全面地搜集、整理、处理和分析学生信息的基础上，对学生发展和变化的价值做出判断的过程，目的在于促进教育与教学改革，使学生全面发展。"[3] 胡中锋则把学生评价理解为：以学生为评价对象的教育评价，是评价者依据一定的价值标准对学生的学业成就、个性发展、品德状况、体质体能等方面进行价值判断，并把判断结果反馈于教育实践以改进教学的过程，是对学生学习进展与行为变化的评价。[4]

---

[1][2]　陈玉琨：《教育评价学》，56页，北京，人民教育出版社，1999。

[3]　金娣、王钢：《教育评价与测量》，260页，北京，教育科学出版社，2007。

[4]　胡中锋：《教育评价学》，242页，北京，中国人民大学出版社，2008。

诺曼·E. 格朗兰德(Norman E. Gronlund)从教学的立场出发,认为学生评价可以被定义为通过收集、分析和阐释信息来确定学生达成教学目标程度的系统过程。① 这个定义包括两个重要维度。首先,学生评价意味着一个排除对学生随意和无序观察的系统过程。其次,学生评价总是假定教学目标已经预先得到确认。如果未预先确定教学目标,要判断学生学习的性质和程度显然是不可能的。美国教育评价标准联合委员会制定的学生评价标准,给出了学生评价的定义:一方面,学生评价是收集与学生有关信息以便支持对学生取得的进步和发展进行决策的过程;另一方面,学生评价是对作为评价对象的学生的价值和成绩所做的系统调查和确认。②

虽然中外教育评价学者和组织的文化背景不同,所持的哲学观、教育观也并不一致。但他们对学生评价的认识却存在某些共识,这些共识也凸显了学生评价的本质属性。

第一,学生评价是以事实判断为基础的活动。"评价"是对价值的评定,它天然地包含价值判断的环节。可是,仅仅具有价值判断的评价难免成为非科学的主观评价,它就像随意评价一个人的好坏一样充满了独断的色彩。为了保证评价的科学、客观、合理,我们就有必要在做出价值判断之前收集足够的事实并进行事实判断,以此为价值判断的依据。"事实判断是价值判断的基础,以事实判断作为基础的价值判断才有可能被称为是合理的。"③所以,学生评价是一种既有事实判断也有价值判断的活动。

第二,学生评价是以价值判断为目标的活动。由于价值判断总是与评价结果联系在一起,而价值判断往往又带有主观判断的色彩,因此价值判断是否是评价的本质属性受到了一些学者的质疑。克龙巴赫(Cronbach)就旗帜鲜明地拒绝把评价视为一个价值判断的过程。之所以会出现这样的情况,一方面是"一个表明评价判断性的定义,也许会引起潜在评价者们的许多忧虑和评价对手们的抵制"④。相反,一个非判断性的评价定义,如"为决策提供信息"也许会更顺利地被评价者以及评价结果的使用者接纳。另一方面,从个人本位的教育目

---

① Norman E. Gronlund, *Measurement and Evaluation in Teaching*, 5th ed., New York, Macmillan Publishing, 1985, p. 5.

② The Joint Committee on Standards for Educational Evaluation, *The Student Evaluation Standards*: *How to Improve Evaluations of Students*, Thousand Oaks, Corwin Press, Inc, 2003, p. 5.

③ 冯平:《评价论》,282 页,北京,东方出版社,1995。

④ [以色列]内伏:《教育评价概念的形成:对文献的分析评论》,赵永年、李培青译,见瞿葆奎:《教育学文集》第 16 卷,346 页,北京,人民教育出版社,1989。

的观来看，用一个统一的价值标准去判断学生的发展是不可被接受的。持这种教育目的观的评价者试图用描述的方式代替评价的价值判断。可是，学生评价一旦取消了价值判断就不再是一种评价活动了。因为学生评价归根结底是对学生发展与变化是否满足社会和个体正当需要给出说法，而这个说法离不开对需要是否被满足和满足程度如何的价值判断。所以，学生评价必然以价值判断为自己的最终目标。

根据学生评价具有的本质属性，本书尝试将"学生评价"的概念界定为：在系统、科学和全面地收集、整理、处理和分析学习活动信息并做出事实判断的基础上，对学习活动促成的学生向善发展过程与结果满足社会与个体正当需要程度所做的价值判断。

二、学生评价与相近概念的辨析

在不少学生评价的研究文献中，有一些与学生评价概念相似的术语频繁出现，甚至被相互混用。这种现象给理解学生评价、明确学生评价的意义带来了不少困难。为此，我们有必要对学生评价及其相近概念进行辨析，厘清不同概念的含义和使用边界，以减少和避免概念之间的混淆和误用。

(一)学生评价与学生测量

从两个概念的隶属关系来看，学生评价是学生测量的上位概念，而学生测量是学生评价的下位概念。学生评价是包括学生行为测量的综合性活动。这一本质属性事实上说明了针对学生学习行为的评价与测量是有区别的，两者并不是同一回事。相对于测量，评价是一项更综合和范围更广泛的活动。评价既包括学生行为的质性描述，也包括学生行为的量化描述，还涉及对被测量行为的价值判断。而测量仅限于学生行为的量化描述，不包括学生行为的质性描述，也不涉及对被测量行为的价值判断。格朗兰德尝试用下面的两个公式来说明评价与测量之间的关系。[①]

评价＝学生行为的量化描述(借助测量手段)＋价值判断

评价＝学生行为的质性描述(借助非测量手段)＋价值判断

格朗兰德所列的两个公式清晰地表明，学生评价与学生测量两者之间既有联系，也有区别。两者的联系在于，学生评价往往把学生测量当作它的重要方法和手段。学生评价是在学生测量基础上的深化。从历史发展来说，学生评价就是在学生测量基础上发展起来的。它们的对象是一致的，就是有目的、有计划、有组织、有指导的学习活动促成的学生向善发展过程与结果。同时，两者

---

① Norman E. Gronlund，*Measurement and Evaluation in Teaching*，5th ed.，New York，Macmillan Publishing，1985，p. 6.

又存在明显区别。学生测量是对测量对象的属性分配数值（如智力商数的测试），它是事实判断得以可能的基础。但这一基础不仅包括测量（量化描述）方法和手段，也包括非测量（质性描述）方法和手段。而学生评价是在通过测量或非测量方法和手段收集信息，并做出真与假的事实判断基础上，进一步做出好与坏、优与劣的价值判断。

（二）作为学生评价对象的学习过程、学习结果与学习成就

正如前文提到，学生评价对象是学校教育当中有目的、有计划、有组织、有指导的学习活动促成的学生向善发展过程与结果。强调学生评价具体指向的对象，有助于澄清学生评价中学习过程、学习结果与学习成就三者之间的关系，避免评价者在对学生评价的认识上落入误区。

1. 作为学生评价对象的学习过程与学习结果

通常，人们习惯于认为学生评价对象是学习结果，进一步又认为学习结果即学业成绩，甚至是考试分数。这种认识无疑是片面的，它忽视了一个关键事实，即学习的过程与结果对学生的身心发展都会起到同样的作用，对学生的身心发展产生双重影响。在效率至上的思想驱使下，评价者在实施学生评价时往往习惯于只评价学习结果而对学习过程视而不见。这种"唯结果论"逐渐演变为"唯分数论"，致使一些教育行政部门、校长、教师、学生、家长只重视考试分数。

动辄把学生评价的对象等同于学习结果的"唯结果论""唯分数论"，其危害在于，如果不了解学习过程对学生身心发展造成的影响是正向的抑或负向的，哪怕学生取得的学习结果再出色，评价者也无法判断教育的价值是否已经实现。因为在某些情况下，出色的学习结果有可能是以一种损害学生身心发展的方式或过程获得的，如填鸭式的知识灌输和不顾及学生身心健康的高强度学习。只有通过学生评价充分了解学生的学习过程，才可能避免上述情况发生。因此，评价者必须认识到，学生评价的对象不仅包括学习结果，还包括学习过程。

2. 作为学生评价对象的学习结果与学习成就

人们在讨论学生评价对象时，也常常会将作为学生评价对象的学习结果与学习成就混为一谈，认为两者是同一回事。但实际上这两者既有密切联系，又有明显的差异。

在探讨学生评价对象时，一般存在一个前提假设。也就是学校教育当中有目的、有计划、有组织、有指导的学习活动必然会引起学生的学习行为，而这些学习行为又必然会导致学生身心的发展和变化。这些发展和变化只要进入学生评价的视野中，成为学生评价对象的一部分时，就是作为学生评价对象的学习结果。

作为学生评价对象的学习结果包括两个维度。一是学生身心的负向变化，或者说目的为恶的变化。这种变化并非教育者和评价者所期待的，往往是超出预期的变化。例如，在学习过程中因为过度用眼导致的学生近视率大幅攀升；由于过度依赖在线学习、网络学习造成的学生汉字书写能力下降。二是学生身心的正向发展，或者说目的为善的发展(向善发展)。这种发展恰恰是教育者和评价者所期待的，往往是预期的变化。例如，通过教师的教学，学生掌握了读写算的基本技能；通过自主学习，学生了解到中国古代文学的发展历程。在这两个维度中，只有后者才能称为学习成就。

由此可见，作为学生评价对象的学习结果与学习成就并非一回事。前者是后者的上位概念，后者是前者的其中一个维度。除了关注学习过程外，我们还需要充分了解学习结果的两个维度。一方面，及时了解学生在学习过程中是否造成身心的负向变化。如果答案是肯定的，我们就必须尽快调整教师的教学方案或学生的学习方案，以避免这种负向变化的加剧。另一方面，还需要全面洞察学生在学习过程中是否形成身心的正向发展(向善发展)。如果答案是否定的，我们就必须通过师生的共同反思，努力找出学生身心正向发展水平停滞不前或正向发展速度迟缓的原因所在。

(三)学生评价与其他相近概念辨析

在中文语境中，与"评价"相近的词有"评量""评鉴""评定""考评""评估"。这些词常常被当作"评价"的近义词，甚至是同义词来使用。但事实上这些词在用法上存在细微差别。

"评量"一词，是我国台湾教育学界通行的概念。这一概念与我国大陆教育学界使用的"评价"一词语义相同，但它专门用于学生评价领域。所以，学生评价在我国台湾教育学界也称为学生评量，如陈政见主编的教材《特殊教育学生评量》、张碧珠等人翻译的《差异化班级学生评量》、蒋德仁编著的《PISA 国际学生能力评量计划概论》。

在我国台湾教育学界，也有学者使用"评鉴"一词。该词的使用范围更为广泛，很多时候它被作为"评价"的统称使用，如杨文雄著的《教育评鉴之理论与实际》、张植珊著的《教育评鉴》、伍振鹜主编的《教育评鉴》。在更为具体的教育评价领域，"评鉴"一词多用于对教育工作者的评价方面，包括对校长、教师、教育行政管理人员的评价，如张新仁、冯莉雅、邱上真的论文《发展中小学教师评鉴工具之研究》，张德锐的著作《学生评鉴教师教学：理论、实务与态度》。此外，"评鉴"一词也常用在课程与教学评价方面，如黄光雄编译的《教学目标与评鉴》、黄政杰的著作《课程评鉴》、黄嘉雄的著作《课程评鉴》。

我国大陆教育学界使用较为频繁的主要是"评定""考评"和"评估"三个概念。"评定"意为经过评判和审核来决定。评定者根据被评定者的日常行为选择评定量表中最相符的项目加以划记，然后转化成分数予以评定，如莱尔德品质评定量表、布里奇斯社会行为量表。在教育评价领域，教育"评定"是一套系统性程序，通过收集、分析和描述各种有关资料，并将实际表现与理想目标对比，以便对课程、教学方法和学生培养方案做出决策。不难发现，"评定"多用于学生、课程和教学评价方面，如"三好学生"的评定、课堂教学的评定等。

"考评"是考核评价的简称，通常用于对校长、教师、教育科研人员、后勤人员等教育工作者的评价活动当中。对教育工作者的评价就是人事考评，其中教师的考评是较受关注的问题之一，如教师年度考评、教师考评制度、师德考评等。

"评估"意为评议和估价，是对事物和过程的一种判断。它是一个包含一系列的步骤和方法的连续性的系统过程。其一般程序是，规定目的，确定目标，系统地采集信息，分析资料，运用包括数学在内的科学手段，对某一对象进行综合的评议和估价。它为决策者提供信息和资料，为决策服务。但它不等同于决策。因决策带有强制性，且通常面向未来；而评估不具有强制性质，且既可面向未来，又可面对过去和现在。[①] 在教育评价领域，"评估"的概念通常运用于对教育机构和教育方案的评价，如学校教育质量评估、本科教学工作水平评估等。

英文语境中有不少的词均有"评价"的含义，如 assessment, appraisal, evaluation 等词。《简明国际教育百科全书·教育测量与评价》指出，"assessment"一词一直是用于对人的。它通常译作"评定"，包括分等（正式的和非正式的）、考试、证明合格等。它可以评定学生学习某门课程的成绩，可以评定某申请人对某一特定职务的要求，也可以评定一位教师的能力。[②] 不过，希尔斯（Hills）则把"assessment"的重点放在学生以及学生学习的进展上。评定给教师提供了手段，以评价他的教学方法能使他的学生达到教育目标的程度。格兰特·P.威金斯（Grant P. Wiggins）的观点也与此相似。[③] 他认为评定是以判断

---

① 顾明远：《教育大辞典》增订合编本，1187～1188 页，上海，上海教育出版社，1998。

② 许建钺、赵世诚、杜智敏等：《简明国际教育百科全书·教育测量与评价》，15 页，北京，教育科学出版社，1992。

③ 瞿葆奎：《教育学文集》第 16 卷，750 页，北京，人民教育出版社，1989。

为基础的，对学生活动全面的、多方位的分析。[1] 显然，"assessment"是指以人为对象的评价。无论是学生评价还是教师评价，使用"assessment"都是合适的，但该词更多还是用于学生评价领域。

"appraisal"一词源于管理学，原来是指上司对下属或雇员的工作表现进行考核鉴定。后来，该词引申到教育领域，用于指称教育行政部门对其下属管辖范围内的教育工作者（不限于教师）进行的考核鉴定，通常又译作"考评"。例如，C. 波斯特（C. Poster）和 D. 波斯特（D. Poster）合著的《教师考评：训练与实施》（*Teacher Appraisal：Training and Implementation*）就使用了这一概念。

"evaluation"通常译作"评价"，它和译作"评定"的"assessment"可以交换使用。正如希尔斯所说："因为这两个术语的意义有相当的重叠。两者都包含旨在用以描述某些属性的测量活动。两者也都包含获得这些测量的程序，这些测量可能包括测验，也可能包括诸如等级量表（rating scales）这类不那么客观的量表。然而，存在着这么一种倾向，即倾向于用比较概括的方式来使用评价，包括以更大程度接受主观判断的更广泛的测量。此外，还存在着一种倾向，即在评价的对象不是人（或人的群体），而是教学历程或教学方法是否成功时，评价被用得更多。因此，评定通常更多地用于其程序涉及较客观的量表和这些量表用来测量个人的属性时的情境。"[2]这段话高度地概括了"evaluation"的用法以及它和"assessment"的关系。"evaluation"可视为"评价"，它的使用范围比"assessment"更宽泛，既可以用在对人的评价，也可以用在对非人的活动、过程和方案的评价。而"assessment"主要用于对人的评价，尤其是对学生的评价。图 1-1 介绍的是评价与其他相近概念的关系。

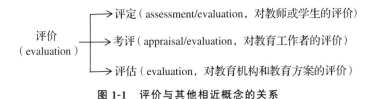

图 1-1　评价与其他相近概念的关系

① Grant P. Wiggins，*Assessing Student Performance：Exploring the Purpose and Limits of Testing*，San Francisco，Jossey-Bass Publishers，1993，p. 13.

② 瞿葆奎：《教育学文集》第 16 卷，752 页，北京，人民教育出版社，1989。

第三节 学生评价的类型

学生评价根据评价目的、评价内容和评价方法，可以区分为不同的类型。下面分别按照三种不同的划分依据，逐一对不同类型的学生评价进行分析。

一、依据评价目的区分的类型

按照评价目的进行区分，学生评价可以分为如下四种类型。

(一)诊断性评价

诊断性评价(diagnostic assessment)是指在某项教育教学活动进行之前，为使其计划更有效地实施而进行的预测性、预备性评价，以便对学生学习的现状和存在的问题做出鉴定。其主要目的是了解学生已有的学习水平。它要了解学生是否已掌握了参加预定教学活动所需的知识与技能，学生的兴趣、习惯以及其他个性特征显示何种教学模式最为合适。比如，在教学前，诊断性评价的作用在于对学生的能力、基础等进行辨别和分类。对于不具备学习新课程条件的学生，教师一方面予以查漏补缺；另一方面将其分类安置在能力相近的班组，以便采用近似的方法进行指导，而又不至于使其丧失信心。对于已掌握新课程目标的学生，教师应为其确定合适的教学起点，使之对所学内容不至于感到过于简单而失去兴趣。对于天赋学生，教师应予以特殊的关心和培养。诊断性评价有利于教师有针对性地对学生施教，也能够帮助学生尽快找到适合自己的学习方式。

诊断性评价的第一步是收集起点信息。这些信息有多种来源，包括学校提前调查的生源情况、学生的档案材料、任课教师和班主任的评价、教师正式和非正式的课堂观察、师生谈话、家长访谈等。表 1-1 列出了学生的起点信息来源。

表 1-1 学生的起点信息来源[①]

学生的言语	学生的行为	学生的文字
口头报告	按时完成任务	家庭作业
班级讨论	对激励的反应	报刊
对问题的回答	对任务的参与	考试
与他人的交流互动	成绩	档案

---

① ［美］Peter W. Airasian：《课堂评估：理论与实践》，徐士强等译，34 页，上海，华东师范大学出版社，2008。

续表

学生的言语	学生的行为	学生的文字
口头反应	注意力的广度	简洁、整洁
流利程度	与同伴的相处	笔迹
礼貌性	在班级里高谈阔论	逻辑思维
对语言的选择		组织结构

诊断性评价一般在学生入学前或入学之初开展，有时又在新学年或新学期开始前或初期开展。绝大多数教师借助诊断性评价能够描述每个学生的个性、社会、学业等方面的特征。学生的学习表现或特征是评价的焦点。学生成绩和行为的大部分信息都是通过偶发的、非正式的观察收集的。教师一般把收集到的起点信息以一种理想化的方式组合，然后再形成有关学生学习情况的总体认识。诊断性评价主要从多个角度广泛地了解学生的认知、情感和运动等方面的情况。

(二)形成性评价

"形成性评价"（formative assessment）概念是美国学者斯克里文（Scriven）在其 1967 年所著的《评价方法论》一书中首先提出来的。形成性评价是指在教学活动过程中评价活动本身的效果，用以调节活动过程，保证教育目标实现而进行的价值判断。它的目的不是预测，也不是总结，而是了解教学过程中的情况，以便及时调整教学的策略和方案，进而调整教学的状态。比如，在具体的教学过程中，形成性评价就是为了测定学生对某一具体教学内容的掌握程度，并指出还没有掌握的那部分任务或者在学习过程中存在的问题和不足。其目的不是给学生评定成绩或学业的证明，而是既帮助学生也帮助教师把注意力集中到要达到的学习程度上。"形成性评价可以为学生提供自身进步的证明，使其了解到自己是怎样成长为一个学习者和思考者的。"[①]当然，在教学过程中，教师除了要对学生进行形成性评价，也可以对自己的整个教学工作进行形成性评价，以促进自身教学水平的提高。

形成性评价直接指向正在进行的教学和学习活动。因此，开展形成性评价有助于直接地、有效地提高教学和学习质量。教师利用形成性评价获得的关于学生学习的信息，有助于提高自身教学决策的水平。

---

① ［美］Gary D. Borich、［美］Martin L. Tombari：《中小学教育评价》，国家基础教育课程改革"促进教师发展与学生成长的评价研究"项目组译，1 页，北京，中国轻工业出版社，2004。

（三）总结性评价

总结性评价（summative assessment）是指在某项教育活动告一段落时，对最终成果做出价值判断。也就是以预先设定的教育目标为基准，对学生学习达成目标的程度，即最终取得的学习成就进行评价，为各级决策人员提供参考依据。就教学目标而言，总结性评价是指在一门学科的重要部分或整个教学过程结束时，对学生的学习效果和成绩所进行的全面评价。

学生评价实践中占大多数的仍然是总结性评价，包括各种毕业考试、入学考试、升学考试等。开展总结性评价是对社会负责的表现。要保证学生的基本学习表现水平，总结性评价必不可少。进行总结性评价是社会和教育行政管理机构对学校进行监督和控制的有效手段，是提高教育质量的重要途径。总结性评价是外部导向的。因而，它有可能引起学生的焦虑，增加学生的压力。但是适度的焦虑也可以起到激发学生学习动机、改善学生学习质量的作用。表 1-2 为诊断性评价、形成性评价和总结性评价的比较。

表 1-2　诊断性评价、形成性评价和总结性评价的比较

项目	类型		
	诊断性评价	形成性评价	总结性评价
功能	1. 确定是否已具备必要技能 2. 确定当前的学习水平 3. 根据教学方法的特点对学生分类 4. 确定影响学习的原因	1. 得到学生关于学习进展方面的信息 2. 为了能够使指导方针更加明确，指出问题的具体根源	单元、学期、学年教学结束时，确定资格、成绩
实施时机	目的在于分班，一般在单元、学期、学年教学开始时实施	在教学或学习活动过程中实施	单元、学期、学年教学结束时实施
评价重点	1. 学生已有的学习水平，包括认知、情感、动作技能等方面 2. 身体、环境、心理方面的主要影响因素	1. 学生在学习过程中存在的问题与不足 2. 教师在教学过程中存在的问题与不足	学生在学习后达到的学习成就，一般是认知能力
评价手段	查阅资料、摸底测验、学习情况调查	课堂测验、日常作业、教师观察	期中或期末测验、教师评语

总体上看，诊断性评价、形成性评价和总结性评价在学生评价实践中是相互联系和相互渗透的。比如，诊断性评价一般来说是教学活动开始时的预备性评价。但是，实际上由于任何教学活动都是连续性的，阶段的划分也是相对的，无论是形成性评价还是总结性评价都带有诊断的性质。而由于学生评价的

根本目的是促进学生的向善发展，这种发展是贯穿学生的整个学习生涯甚至一生的，所以任何学生评价都或多或少带有形成性评价的性质。不过，形成性评价与总结性评价又存在一定的差异，这种差异主要表现在以下几点。

第一，形成性评价与总结性评价的目的不同。布卢姆（Bloom）就明确指出，这两种评价相区别的明显的特征在于目的（期望的用途）。他进一步指出，"形成性观察的主要目的是决定给定的学习任务的掌握程度，以及还未掌握部分的情况……它的目的不是对学习者分等或鉴定，而是帮助学生和教师把注意力集中在为进一步提高所必须的特殊的学习上"[①]。这段话表明，形成性评价的作用不在于证明，而在于找出问题和不足，并加以改进。教学和学习活动的质量是它关注的重点。换句话说，形成性评价的主要目的不是为学生提供证明，而是致力于引导学生掌握他所必须具备的知识，并试图发现学生错误的起因，从而采取因人而异的教学补救措施。而总结性评价的主要目的是甄别学生成绩，为学生是否具有某种能力或能力是否达到某一水平给出证明。

第二，形成性评价与总结性评价的委托人或使用人不同。形成性评价是内部导向的，评价结果主要供那些正在进行教学活动的教师和正在进行学习活动的学生参考。总结性评价是外部导向的，评价结果主要呈报给各级教育行政管理部门进行教育决策，或者交由各类教育科研机构进行研究，以作为制定教育政策或采取行政措施的依据。因此，形成性评价与教学活动的发起者教师和学习活动的实施者学生有着紧密联系。总结性评价则在一定程度上外在于教师和学生，更多是从第三方视角考查教师的教学活动和学生的学习活动。

第三，形成性评价与总结性评价发起的时间节点不同。形成性评价在教学过程中开展，是经常性的。总结性评价是在整个教学或其中的重要部分结束时才开展，如在学期中段、学期结束时开展。

第四，形成性评价与总结性评价的评价内容不同。形成性评价的内容一般限制在一个教学单元的范围内。总结性评价的内容涵盖一门课程，对学生能力的概括水平要求高于形成性评价。

第五，形成性评价与总结性评价对评价结果概括化程度的要求不同。形成性评价是分析性的，它不要求对评价结果做较高程度的概括。而总结性评价是

---

① Benjamin S. Bloom，J. Thomas Hastings，& George F. Madaus，*Handbook on Formative and Summative Evaluation of Student Learning*，New York，McGraw-Hill，Inc.，1971，p. 61.

综合性的，它最后得出的评价结果具有较高的概括化程度。

（四）激励性评价

激励性评价（incentive assessment）是指能够使学生内心受到外部一些物质或非物质的刺激，从而产生一种积极进取、努力向上的动力，并付诸行动的评价。激励性评价的目的在于激发学生的学习兴趣和愿望，从而使学生表现出主动积极学习的效果。它是促发学生努力学习、向上发展、自我完善的动力。激励性评价通常以教师评语的方式呈现。具有激励性的教师评语包括四种，它们分别是表扬类评语、鼓励类评语、指正类评语、示范类评语。

1. 表扬类评语

表扬类评语的作用是当学生表现出教师期望的行为以后，教师给予适当的表扬作为评价，以达到对学生已有学习行为的正强化。表扬类评语是教师经常使用的激励性评价手段。表扬类评语能使学生迅速了解哪些是教师所期望的行为，使他们在学习上明确方向，并自然地朝着这一方向努力。表扬类评语还能有效地提高学生对某一门课程的学习兴趣，引导学生自觉学习课程。

在使用表扬类评语的过程中，教师要注意利用它的即时性让学生对自己的良好学习行为和效果进行巩固。因此教师要敏锐地发现学生值得表扬的学习行为和效果。同时，该类评语只有具体到某一细节才会产生教师预期的效果，如"××多会思考啊"，而不是抽象地表扬，如"××是个好学生"。教师在表扬类评语的使用频率方面应注意，在发现学生良好学习行为和效果的初期可提高使用频率，尽量培养学生良好的学习行为习惯，激发他们的学习积极性。但是表扬类评语需要控制好使用频率，因为表扬类评语的使用频率达到一定上限就会出现边际效应，作用不再显著。减少频率的过程也是让他们逐步巩固的过程，最后把激励的结果巩固为他们的习惯。

有时，教师也不一定要使用口头或书面语言表扬学生。其实一个称赞的眼神、一个微笑都能产生对学生的激励作用，这种无声胜有声的表扬能很好地促进教师与学生间的感情交流。

2. 鼓励类评语

鼓励类评语的作用是当学生做出教师不期望的行为，或教师认为学生的某些表现存在一定不足，需要加以改进，又或者教师希望学生对某些学习行为进行尝试，就可以通过鼓励类评语提醒学生加以改进。该类评语对教师能力的要求更高。它对学生的作用更深刻，更有助于激发学生的潜能。

具体而言，教师在鼓励之前要客观指出学生的不足，但并不是简单地批评，而是具体到某一个小细节。教师所表现的情绪应该是平静的，或者透露出对学生有所期待的情感。有了这样的铺垫，然后教师再进行鼓励。鼓励类评语的效果相对于表扬类评语而言呈现较慢，使用的关键是教师要用发展的眼光看学生。用发展的眼光看学生首先要承认他们是儿童或未成年人，存在不足是难免的。另外，他们的不足是可以随着时间而改善的。因此教师不应该给学生贴标签，进而放任学生的问题不管。

当学生在接受鼓励类评语后做出教师期望的行为，无论结果如何，教师一定要继续给予鼓励。比如，教师应该在较少举手的学生回答问题后，尽量给予鼓励。无论学生回答得怎样，教师都应指出进一步努力的方向，以此来鼓励学生更乐于举手回答问题。

3. 指正类评语

指正类评语的作用是指出学生的不良行为或学习本身存在的不足，让学生清楚地知道自己在学习、行为表现中有何不足之处，从而激励学生明确改进方向，并努力加以改进。要是教师没能及时指正，学生就不知道自己所存在的问题。日积月累，学生的一些不良行为可能会越来越严重以至于难以自我纠正。指正类评语为学生完善自我指明了方向。

教师采用指正类评语时应符合实际，并具体指出学生存在哪些不足及其成因。使用指正类评语的前提是不伤害学生的自尊心，不侮辱学生的人格，不侵犯学生的个人隐私。同时，教师指正要及时。问题出现后时间过去太久，学生要改正过来，难度就会随之增加，激励效果会大打折扣。

4. 示范类评语

示范类评语的作用是教师借助表扬学生个人来对整个班级做出示范，以使个人和班级都能够向教师所期待的方向努力发展。示范类评语的目的是既激励学生个人，与此同时又对班级施加积极影响。

示范性评语的对象不仅是被表扬的学生，还包括整个班级或某些有待改进的学生。教师可将对学生个人的表扬视为一个抓手，通过向整个班级示范来达到班级管理和课堂教学管理的目的。这类评语比指正类评语更加委婉、间接，能使学生产生积极效仿榜样、模仿其良好行为的动机，培养他们"见贤思齐"的意识。

在使用示范类评语时，教师应注意营造一种示范的氛围，让所有学生意识到被表扬的同学是值得效仿的对象。同时，教师也需要让所有学生清楚地感知到效仿的行为或内容到底是什么。示范性评语的使用可以结合教师最近的期望或教学目的，如希望学生遵守课堂纪律，就相应表扬这方面表现突出的学生。

二、依据评价内容区分的类型

克龙巴赫把学生评价分为"最佳表现"（maximum performance）的评价与"通常表现"（typical performance）的评价两种类型。[①] 所谓最佳表现主要是指学生在动机得到充分调动的情况下所能达到的最好表现。最佳表现评价主要用于判定学生的潜在能力或学习成果。能力倾向测验以及学业成就测验就属于这一类型。能力倾向测验用于预测学生未来的学习能力。学业成就测验用于确定学生过去学习活动的成果。学业评价一般是对学生最佳学习表现的评价。所谓通常表现主要是指日常情况下学生典型的行为表现，如学生的学习兴趣、态度、品质等个性特征的外在反映。观察与日常行为记录是通常表现评价常用的手段。综合素质评价一般是对学生通常学习表现的评价。

（一）学业评价

学业评价是学生评价的重要组成部分，是指以国家的教育教学目标为依据，运用恰当的、有效的工具和途径，系统地收集学生在各门学科教学和自学的影响下认知行为上的变化信息和证据，并对学生的知识和能力水平进行价值判断的过程。[②] "学业"一般有两种含义：一是学问；二是学校的课业。[③] 这里主要取后一种含义，也就是说学业是学生在学校接受的专门课程学习。当课程学习结束后，学生参加相应的测验或考试，由此反映出自己在一个教育周期结束后学习能力与水平的变化。学生的学习能力与水平变化一般用量化分数或质性评语标示，两者合称为"学业成绩"。学业评价有以下几个特点。

第一，学业评价的内容主要是各门学科课程的知识体系。虽然各门学科课程的知识体系存在巨大的差异，但这些知识可以划分为四种基本的类型，包括事实性知识、概念性知识、程序性知识和反省认知知识。[④] 表 1-3 为知识维度的主要类别及其亚类。

---

① Lee J. Cronbach, *Essentials of Psychological Testing*, *2nd ed.*, New York, Harper & Row, Publishers, 1960, p.29.

② 袁振国：《当代教育学》第 4 版，227 页，北京，教育科学出版社，2010。

③ 辞海编辑委员会：《辞海（中）》，2946 页，上海，上海辞书出版社，1989。

④ ［美］L. W. 安德森等：《学习、教学和评估的分类学：布卢姆教育目标分类学修订版》，皮连生译，26～27 页，上海，华东师范大学出版社，2008。

表 1-3　知识维度的主要类别及其亚类①

主要类别与亚类	例子
1. 事实性知识——学生通晓一门学科或解决其中的问题所必须知道的基本要素 (1)术语知识 (2)具体的细节和要素的知识	机械的词汇、音乐符号 主要自然资源、可靠的信息来源
2. 概念性知识——能使各成分共同作用的较大结构中的基本成分之间的关系 (1)分类或类目的知识 (2)原理和概括的知识 (3)理论、模型和结构的知识	地质学年代周期、商业所有权形式 毕达哥拉斯定理、供应与需求定律 进化论、国会结构
3. 程序性知识——如何做，研究方法和运用技能、算法、技术和方法的标准 (1)具体学科的技能和算法的知识 (2)具体学科的技术和方法的知识 (3)决定何时运用适当程序的标准的知识	用于水彩作画的技能、整数除法 面谈技术、科学方法 用于确定何时运用涉及牛顿第一定律的程序的标准 用于判断采用特殊方法评估商业代价的可行性的标准
4. 反省认知知识——一般认知知识和有关自己的认知的意识和知识 (1)策略性知识 (2)包括情境性的和条件性的知识在内的关于认知任务的知识 (3)自我知识	把写提纲作为掌握教科书中的教材单元的结构的手段的知识，运用启发式方法的知识 教师实施的测验类型的知识，不同任务有不同认知需要的知识 知道评判文章是自己的长处，而写文章是自己的短处；对自己知识水平的意识

　　第二，学业评价的方式主要是测验或考试。学业评价需要收集学生各学科学习表现的信息，它收集信息的主要方式是测验或考试。但不同类型的测验通常采用不同的参照标准解释测验分数。因此，根据不同的参照标准，学业评价采用的测验大致分为如下三类。

　　第一类是常模参照测验(norm-referenced test)。这类测验的目的主要在于考查学生的个体差异，一般用于衡量学生相对水平的大规模选拔，如高考等升学考试。因此，单独解释某位学生在这类测验取得的分数是没有意义的，而必

---

①　［美］L. W. 安德森等：《学习、教学和评估的分类学：布卢姆教育目标分类学修订版》，皮连生译，43 页，上海，华东师范大学出版社，2008。

须将其分数放到整个参加测验的学生团体中，从而直接或间接地以学生在该团体中的相对等级或位置来评估学生的能力水平。这一团体即常模团体，常模团体在测验中的分数分布就是这类测验解释分数的参照标准：常模（norm）。常模往往与钟形曲线（正态分布曲线）是相匹配的。也就是说，常模团体在测验中的分数分布往往是呈正态分布的。正态分布曲线描绘了落在曲线各区间的学生人数的百分比。根据这一曲线，常模参照测验的使用者可以把某位学生的成绩和其他参加了同样测验的学生的成绩做比较。如果应用常模来测量学生的成绩，正态分布曲线各区间的学生的百分比就可以用来指定学生的成绩等级。每位学生的成绩都要和其他学生做比较，以确定他自己的等级。因此，可以根据正态分布把测验分数转换成不同的等级评定，如八等级评定，如图 1-2 所示。关于服从正态分布的测验分数转换成不同等级评定的方法，详见第六章第一节"学科知识评价"部分。

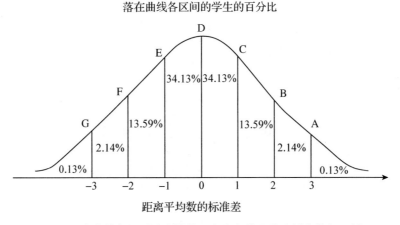

落在曲线各区间的学生的百分比

距离平均数的标准差

图 1-2　在常模参照测验中服从正态分布按百分比划分等级示例

第二类是标准参照测验（criterion-referenced test）。格拉瑟（Glaser）1963 年首先提出标准参照测验的概念。这类测验与常模参照测验的不同之处在于：它更关注学生是否已达到某种标准或效标。常模参照测验强调的是学生通过比较得出的名次或等第，反映的是学生与其他同学相比的相对水平。而标准参照测验则强调学生对测验内容的掌握程度，且能够对学生的表现做出直接解释，一般用于甄别学生的学习水平或诊断学生的学习困难。在标准参照测验中，一个人在测验上的成绩是和某种特定的标准相比较，而不是与其他人相比较。

第三类是成长参照测验（growth-referenced test）。成长参照测验又称为个体内在变化参照测验。它以个体的特定表现为参照标准，即进行自我比较。

这类标准可分为横向和纵向两种。横向标准用于对个体的同期诸方面表现进行比较。纵向标准用于对个体的发展情况进行今昔对比。这两种标准理论上适用于所有个体，但在实践中常常用于对后进生的评价。在常模参照测验和标准参照测验中，后进生常常成绩不佳，自信心受挫。而成长参照测验中的自我比较能使他们看到自己的进步或值得肯定的方面，从而激发了学生的自信心。

第三，学业评价的结果一般用量化分数或质性评语呈现。量化分数是代表学生学习本质特征(如学习能力、态度、动机)的量。量化分数本身只是一种数字符号。只有当我们赋予数字符号某种意义时，它才成为量化分数。量化分数具有自然数系统的特点，如区分性，$1 \neq 2$；等级性，$1 < 2 < 3$；等距性，$2 - 1 = 3 - 2$；可加性，$1 + 1 = 2$，等等。由于量化分数具有这些逻辑运算的特征，因此通过测量所得的分数，不仅可以表示学生的学习本质特征，而且还可以在一定的条件下由分数的计算而对学生的学习本质特征进行推测。

除了量化分数以外，学业评价的结果还常常使用教师的质性评语的方式予以呈现。评语即评价语言，它是教师对学生学习行为和表现做出评价时所运用的非量化语言，一般包括口头语言、书面语言和肢体语言。教师的质性评语不仅涉及学生对知识的掌握，还涉及学生课堂行为、个性、品德等方面的发展和变化。

按照评价的指向性，质性评语可分为肯定性评语(积极的评语)、否定性评语(消极的评语)。肯定性评语是指对学生的评价以"肯定"为主，主要有认可、表扬、鼓励等方式。否定性评语是指对学生的评价以"否定"为主，主要有不认可、批评、警告、提醒等方式。

按照意义表达的程度，质性评语可分为直接评语和间接评语。直接评语是指教师对学生的学习结果或行为表现采取直截了当的评价方式。而间接评语是指教师对学生的学习结果或行为表现不做直接点评，而在其语言中隐含了评价的方式。后者具有委婉的特点，适用于否定的内容，其表达形式有多种。教师可在提问或要求中蕴含评价的态度。例如，"你这样说对吗""请再仔细看看题目"等。

按照不同的评价对象，质性评语可划分为指向学生个人的评语、指向学生群体的评语和指向全班学生的评语三种。

(二)综合素质评价

付莉在分析"素质"概念的基础上，对"综合素质评价"的内涵做了如下界定，即学生综合素质评价是一种全面呈现学生状态的评价，是促进学生自我认知、自我反省、自我纠正的。在循环往复的评价过程中，引导学生提高其综合素质。[①] 梁丽群对"综合素质评价"所下的定义是对学生的学习成绩、学生的思想品德、学生的潜能发展、学生的创新能力和学生的实践能力的全面重视且促进其发展的评价。[②] 吴钢等人则认为，综合素质评价，即要从德、智、体、美、劳方面对学生实施评价，改变以往只重视对学生学业成绩进行考查，忽视对学生思想品德、创新精神和实践能力等进行评价的倾向，目的是促进学生的全面发展。[③] 它本身具有全面性、过程性、基础性、适宜性的特征。制定综合素质评价标准主要应参考学生的培养目标、相关制度、科学理论、实践积累的经验、评价对象和条件。

马克思认为，未来社会应该是以每个人的全面而自由的发展为基本原则的社会形式。全面提高学生的综合素质是我国素质教育的核心理念，因此，我们有必要从学生综合素质发展的角度对学生进行培养和教育。赵德成认为，综合素质的外延包括了传统纸笔考试所能够考查的各种知识和能力，但在通常意义上，则指的是学科测验所不能体现的其他各种素质的总和。综合素质是个体道德、情感、意识、智慧、身体等多方面素质的有机结合，由多种复杂的成分构成。[④] 还有学者认为，学生综合素质是指学生在思想品德、知识技能、体质、社会适应性以及劳动技能等各方面的可教育性及实际发展水平。[⑤] 2002 年，《教育部关于积极推进中小学评价与考试制度改革的通知》明确规定了中小学综合素质评价的基础性发展目标，包括道德品质、公民素养、学习能力、交流与合作能力、运动与健康以及审美与表现六个方面。

根据以上观点，综合素质评价的概念可以界定为：除学业评价结果之外，对学生学科内外学习过程与结果所体现的学习素养、道德素养、审美素养、劳动素养等基础性核心素养进行事实与价值判断的过程。综合素质评价的目的在于通过评价促进学生身心的全面发展。图 1-3 为学生评价、学科学业评价和综合素质评价的关系图。

① 付莉：《小学生综合素质评价研究》，硕士学位论文，东北师范大学，2008。
② 梁丽群：《小学生综合素质评价研究：以湖南大学附属小学为个案》，硕士学位论文，湖南大学，2013。
③ 吴钢、潘倩青、孙巧荣：《小学生综合素质评价的实践与反思——以上海市 J 小学为例》，载《教育测量与评价》，2017(3)。
④ 赵德成：《初中毕业生综合素质评价实践的问题与思考》，载《中国教育学刊》，2007(7)。
⑤ 王景英：《教育评价理论与实践》，256 页，长春，东北师范大学出版社，2002。

图 1-3 学生评价、学科学业评价和综合素质评价的关系图

三、依据评价方法区分的类型

学生评价需要运用不同的方法收集信息并做出事实判断。因此，根据评价方法属于测量方式还是非测量方式，学生评价可以分为如下两种。

(一)量化评价

量化评价(quantitative assessment)是指采用数学的方法，收集和处理数据资料，对学生的学习行为做出定量结论的价值判断。比如，运用教育测量与统计方法对学生的学习特征用数值进行描述和判断。随着教育测量理论的发展，量化评价方式的使用在学生评价领域越来越普遍。

量化评价一般可以采用频数、中位数、众数、百分比等量化统计方法。这些方法只是对数据进行初步分析，要进一步分析数据则通常需要运用方差分析、假设检验、因素分析、相关分析、回归分析等量化统计方法。此外，还有很多更加复杂的量化统计方法，如差分方程和微分方程模型方法以及系统科学方法、模糊数学方法和灰色数学方法等。选取何种方法进行量化评价主要取决于评价目的和评价内容。

(二)质性评价

质性评价(qualitative assessment)是指不采用数学的方法，而是根据对学生的学习表现、现实状态或文献资料的观察分析，直接对学生的学习行为做出定性结论的价值判断。比如，评定等级、撰写评语都属于质性评价。由于学生的学习活动具有复杂性、模糊性等特征，存在许多难以量化的因素，因此质性评价的方法不可或缺。

质性评价是相对量化评价而言的，主要通过文字、图片等描述性手段，对学生学习过程和结果进行全面充分的揭示。质性评价主要包括档案袋评价、表现性评价、真实性评价(authentic assessment)等。质性评价注重细致而深刻地挖掘那些能够显现学生学习过程和结果的具体特征。其出发点在于把握评价内容质的规定性，通过对学生学习过程和结果进行广泛细致的评价，从而达到深刻理解学生学习状况的目的。

量化评价和质性评价是学生评价的两种不同的方法，两者各有其自身的优缺点，各有其适用范围。学生评价理论的发展越来越强调把两种评价方法结合起来，以确保学生学习的评价更为全面、合理和真实。

第四节　学生评价的功能

学生评价在教育活动中起着不可替代的作用。概括起来，这些作用主要有以下几个方面。

一、了解学生的学习水平

学生评价能够帮助教师把握学生已有的学习水平。根据对不同学生已有学习水平的判断，教师可以制定适合不同学生的教学和学习目标，选择有针对性的教学策略。学生在进入新课程学习时，要有一定的知识、技能和方法作为基础，以一定的学习动机为学习驱动力。诊断性评价为教师了解学生的已有学习水平和学习动力提供了依据。

当学生的知识、技能准备不足时，教师可以采取补救性教学解决这些问题。当学生把原有的知识运用到新的学习方面迁移能力不足时，教师就可以着重揭示知识之间的联系，以帮助学生将各种知识联系起来思考问题，以提高学生的迁移能力，使他们能够尽快适应新的学习。当学生对某一门课程的意义了解不透彻而导致学习动力不足时，教师可以阐述本门课程的价值，激发学生的学习兴趣，使学生的学习动力得到提升。

二、了解教师在教学过程中的得失

借助学生形成性评价，教师能够了解自己在教学过程中的得失，改进自己的教学条件和方法。教师在教学过程中开展的各种形成性评价，有助于得到教学情况的及时反馈信息。当教学比较成功时，学生评价能够帮助教师及时总结成功经验，巩固已经取得的教学成绩。当教学与预期教学目标存在较大差距时，教师就要依靠评价找出自己的问题所在，有的放矢地改进自己的教学。

三、了解学生在学习过程中的困难

形成性评价有助于了解学生在学习过程中遇到的困难，帮助学生找出存在的问题。当学生遇到困难时，形成性评价能够找出导致困难的主要原因。假如一味地责怪学生不好好学习，只是通过增加学习强度和学习内容试图改变学生的学习状态或提升学习成就，一般收效甚微，甚至事倍功半。学生学习困难背后的原因是多方面的。教师只有运用形成性评价找出影响学生学习的主要原因，有针对性地进行学习策略指导，才能取得较好的效果。

四、评定学生的学习成就

学生评价有助于教师鉴定和甄别学生的学习成就，为后续教学的决策提供参考。在一个教学单元或一门课程学习结束时，实施总结性评价，对学生的学习是否达到预定教学目标或达到教学目标的程度做出判断，是后续教学合理决策的前提条件。在一个教学单元中，学生的学习成就如果离预定教学目标还有较大差距时，教师就要考虑是否有必要重复先前的教学环节，采取必要的复习、补习等补救性辅导措施。如果个别学生的学习成就与预定教学目标相比不尽如人意，教师就要考虑是否采取一些个别辅导的措施。当一门课程学习结束时，个别学生未达到预定教学目标的要求，教师就要考虑是否让学生重修这门课程。这些教学决策是否合理，取决于教师是否运用有效的学生评价鉴定和甄别学生的学习成就。

五、激发学生的学习动机

学生评价还具有激发学生学习动机的功能，通常这种功能又被称为学生评价的激励功能。善用学生评价的激励功能，让学生保持原初的学习积极性，甚至激发他们的学习主动性，学生的学习效果会更好。另外，学生评价的激励功能使教师更客观地看待学生，有助于增强学生的学习自信心，最大限度地激发学生的潜能。

学生评价的激励功能是导向功能的延伸，是为了引导学生更积极地投入学习。但导向功能以教师为立足点，以教师主观愿望或社会期待引导学生的学习符合此种导向；而激励功能则以学生为立足点，其关键是教师用发展的眼光看待学生。其重点是激发学生的学习动机。在这个过程中，教师应尽量鼓励他们去做一些学习上的尝试，让他们把潜能转化为显能，或激励他们发现自己未知的能力。即使学生暂时办不到，教师也不要否定他们的能力，让他们相信只要他们继续努力或等到时机成熟，他们也能做到。

第二章　学生评价的历史发展

学生评价有着悠久的历史传统，我国自西周开始就已有学生评价的记载。而西方在 19 世纪则发展出一套科学的测量理论，在 20 世纪初传入我国，从而推动国内学生评价迈向学科化、现代化的道路。从中、西方学生评价的历史发展来看，学生评价的理论与实践演变可以划分为四个时期，分别是萌芽时期、科学化时期、体系化时期和多元化时期。

第一节　学生评价的萌芽时期

我国最早的评价方式就是"考"和"试"。在古代汉语中，"考"有考察和考核的意思。《尚书·周官》有言："又六年，王乃时巡，考制度于四岳。"这里的"考"是考察的意思。《尚书·舜典》有言："三载考绩。"《礼记·燕义》有言："考其艺而进退之。"这里的"考"是考核的意思。"试"在《说文解字》中被训解为"用"的意思。《增韵》则解释为"探也""较也"，有检验、比较的含义。《尚书·尧典》有"试可乃已"的说法，即要通过"试官任职"来评价人才的能力大小，以决定是否选用。据《尚书》的记载，最早的"试"是在实践中考察试用候选者。例如，尧选舜做接班人，就经过妻二女、和五典、入百官、宾四门、入山林川泽等多方面考察，历时三年。尧选鲧治水也是用"试"（试用）的方法。[①] 但此时的"考"和"试"还仅仅局限于作为统治者选拔人才的手段，跟学校教育还未形成直接的联系。

一、官学的学生评价制度

我国关于学生评价的记载，最早见于《礼记·学记》一书。"古之教者，家有塾，党有庠，术有序，国有学。""比年入学，中年考校：一年视离经辨志，三年视敬业乐群，五年视博习亲师，七年视论学取友，谓之小成。九年知类通达，强立而不反，谓之大成。"[②]这是明确地规定了入学以后，一年看学生对经文断句和理解的水平；三年看学生的学习态度和同学关系；五年看学生的学习

---

① 李民、王健：《尚书译注》，9～13 页，上海，上海古籍出版社，2000。
② 高时良：《学记研究》，67～90 页，北京，人民教育出版社，2006。

内容是否广博和对师长的态度；七年看学生对于学习的内容能否有自己的见解和是否有自己的择友标准；九年看学生能否触类旁通，坚持原则。学生评价的内容主要是从学习知识和培养品德两方面着眼。

汉代立太学，由太常管辖。太常既是朝廷的机构，又是该机构首长的名称。太学的教师由五经博士担任，学生则为博士弟子，教学内容就是五经。《汉书·儒林传》明文规定了要成为博士弟子所需要的年龄、相貌仪态等方面的条件。在京都，博士弟子由太常挑选。在地方上，挑选博士弟子的程序更为烦琐：先经过县一级官员按照学习态度、品德行为的要求挑选，后送到郡的长官处考察，最后选送到太常处，才可能当上博士弟了。

当上博士弟子后需要对他们进行考核。《汉书·儒林传》有言："一岁皆辄课，能通一艺以上，补文学掌故缺；其高第可以为郎中，太常籍奏。即有秀才异等，辄以名闻。其不事学若下材，及不能通一艺，辄罢之，而请诸能称者。"这是明确了一年要考核，能够掌握一经以上的，就可以做官；当文学掌故这个官位有空缺时，可以补官；其中的优秀者，可以当郎中；而学习不好，学了一年还不能通一经的，就要罢免他的博士弟子资格，另外挑选称职的来补充。这是汉武帝时大臣公孙弘当学官时提出的建议，被批准后成为法令。可以说是对汉代学生评价的最早记载。

东汉对太学生的考试任用，有更加详细的规定。《通典·选举一》有言："桓帝建和初，诏：'诸学生年十六以上，比郡国明经，试，次第上名。高第十五人、上第十六人，为中郎。中第十七人为太子舍人，下第十七人为王家郎。'"《通典·选举一》又言："永寿二年甲午，诏复课试诸生，补郎、舍人。其后复制：'学生满二岁，试通二经者，补文学掌故；其不通二经者，须后试复随辈试，试通二经者，亦得为文学掌故。其已为文学掌故者，满二岁，试能通三经者，擢其高第，为太子舍人；其不得第者，后试复随辈试，第复高者，亦得为太子舍人。已为太子舍人，满二岁，试能通四经者，擢其高第，为郎中；其不得第者，后试复随辈试，第复高者，亦得为郎中。已为郎中，满二岁，试能通《五经》者，擢其高第，补吏，随才而用；其不得第者，后试复随辈试，第复高，亦得补吏。'"可见，当时已把考试的等第与任用的官职直接挂钩。还允许不及格者再次补考而且一旦通过考试则可以享受同等待遇。

唐代官学学生入学后考试比较严格。以经学学校为例，有旬试、岁试和毕业试三类。官学仿照官署，一旬放假一天。在每次放假前一天举行考试，就是旬试。又有月试，先是每月末的旬试，后取消了旬试，只保留月末的考试，即月试。旬试的内容分为读经和讲经。《新唐书·选举志》有言："读者千言试一帖，帖三言。讲者二千言问大义一条，总三条。通二为第。不及者有罚。"读经者需读经三千字，每千字要做一道帖经题，每题填三字。讲经者须讲经六千字，每二千字回答一道问答题。填充、问答各是三道题，通过二通为合格，不合格者要受处罚。岁试相当于现在的学年大考。《新唐书·选举志》有言："岁终，通一年之业，口问大义十条，通八为上，六为中，五为下。"岁考主要是问答，共十道题。答对八道以上为上，六道以上为中，五道以下为下。毕业试是学生参加科举考试的资格试，所考内容完全模拟科举考试。不合格者"并三下与在学九岁、律生六岁不堪贡者罢归"。就是说，三年的考试成绩都是下，学经九年、学律令六年的学生没有培养前途的，取消学籍回老家。合格者"诸学生通二经、俊士通三经已及第而愿留者，四门学生补太学，太学生补国子学"。就是说，学生中通过二经、俊士中通过三经而又愿意继续学习的，四门学生可以替补为太学生，太学生可以替补为国子学生。

　　州县官学学生也要参加地方的科举考试，即乡试。这些考生就是生徒。合格者可以参加全国的科举考试，即省试。生徒从州县官学到中央官学已经经过层层考试，身份和家庭情况都很清楚，可以直接参加科举考试。唐代的官学教育已经与科举考试紧密结合。官学中的考试已经细分为旬试、岁试和毕业试三类。每类考试的标准已经量化，比较明确，走上了学生评价规范化的道路。

　　宋代官学创立的"三舍法"，是学生评价制度上的一个突破。所谓三舍法，是宋神宗熙宁四年（1071年）创立的。它把太学生分为内舍、外舍、上舍三等，通过考试进行升等。各州府选拔的学生凭州府的公文进入外舍，每月考试一次，称为私考（由太学学官自己主持考试）：第一月考经义，第二月考论，第三月考策。斋长、斋谕（太学中最低级别的管理人员）每月记录学生的品行和学习成绩。每季度进行检查，先后由学谕、学录、学正、博士进行考核，最后由太学的正副长官来检查核定，给予学生"优、平、否"三个等第，称为"校定"。到了年底，统计"校定"结果，排除名次。学生再经过年考，又称公试（由皇帝派官员主持考试）：第一场考经义，第二场考论与策。成绩为一、二等的升入内舍，这是外舍生升内舍生的考试。《宋史·选举三》有言："间岁一舍试，补上舍生，弥封、誊录如贡举法；而上舍试则学官不预考校。公试，外舍生入第一、第二等，升内舍；内舍生试入优、平二等，升上舍。皆参考所书行艺乃升。"同样，每月要考核内舍生品行和学习成绩，予以记录。每季度进行检查核定，给予内舍生等第，也称为"校定"。然后两年进行一次内舍生升上舍生的考试，用的是科举考试的弥封、誊录等办法，比较严格。结合公试成绩和"校定"，两者都是"优"的升入上舍上等，可以直接"释褐授官"，即脱下平民衣，穿上官服，所以又称为"两优释褐"；"一优一平"者，升入上舍中等，继续学习，科举考试时可以免去解试和省试，直接参加殿试；"一优一否"者，升入上舍下等，继续学习，科举考试时可以免去解试，直接参加省试。这就是"三舍法"的大致内容。值得注意的是，明确用考试成绩加上平时的品行和学业来评价太学生，以"品学兼优"为评价学生的重要标准。

明代实行学生考试的积分制。《明史·选举一》有言："六堂诸生有积分之法，司业二员分为左右，各提调三堂。凡通四书未通经者，居正义、崇志、广业。一年半以上，文理条畅者，升修道、诚心。又一年半，经史兼通、文理具优者，乃升率性。""升至率性，乃积分。其法，孟月试本经义一道，仲月试论一道，诏、诰、表、内科一道，季月试经史策一道，判语二条。每试，文理俱优者与一分，理优文劣者与半分，纰缪者无分。岁内积八分者为及格，与出身。不及者仍坐堂肄业。如有才学超异者，奏请上裁。"这种积分制给予学生以一定的学习、考试的选择自由，更注重评价的结果。到了清代，废科举前的官学对明代官学的学生评价制度几乎是全盘继承，所以在此不再赘述。

二、科举制度的建立和完善

汉代开始采用的选举制度和隋唐时期创立的科举制度，虽然主要是选拔官员的制度，但却与学生评价有着不解之缘。

选举制度是国家选拔、举荐、考察、任用人才来补充官员的人事安排制度，而不是教育制度，看上去似乎与学生评价无关。但是"它的任务正好与古代普通教育的基本目标相吻合，也就是说，选士实际上是'学而优则仕'在制度上的保证，教育的直接动机和结果就是要使学生顺利通过选士而入仕为官"①。于是选举制度和教育制度就形成了紧密联系。选举制度具备了考试的性质，而考试就要有标准、有判断，这样选举制度也与学生评价密切相关了。

汉代的选举制度又称察举制，主要内容是举贤良对策、察孝廉、举试秀才、试明经、举博士、举荐试吏和其他专门人才等。察举制的考试科目主要有对贤良方正进行策问，大多数是皇帝亲自主持，即要求考生对国家的军政大事发表意见，相当于现在的专题论文。对孝廉、秀才、明经进行试经，即考察其对五经的熟悉和理解程度。《汉书·儒林传》记载，汉武帝时的大臣公孙弘关于选拔官员的建议中就有考试的内容："请选择其秩比二百石以上及吏百石通一艺以上补左右内史、大行卒史，比百石以下补郡太守卒史，皆各二人，边郡一人。先用诵多者，不足，择掌故以补中二千石属，文学掌故补郡属，备员。"

---

① 俞启定、施克灿：《中国教育制度通史》第一卷，454 页，济南，山东教育出版社，2000。

魏晋南北朝的选举制度主要是九品中正制。所谓九品中正制是指郡县设小中正，州设大中正；小中正品评当地人才，分为上上、上中、上下、中上、中中、中下、下上、下中、下下九品，推荐给大中正；大中正复核以后推荐给司徒，司徒再复核，合格者送尚书，由尚书选择使用，任命为官。在两次复核时，可以改变品第。九品中正制的本意是把选举人才的标准量化，使朝廷直接掌握选举过程，使选出的人才名实相符。但是由于大、小中正品评人物的权力太大，并且都由豪门贵族担任，造成了"上品无寒门，下品无世族"的现象，堵塞了优秀的平民子弟的进仕之路，使得社会不公大大加剧。

科举制度始于隋代。如果说选举制度主要以推举为评价手段，那么科举制度主要以考察为评价手段。科举制度的形成，深刻影响到之后一千多年的古代教育以及学生评价。科举制度就是通过分科考试选拔官吏及后备人员的制度。它分为二类，即常科和制科。所谓常科是按照常规每年或隔几年举行一次的考试；所谓制科即非常规的考试，只要天子下诏就可举行，选拔特别人才，是对常科的补充。

唐代科举考试作为学生评价的手段，它的试题类型主要有帖经、问义、策问以及创作杂文诗赋。前三者是明经科的主要题型，第四种是进士科的主要题型。①所谓帖经即现在的填空题，就是将经典中的一句话作为考题，中间用纸遮掩几个字（一般为三个字），要求考生填写，以此来考察考生对经典的熟悉程度。数量上不论大、小经，每经十帖，《论语》八帖，《孝经》二帖。②所谓问义相当于现在的名词解释或简答题，亦即取儒家经典中的句子让考生对答，或要求对答本句含义，或要求对答下一句，或要求对答注疏。书面回答，称为"墨义"；口头回答，称为"口义"。③所谓策问即现在的论述题。这种题型也称策论，有经史策和时务策两种。前者以经文或历史典章为题目，要求答案必须辨明义理，让学生结合现实情况，提出自己的见解，写成一段文章。后者涉及时政，以重大理论问题或现实问题为题，让学生分析议论，提出自己的主张和解决办法。④创作杂文诗赋。所谓杂文是指箴、铭、论、表和诗赋之类的文体，后来明确为考一诗一赋，特别讲究文采，重视应试者的文学才华。诗赋各有标准。尤其是诗，严格规定为五言六韵或八韵的排律诗，以古人诗句或成语为题，冠以"赋得"二字，并限韵脚，称为"试帖诗"。神龙元年（705年）开始明确进士科考试分为三场，先帖经、次杂文，通过者再考策问。这一程序一直延续到清代末年科举考试的终结。

宋代继承了唐代的科举制度，在此基础上有所变化和发展。宋太祖时，废止了唐代大臣向主考官员推荐才学优异考生的制度，完全按照考试成绩来选拔人才，形成了"分数面前人人平等"的社会风气，打破了门阀贵族实际上操控统治的特权，有利于社会公平的实现，在当时无疑有着极大的进步意义。同时，以考试为选拔人才的主要手段，也推动了学生评价制度的发展。宋太祖为了进一步体现公正，尽量排除主考官营私舞弊的可能，遂设立"殿试"，即在省试以后，由皇帝亲自在朝堂上再进行复试。从此殿试成为科举考试制度中最高一级的考试。宋英宗治平三年（1066年）开始，科举制度逐渐稳定，考试每三年举行一次，成为定制。宋神宗时，王安石变法对科举考试也进行了改革。他把此前的明经等考试全部取消，只保留了进士一科。其后虽然增加了明法科，但实行的时间不长。从此我国的科举考试主要就是进士科的考试了。随着阅卷的工作量越来越大，科举制度设计者进行了一定程度的改进，尝试使试卷的内容程式化、标准简单明了，使考官容易掌握。建炎二年（1128年）颁布了考试的诗赋格式、出题、书写试卷的样式。元代又略有改进，经义时文也形成了比较固定的格式。

科举考试程式化的突出表现是八股文，它形成于明代成化年间。"成化以后，乡会试中就严格规定了按照题目，如何以固定句数、段落数、正反虚实严格对仗的格式，来要求考试按格式写文章。那样必然评阅时先看格式，再看内容。格式不对，内容再好，也不评阅了。这样才形成了固定格式的八股文。"[1]随着时代的变迁，到了清代光绪二十七年（1901年），延续了四百余年的八股文走到了尽头。其后的科举考试主要考策论，不再做八股文。不久以后，科举考试也正式退出历史舞台。

第二节　学生评价的科学化时期

现代学生评价活动发端于社会科学的进步，尤其是测量技术与方法在教育领域的推广。所谓测量本来是自然科学的方法，即按一定的测量尺度获取数量结果的步骤。在这里，测量尺度是极其重要的工具。测量必须将一定的测量单位和测量基点作为参照。后来，测量开始进入心理学、教育学等社会科学学科领域。不过，智力测验和学力测验这一类教育测量的尺度，不像测量重量、长度之类的物理测量尺度那样，具有严谨的精确性和普遍性。

例如，教育测量中的成就分数如五级分制、百分制等，这些都是依据常模组（norm group）的实验得出的尺度。它们的应用范围有限，而且不像物理尺度中诸如厘米、米、克、千克那样绝对、客观。教育测量具有极强的间接测量的性质。重量、高度、温度等物理对象可以使用尺、秤、温度计之类的仪器直接

---

[1] 邓云乡：《清代八股文》，15页，石家庄，河北教育出版社，2004。

测量，但智力、学力、性格等心理对象是针对人类外显行为通过测验、量表等工具间接进行测量的。因此就精确度而言，教育测量存在物理测量所没有的"测不准"现象。但不可否认的是，测量技术与方法在学生评价领域的普遍使用，标志着学生评价的发展迈入了科学化的新时期。

一、教育测验运动的兴起

19世纪工业革命给西方社会带来了经济和科学技术的迅速发展。广泛和迅速地提高劳动者的素质和技能成为当时社会发展的迫切需求。大批的劳动者进入学校学习和接受培训，与当时大部分学校以口试为主的考试制度产生了矛盾，于是出现了以笔试取代口试的改革诉求。1702年，英国剑桥大学首先以笔试代替口试。[①] 1839年，英国教育系统最早建立了教育督导制度。在英格兰和威尔士等地区，教育督导机构皇家督学团实施"按结果计酬"(payment by results)制度。督学对学校每一位学生进行阅读、拼写、写作和算术测试，然后根据学生的测验成绩给予学校经费。[②] 1845年，在美国教育家贺拉斯·曼(Horace Mann)的倡议下，美国马萨诸塞州波士顿教育委员会第一次使用试卷大规模测验学生的学习成绩，测试科目主要有地理、语法、历史、自然哲学、天文学、写作、算术等。[③] 它为用学生的测验分数作为依据来评价学校的教育质量奠定了基础。教育测量作为一个研究领域也日益受到教育工作者的重视。

虽然以笔试代替了口试，但是又出现了如何提高测验客观性的新问题。针对这个问题，一些学者做了相应的研究工作。这是用科学方法研究学生评价问题的最初尝试。1895—1897年，美国巴尔的摩市教育行政主管赖斯(Rice)对该市20所学校16000名小学生实施历史上第一次正式的标准化拼写测验。他在多个学区进行学龄儿童拼音教学的比较研究，结果发现每周花200分钟在拼音练习上的学区和只花不到10分钟的学区，在学习成就上没有显著的差异。

1890年，美国心理学家詹姆斯·麦基恩·卡特尔(James McKeen Cattell)在英国《心理》杂志上发表了一篇《心理测验与测量》的文章，首次提出了心理测

---

① 李聪明：《教育评价的由来》，见瞿葆奎：《教育学文集》第16卷，59页，北京，人民教育出版社，1989。

② Christopher Winch, *Quality and Education*, Oxford, Blackwell Publishers, 1996, p. 131.

③ ［美］Daniel L. Stufflebeam、［美］George F. Madaus、［美］Thomas Kellagham：《评估模型》，苏锦丽等译，7页，北京，北京大学出版社，2007。

验的概念并对测验进行了简单的分类。[①] 1904 年，卡特尔的学生桑代克 (Thorndike)出版了《心理与社会测量导论》一书。这本书后来成为教育测量学的经典之作。该书首次系统地介绍了教育测量方法和教育测验编制的基本原理，强调凡存在的事物都可以用数值来测量，从而奠定了教育测量的理论基础，同时也标志着"教育测验运动"的开始。[②] 1909 年以后，桑代克运用统计学上的"等距原理"相继编写完成了书法量表、拼字量表、作文量表等首批标准化的教育测验量表，从而使教育测验走上了科学化的道路。他本人因此又被誉为"教育测量之父"。

经过桑代克的努力，教育测验运动就此蓬勃展开。不到 20 年的时间 (1909—1928 年)里，美国便有 3000 多种教育测验问世。其中，学力测验、智力测验和人格测验是三种主要的测验类型。与学生评价密切相关的主要是学力测验。学力测验的发展大致可以分为如下三个阶段。

第一个阶段是 1904—1914 年。该阶段是初步探索阶段。在这一阶段，学者们主要致力于使教育测验客观化、标准化。学力测验方面首推桑代克的书法量表及其学生斯通(Stone)的标准化算术测验。桑代克书法量表的原理是把许多测验样本按照成绩优劣排定次序，从此以后许多学科如作文均可以根据这一原则来编制测验。斯通以编制算术测验著称，他编制了两种算术测验：一种是关于四则运算的，另一种是关于算术问题的。[③] 此外，该阶段不少地方教育行政部门亦运用教育测验调查学校教育质量，目的在于使纳税人知晓公立学校的成绩。较有影响的是 1911—1912 年的纽约市调查。这是第一次用教育测验测量学生的学业成绩，以判定学校的优劣。[④]

第二个阶段是 1915—1929 年。这是教育测验运动的兴盛阶段。不同种类的教育测验陆续编制完成，不但追求对教育测量技术的正确应用，而且还追求理论上有所建树。20 世纪 20 年代，人们开始认识到教师自编课堂测验的必要性。通过麦考尔 W. A.(McCall W. A.)、鲁赫(Ruch)等人的努力，关于编制

---

① James McKeen Cattell, "Mental Tests and Measurements," *Mind*, 1890(59), p. 373.

② 李聪明：《教育评价的由来》，见瞿葆奎：《教育学文集》第 16 卷，63 页，北京，人民教育出版社，1989。

③ 王书林：《教育测量之历史》，见瞿葆奎：《教育学文集》第 16 卷，55 页，北京，人民教育出版社，1989。

④ 王书林：《教育测量之历史》，见瞿葆奎：《教育学文集》第 16 卷，57 页，北京，人民教育出版社，1989。

再认和回忆方面的书面客观测验的指导原则建立起来。[①] 包括是非题、多项选择题、匹配题、简单回忆和填空题的测验开始实施。1923 年，第一套标准化成就测验——斯坦福成就测验产生并开始实行。[②]

第三个阶段是 1930—1940 年。这是教育测验运动的批判反思阶段。教育测验运动固然使考试客观化、标准化，把人的能力换算成数字，使个体之间的差异能够被测量，但它毕竟不能测得"人"的全部，如学力测验无法对学力的全部领域进行测量。兴趣、态度、鉴赏力等属于教育的重要领域，但也无法由学力测验加以有效测量，因而在重视测验和考试的教育者眼中往往被忽视。学力测验本身大都偏重记忆背诵方面，不免流于传统教育的弊病。1933 年，美国进步主义教育协会（Progressive Education Asociation）曾对当时的教育测验提出下列批评：测验是局部的，无论是何种测验都只是局部的推断，无法全部了解学生发展与学习全过程；测验只关注客观的信度，但对教育目标却缺乏必要的说明；教师采用学力测验的动机主要是了解学生的学业成绩，容易造成教科书中心主义；学力测验有可能养成学生被动式的学习态度，这并不符合进步主义教育的精神。[③] 随着"八年研究"（Eight-Year Study）的开展，教育测验运动暂告一段落，西方学生评价的研究与实践进入体系化时期。

二、教育测验运动在我国的发展

我国在 20 世纪初也开始了教育测量实践。1918 年，时任南京高等师范学校教育科教授兼附小校长的俞子夷仿造桑代克的书法量表体例编制了 4 种毛笔字书法量表，分别是楷书中字量表、楷书小字量表、行书中字量表和行书小字量表。这是我国最早的以现代科学心理测量学思想为指导编制的学科能力测验。[④] 俞子夷的具体做法是，首先，让许多学生都来书写规定要写的字，再把学生的毛笔字习作收集起来，交给 50 多位老师去批改，然后求出每份字样的中数；另外选定一种不好的字样作为起点，再从起点求出阶度相差半度的字样作为第二步，从第二步再去求阶度高半度的字样作为第三步，

---

①② ［美］利恩：《测量史上的主要发展阶段》，陈玉琨译，见瞿葆奎：《教育学文集》第 16 卷，8 页，北京，人民教育出版社，1989。

③ 李聪明：《教育评价的由来》，见瞿葆奎：《教育学文集》第 16 卷，66 页，北京，人民教育出版社，1989。

④ 曹日昌：《我国教育测验运动的回顾与展望》，载《教育杂志》，1940(7)。

如此向上求出一个完全的量表。① 当时，俞子夷曾根据学生的不同年级设计过多种毛笔字书法量表。俞子夷和他的同事们还曾先后编制过初小算术四则测验、文语体缀法量表、小学算术应用题测验以及小学社会自然测验等多种教育测验量表。②

1921年，南京高等师范学校教授廖世承和陈鹤琴合作完成了被学界公认为的我国第一部教育测量专著——《智力测验法》。作者首先从整体上详细论述了智力测验的性质、功能、标准和用法，然后分别列举了35种不同的测验，对其方法与标准等也详加说明。这些测验有23种是直接引进的外国发明的测验；其他12种测验则是根据我国学生的特点自创的。而且所有35种测验此前都曾分别在南京、苏州和上海等地的幼儿园、小学、中学和师范学院中实行过。测验对象包括3岁儿童到20岁的青年，参加测验人数共计1400余人，男女各半。《智力测验法》既普及了教育测量理论知识，同时也是对此前我国教育测量工作的一次小结，充分反映了此前工作所取得的成绩。《智力测验法》一书的出版进一步推动了教育测验运动在我国的发展，在当时产生了很大的影响。

1923年8月，中华教育改进社举办了教育心理测验讲习会，专门聘请美国哥伦比亚大学心理学系教授麦考尔和其他一些教育专家为全国各省视学、教育局局长、学校校长和师范学院教育心理学教师等共计295人做专题辅导报告。1923年冬天，中华教育改进社充分发动东南大学、北京师范大学教育科师生，在查良钊、廖世承和陈鹤琴等人的主持下，先后到北京、天津、上海、长沙等22个城市和11个乡镇开展了大规模的教育调查，前后历时3个多月。调查对象包括当地小学三年级以上直至七年级的9.2万名学生。调查中充分运用教育测量这一科学手段，对于客观评价各地的学校教育和办学成绩起到了十分重要的作用。

陶行知曾撰写《教育与科学方法》一文，专门解释过中华教育改进社高度重视教育测量的理由。在他看来，测验是看学生先天的聪明智慧怎样，使学校有个好的标准，由此可以晓得某级学生有什么成绩，如治病的听肺器一样，可以看出病来。欲知病之所在，非测量不可。显然，教育测量是教育科学化改革的一个重要基础。与此同时，陶行知还认为，教育测量此种工具是不能从外国运

① 孙崇文、伍伟民、赵慧：《中国教育评估史稿》，108页，北京，高等教育出版社，2010。
② 田正平：《留学生与中国教育近代化》，272页，广州，广东教育出版社，1996。

的（就是运来也不适用）[①]，教育测量必须结合本国的基本国情，注重自创和发展。

所以，中华教育改进社立足于自主创新，结合实际需要编制了多种教育测验。其中比较有影响的有廖世承编制的团体智力测验、刘廷芳编制的中学智力测验、刘湛恩编制的非文字智力测验、陈鹤琴编制的图形智力测验以及艾伟和其他人士编制的小学各科测验以及诊断测验等。据指导我国教育测量工作的美国专家麦考尔评价，当时我国所编制的各种测验，其水平"至少都与美国的水平相等，有许多竟比美国的为优"[②]。

事实上，除了编制各种教育测验量表外，我国教育学者还进一步加强了教育测量理论的研究，出版了一大批教育测验类理论著作。五四运动前后直至1928年，我国出版的教育测验理论著作有张秉洁、胡国钰编的《教育测量》、华超编的《教育测验纲要》等。据《中华教育改进社第三次会务报告》，截至1924年6月，该社先后编译出版的各类学校测验类著作达19部，编著的教育著作有30种。1925年，廖世承与陈鹤琴再度合作出版了《测验概要》一书。该书共分21章，详细介绍了测验的性质、效用、种类，智力测验与教育测验的材料，实施的手续，统计的方法，图表的样式，编造测验的原理与经验等。其中所涉及的测验，大都专为适应我国儿童的。这部《测验概要》被教育界誉为"测验最简便的用书"[③]，成为反映20世纪二三十年代我国教育测量运动成果的经典之作。

我国教育测验运动达到一个相当高的水平的同时，也出现了一些偏差。比如，过分夸大教育测验的作用，加上测验过程中又出现了一些不科学的做法，从而导致了教育测验运动在1928—1930年一度停顿。在认真反省我国教育测验运动得失的基础上，艾伟、陈鹤琴、萧孝嵘等学者充分认识到必须加强教育测量的学术研究，因而于1931年正式发起并成立了中国测验学会。它是教育测量与评价领域的第一个学术研究组织，专门从事测验理论研究。1932年，该学会又正式创办了专业刊物《测验》。1933年汤鸿羲的著作《教育测验》出版。自此，我国的教育测量研究重新起步，但这一时期的研究无论在广度上还是深度上都大不如前，出现了进展缓慢的情况。抗日战争爆发后，研究更是一度被

---

① 《陶行知全集》第一卷，522页，成都，四川教育出版社，1991。

② W. A. McCall, "Scientfic Measurement And Related Studies In Chinese Education," *The Journal of Educational Research*, 1925(3), p.180.

③ 田正平：《留学生与中国教育近代化》，275页，广州，广东教育出版社，1996。

迫中断。抗日战争胜利后虽然还有零星研究，但已难成气候。[①]

第三节　学生评价的体系化时期

随着在教育实践进程中遇到诸多批评，教育测验运动进入了低潮期。代之而起的是由美国进步主义教育协会发起的一项大规模教育实验。1929 年，美国发生了大规模的经济危机，大批青年失去就业机会。这些青年根本没有上大学的要求和兴趣，而当时的美国高中课程都是为升大学服务的。于是，中学课程和青年的就业需要之间产生了尖锐的矛盾。为了促进和保证课程改革的推行，美国进步主义教育协会进行了一项课程内容改革的实验研究，历经八年完成，史称"八年研究"。

一、"八年研究"与教育评价学的创立

1930 年，美国进步主义教育协会的年会决定成立大学与中学关系委员会（Commission on the Relation of School and College）。其宗旨是探讨中学与大学进行良好合作的可能性，给予中学充分的自主权。该委员会从美国全国范围内挑选了 30 所中学参加实验。这 30 所中学遍布全美各个地区，既有公立学校，也有私立学校，规模大小不一。从 1933 年秋起，被选定的实验中学开始实施教育革新，自行制订工作计划，自主设置课程体系，确定组织机构和管理程序，但必须接受指导委员会的督导和协调。

从 1936 年开始，参与实验的中学开始向大学输送新生。如何评价实验中所进行的改革成为研究的重要问题和难点。为此，大学与中学关系委员会专门成立了一个跟踪研究机构，即评估与记录委员会（Committee on Evaluation and Recording），目的是研究中学这种不以升学为目标的教育是否会给学生在大学的学习生活造成障碍。[②] 该委员会在俄亥俄州立大学教授泰勒（Tyler）的指导下工作，并制定了评价教育实验成功与否的九大标准：①智力能力；②闲暇时间的利用、鉴赏力和创造力；③实际能力、常识性的技能技巧、环境适应性；④生活哲学（目标模式）；⑤性格特征（行为模式）；⑥感情平衡（含心理健康）；⑦社会适应；⑧对社会问题的敏感度；⑨体力适应（健康习惯的知识和训练）。

---

① 陈玉琨、李如海：《我国教育评价发展的世纪回顾与未来展望》，载《华东师范大学学报（教育科学版）》，2000（1）。

② 杨捷：《美国进步主义教育之"八年研究"述评》，载《河南大学学报（社会科学版）》，2006（3）。

在具体方法上，评估与记录委员会采取了对比实验法，设置实验对象和对比对象，即每名实验中学的毕业生与同一所大学的另一名学生进行比较。比较的内容包括性别、年龄、种族、学习能力和成绩、兴趣爱好、家庭背景、社区环境、所读中学及课外活动、理想等方面。跟踪调查人员了解的实验对象的指标主要有：学生正式的大学成绩、所获荣誉、指导教师的记录、学生的各种测验结果以及教师与学生的谈话等。

通过这个研究，泰勒和他的同事们认为，当时的学校课程和测验是非常片面的。在对这种教科书中心主义的课程和测验进行严厉批评的基础上，他们正式提出"教育评价"这一概念，指出教育评价就是衡量实际教育活动达成教育目标的程度。这是对教育评价最早的精确定义，标志着教育评价学作为一门独立学科正式产生。对于教育评价而言，测验是主要的评价手段。同时，他们还提出了教育评价的原则和方法，即"泰勒模式"。

首先，"泰勒模式"对当时教育测验的权威伍德（Wood）的观点提出了挑战。伍德认为，测验只要能测量学生对事实和知识的回忆和认识就可以了。而泰勒证明，对高级智慧技能的测量和对知识的测量不是一回事。如果高级智慧技能是教育的目标的话，那么这些技能必须直接加以测量。

其次，泰勒认为，在 20 世纪初发展起来的所谓常模参照测验，一般并不能提供评价教育目标所需的信息。起源于智力测验的常模参照测验是以选拔学生为目的的，它对了解学生学习的进展并无多大价值。而与此相对的目标参照测验，则可为判明学生学业的进展提供帮助。目标参照测验的提出是学业成就评定的一大进步，它是泰勒对教育评价的一大贡献。目标参照测验至今仍在学生的学业评价中占有重要地位。

泰勒模式的基本观点集中体现在泰勒原理中。泰勒原理由两条密切相关的基本原理组成。[①] 一条是评价活动的原理。该条原理的内容被编写成《成绩测验的编制》（Constructing Achievement Tests）一书，于 1934 年首次被发表。另一条是课程编制的原理。该条原理的内容于 1945 年在芝加哥大学被作为上课的讲授纲要，并于 1949 年被编写成《课程与教学的基本原理》（Basic Principles of Curriculum and Instruction）一书公开出版。以后应《费德尔塔卡朋》杂志[②]等的邀请，泰勒分别于 1966 年和 1983 年撰写了《课程编制的新尺度》（New Dimensions in Curriculum Development）、《方案评价原理》（A Rationale for Program Evaluation）等文章，回顾和介绍了他当时的思想。泰勒方案

①　陈玉琨：《教育评价学》，61 页，北京，人民教育出版社，1999。
②　《费德尔塔卡朋》杂志是美国为教育者建立的专业组织费德尔塔卡帕主办的刊物。

评价的步骤包括以下几个方面。①

①确定教育方案的目标。

②根据行为和内容对每个目标加以定义。

③确定应用目标的情景。

④设计给出应用目标情景的途径。

⑤设计取得记录的途径。

⑥确定评定方式。

⑦确定获取代表性样本的方法。

从上述步骤可知，泰勒模式是以教育目标为中心的。它把教育方案的目标用学生行为化的学业成就来表示，并把这一行为目标作为确定教育活动的方向和对教育进行评价的主要依据。预定的目标决定了教育活动的方向，同时也规定了教育评价就是找出实际活动与教育目标的偏离之处，从而通过信息反馈，促使教育活动能够尽可能地接近甚至达成教育目标。这一模式简单有效，易于操作，直至现在，依然在学生评价领域占有十分重要的地位。

二、教育目标分类学与学生评价体系形成

泰勒模式虽然蕴含着"教育评价就是衡量实际教育活动达成教育目标的程度"的观点，推动了当时教育评价学的产生和学生评价理论的发展，但是它并没有对教育目标做更具体清晰的界定。由于对教育目标只是进行一般性的描述，缺乏具体的可操作的说明，教育评价倾向于随意性，而科学性则受到削弱。这无疑给教育工作者根据泰勒模式运用教育评价平添了不少困难。

20 世纪 50 年代至 70 年代，美国学者对教育目标的分类问题进行了较为系统深入的研究。而这类教育目标实质上是学生学习方面发展和变化的目标。在学生评价领域，这种教育目标是制定学生评价标准的基本依据。1956 年，美国学者布卢姆和他的同事编制了"教育目标分类学提纲"。随后他们和其他学者又将教育目标分为三类，也就是把学生身心结构的发展领域划分为三个领域：认知领域、情感领域和动作技能领域。从此，这开辟了教育目标分类学这一新领域，为教育评价朝向更科学的道路前进奠定了基础。

教育目标分类学实际上是将一般的教育目的转化为更具体的教育目标，即多层次的教育目标，以此为学生学习发展的基本依据，通过对教育目标达成度的评价来考查教育目的的实现程度。布卢姆等人的教育目标分类源于美国高等院校主考人委员会的研究。他们试图提供一种基于"预期行为"的分

---

① ［美］泰勒：《方案评价原则》，龚伟民译，见瞿葆奎：《教育学文集》第 16 卷，253～254
页，北京，人民教育出版社，1989。

类，主要以编制认知、情感和动作技能领域的教育目标为己任。教育目标分类学的理论体系反映了当时对教育心理现象的认识。其中，教育目标分类学的认知领域已经被世界各国广泛运用于学生评价领域，被誉为"现代教育评价的基石"。

布卢姆等人出版的《教育目标分类学·认知领域》，对普遍知识的回忆或再认以及理智能力或理智技能的教育目标进行了分类。认知领域的教育目标大体上相当于智育目标，代表学生的智能发展水平——能够做什么。认知领域的教育目标分为知识与智慧技能（领会、运用、分析、综合、评价）两大部分六个类别，是按照目标的复杂性程度，即由简单到复杂而组织起来的，如图 2-1 所示。

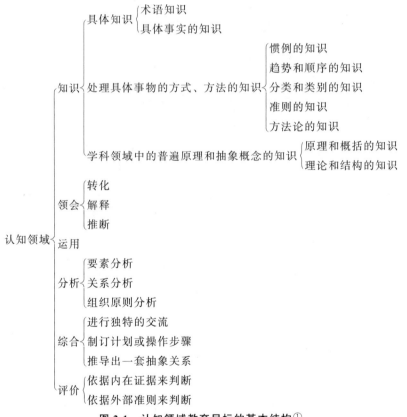

图 2-1　认知领域教育目标的基本结构①

1964 年，克拉斯沃尔（Krathwohl）等人又出版了《教育目标分类学·情感领域》，对兴趣、愿望、鉴赏和态度等情感领域的教育目标进行了分类，如图

---

① 宗秋荣：《教育目标分类学》，载《中国电大教育》，1991(11)。

2-2 所示。情感领域的教育目标大致相当于我国的德育、美育方面的目标，它代表学生的情感发展水平(意愿)——愿意做什么。情感目标包括兴趣、态度、价值观、责任感、意志力、情绪、意向、倾向等方面，是按照内化的组织原理而构建起来的，即由外而内逐步加深认识，由他律逐步转变为自律。克拉斯沃尔编制的《教育目标分类学·情感领域》已经被世界各国广泛运用于学生评价领域，但由于情感评价难度较大，在学生评价领域的运用仍处于探索阶段。

- 情感领域
  - 接受、注意
    - 觉察
    - 愿意接受
    - 有控制的或有选择的注意
  - 反应
    - 默认的反应
    - 愿意的反应
    - 满意的反应
  - 价值的评估
    - 价值的接受
    - 对某一价值的偏爱
    - 信奉
  - 组织
    - 价值的概念化
    - 价值体系的组织
  - 由价值或价值复合体组成的性格化
    - 泛化心向
    - 性格化

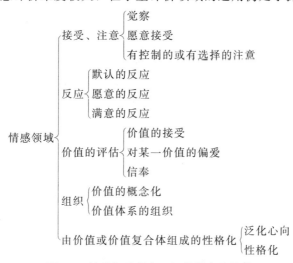

图 2-2　情感领域教育目标的基本结构①

除了上述两大领域外，辛普森(Simpson)和哈罗(Harrow)分别于 1965 年和 1972 年编制出《教育目标分类学·动作技能领域》，也称为心理运动领域(psychomotor domain)，大致相当于体育、美育和劳动技术教育，如图 2-3 和图 2-4 所示。它代表学生的动作技巧发展水平。

- 辛普森的动作技能领域
  - 知觉
  - 定势
  - 指导下的反应
  - 机制
  - 复杂的外显反应
  - 适应
  - 创作

图 2-3　辛普森的动作技能领域教育目标的基本结构

① 宗秋荣：《教育目标分类学》，载《中国电大教育》，1991(11)。

```
                                        ┌ 弯曲
                          反射动作 ┤ 伸展
                                        └ 姿势调整
                          基础──基本动作
                          知觉能力
                                        ┌ 有效发挥作用
哈罗的动作技能领域 ┤ 体能 ┤ 适应所处环境
                                        └ 体现器官活力
                          技巧动作
                                                        ┌ 交流感情体验
                          有意沟通（非理性交流）┤
                                                        └ 进行动作沟通
```

图 2-4　哈罗的动作技能领域教育目标的基本结构

教育目标分类学是与系统分析方法较为接近的一种理论，是以掌握知识、培养能力这一总体教育目标为起点，层层分解为各级教育目标，由此形成一个具有层次结构的相对独立的教育目标体系。它主要具有以下特点。

第一，以心理学为基础。人类的行为，既包括认知行为，又包括情绪和动作技能行为，反映了心理过程的层次。而这些心理过程可按其复杂程度划分为不同的等级类别。较高层次的等级类别意味着学生个体具有较高水平的认知能力、情感意识和动作技能，而较低层次的等级类别则意味着学生个体的认知能力、情感意识和动作技能还停留在较低水平。

第二，揭示事物本质及相互关系。教育目标分类与实用分类（如图书分类）、现象分类（如生物学分类）相似，即分类的事物名称在排列顺序上同这个词所代表的现象的真正顺序相对应，揭示了事实、现象的本质属性及相互间的关系顺序。

第三，具有连续性、累积性、层次性和超越性。连续性是指各类别逐级递进，类别之间彼此不间断、不孤立以及按顺序相连。累积性是指每一层次的目标包含了较低层次目标中的行为，同时又增加了本层次所特有的新的行为要素。层次性是指不同类别目标的复杂程度不同，不仅有量的积累上的区别，还有质的区别；后继的层次总比前面的层次高。超越性是指构成各种类别行为基础的认知心理过程，不受年龄与教学类型的限制；在不涉及特定知识时，也不受学科和教材的限制。换言之，教育目标分类既适用于各个年龄阶段的学生，又适用于各门学科。

2001 年，由安德森和克拉斯沃尔牵头，联合了美国多名认知心理学家、课程与教学专家以及教育评价专家，对布卢姆的认知目标分类学进行了修订，出版了《学习、教学和评估的分类学：布卢姆教育目标分类学修订版》（简称《修订版》）一书。书中提出了两维的教育目标分类学框架：一是知识维度，二是认知过程维度，如表 2-1 所示。

表 2-1　两维的教育目标分类学框架

知识维度	认知过程维度					
	1. 记忆	2. 理解	3. 应用	4. 分析	5. 评价	6. 创造
A. 事实性知识						
B. 概念性知识						
C. 程序性知识						
D. 元认知知识						

安德森等人的两维教育目标分类学框架，从两个方面对布卢姆的认知目标分类学进行了拓展和修订。

一是增加了知识维度并细化为事实性知识、概念性知识、程序性知识、元认知知识四个目标。事实性知识是指为了解一门学科或解决学科中的一些问题，学生必须知道的基本要素；概念性知识是指结构中基本要素之间的相互关系，使要素能协同发挥作用；程序性知识是指如何做事，探究方法，以及运用技能、算法、技术与方法的准则；元认知知识是指了解一般的认知以及对自身认知的意识与了解。

二是对元认知过程维度的目标进行调整，采用更常用的语言命名目标，并调整了目标的层次结构。比如，把原来的知识改为记忆，把领会改为理解，把综合改为创造，并视为认知过程的最高层次。

两维的教育目标分类学框架融入了认知心理学的新近研究成果，注重把学习、教学和评价有机结合起来。它的新意体现在以下三个方面。

第一，新的知识观。《修订版》所说的知识是广义的。广义的知识包括事实性知识、概念性知识、程序性知识和元认知知识。也就是说，广义知识中不仅有回答世界"是什么""为什么"问题的陈述性知识，而且有回答"怎么办"问题的程序性知识。后者也就是我们平时所说的技能，包括智慧技能和动作技能。

第二，新的智育目标观。智育目标就是广义知识掌握的不同水平。最低的智育目标是知识的记忆水平，最高的智育目标是知识的运用达到创造水平。《修订版》指出，在我们的框架中，我们不得不只讨论认知过程，而不讨论与之相应的知识类型，但是复杂的过程从来不会作为结果而教授。要成为结果，它们必须与某种类型的知识相结合，以形成一个目标。[①]

第三，新的能力观。作为智育目标的能力，就是学生所掌握的不同认知过程水平的知识。也就是说，可以教会的作为智育目标的能力不在知识掌握之外，而寓于知识掌握之中。传统教学论之所以在掌握知识技能之外，再提第三个目标，即能力目标，原因是传统教学论中的知识和技能概念是有局限的，不能合理解释学生通过教学活动所获得的智慧能力。

概而言之，能够教会的作为教学目标的能力可以而且必须用广义的知识来解释。这就为关心学生评价改革的人们解决掌握知识与发展能力关系问题并据以制定学生评价方案指明了方向。

第四节 学生评价的多元化时期

20 世纪 80 年代，在各种新教育理论的不断影响之下，学生评价领域以泰勒模式以及沿袭这一思路发展起来的教育目标分类学占主导地位的体系化时期，逐渐向多元化时期转变。这一时期除常规的教育测验以外，反响较大的几种学生评价理论分别是多元智能评价、真实性评价、增值评价。

一、多元智能评价

自教育测验问世以来，学校教育中对学生的评价就一直深受教育测量理论的影响：学校中的所有学生必须尽可能学习相同的课程，教师要尽可能以相同的方式将学科知识传授给所有学生。评价学生学习的最佳手段是标准化的测验。美国哈佛大学心理学家加德纳（Gardner）认为，测验是对学生的分类并贴上了标签，判断的是学生的弱项和短处，而并非学生的强项和长处。

加德纳认为，人的智能是多元的，除了言语—语言智能和逻辑—数学智能两种基本智能以外，还有视觉—空间智能、身体—运动智能、音乐—节奏智能、人际交往智能、自我内省智能、自然观察智能和存在智能。[②]

---

① ［美］L. W. 安德森：《学习、教学和评估的分类学：布卢姆教育目标分类学修订版》，皮连生译，195～196 页，上海，华东师范大学出版社，2008。

② 加德纳在 1983 年出版的著作《智能的结构》中提及 7 种智能，包括言语—语言智能、逻辑—数学智能、视觉—空间智能、音乐—节奏智能、身体—运动智能、人际交往智能、自我内省智能。（见［美］霍华德·加德纳：《智能的结构》，沈致隆译，91～324 页，杭州，浙江人民出版社，2013。）他在 1999 年出版的著作《智能的重构：21 世纪的多元智能》中又提到自然观察智能、存在智能和精神智能。（见［美］Howard Gardner：《智力的重构——21 世纪的多元智力》，霍力岩、房阳洋、李敏谊等译，57～72 页，北京，中国轻工业出版社，2004。）这里重点分析前 8 种智能。

①言语—语言智能：能有效运用口头语言和书面文字来表达自己的想法，并能了解他人的能力。

②逻辑—数学智能：能有效运用数字和推理的能力，包括对逻辑的方式和关系、陈述和主张、功能及其他相关抽象概念的敏感性。

③视觉—空间智能：能准确感知视觉空间，并把所感觉到的表现出来的能力，包括对色彩、线条、形状、形式、空间及它们之间的关系的敏感性，也包括将视觉和空间的想法具体地在头脑中呈现出来，以及在一个空间矩阵中很快找出方向的能力。

④身体—运动智能：善于运用整个身体来表达想法和感觉，以及运用双手灵巧地生产或改造事物的能力，包括特殊的身体技巧，如平衡、协调、敏捷、力量、弹性和速度以及由触觉引起的能力。

⑤音乐—节奏智能：察觉、辨别、改变和表达音乐的能力，包括对节奏、音调、旋律或音色的敏感性。

⑥人际交往智能：觉察并区分他人的情绪、意向、动机及感觉的能力，包括对面部表情、声音和动作的敏感性，辨别不同人际关系的暗示以及对这些暗示做出适当反应的能力。

⑦自我内省智能：个人自我了解、分析反思的能力，也就是建构正确自我知觉的能力。

⑧自然观察智能：对周遭生活环境的认知与喜好表现，对自然的景物如植物、动物、天文等都有强烈的兴趣和关怀。

智能之间的不同组合表现出个体间的智能差异。教育的起点不在于一个人原先有多么聪明，而在于怎样使他变得聪明，在哪些方面变得聪明。智能并非像传统智能定义所说的那样以语言、数理和逻辑推理等能力为核心，也并非以此为衡量智能水平的唯一标准，而是以是否具有解决实际生活中的问题和创造出社会所需要的有效产品的能力为核心，并以此为衡量智能水平的标准。加德纳认为，每个人都拥有多元智能，它代表了每个人的不同潜能。因此，学生评价的目的在于如何帮助学生，并有责任为学生提供有益的反馈，如识别学生的强项和弱项，提出学生今后应怎样继续学习或发挥其强项的建议，以及预测学生未来的发展潜能等。

多元智能评价，顾名思义，就是基于加德纳的研究所归纳出的不同种类的智能，对学生进行学习评价。在运用多元智能的课堂上，评价学生学习的方式是多种多样的，正如组织学生学习内容和学习方式本身的多样性一样。① 根据不同的智能类型，教师可以实施不同的学生评价。

1. 言语—语言智能评价
(1)讨论策略与结果
(2)诗歌创作尝试
(3)小说与散文写作
(4)辩论比赛

2. 逻辑—数学智能评价
(1)中国象棋等棋类活动
(2)数学游戏水平
(3)其他需要多阶段推理的活动

3. 视觉—空间智能评价
(1)创造艺术品
(2)素描
(3)摄影
(4)无线电测向比赛

4. 身体—运动智能评价
(1)模型制作活动
(2)生动的表演
(3)手工制作
(4)创造性的艺术表演
(5)体育运动

5. 音乐—节奏智能评价
(1)音乐创作
(2)舞蹈编排
(3)合唱指挥
(4)听音活动

6. 人际交往智能评价
(1)小组合作探究

---

① 〔美〕Jame Bellanca、〔美〕Carolyn Chapman、〔美〕Elizabeth Swartz：《多元智能与多元评价——运用评价促进学生发展》，夏惠贤等译，21 页，北京，中国轻工业出版社，2004。

(2)关心他人的演示计划

(3)互相学习演示

7. 自我内省智能评价

(1)学习日志

(2)扮演历史人物

(3)个人心理描写

(4)展示关注道德的方案

8. 自然观察智能评价

(1)野生动植物素描

(2)自然事物之间的对比

(3)考古发掘的介绍

除根据不同的智能类型实施不同的学生评价以外，在课堂教学过程当中，哪怕是同一项内容或活动，教师也可以设计成不同的评价形式，来考查学生不同智能的发展水平。例如，教师通过让学生表达对光合作用的认识来评价学生不同智能的发展。

1. 言语—语言智能评价

评价方式：请用自己的话描述一下"光合作用"，以口头或书面的形式均可。

2. 逻辑—数学智能评价

评价方式：请用科学原则、定理或法则概括"光合作用"的过程。

3. 视觉—空间智能评价

评价方式：请快速勾画出"光合作用"过程的草图。

4. 身体—运动智能评价

评价方式：创编一个哑剧或者以表演的形式演示"光合作用"。

5. 音乐—节奏智能评价

评价方式：如果"光合作用"是一首乐曲，你觉得它会像什么或者哪首歌？为什么？

6. 人际交往智能评价

评价方式："光合作用"让你想起生活中的什么东西？对叶绿素的转换作用和你的同伴交往在哪些方面是相似的？

7. 自我内省智能评价

评价方式：用一段话描述你亲身经历类似于"光合作用"变化的个人感受。

8. 自然观察智能评价

评价方式：比较三种不同植物的"光合作用"过程，可以运用图片、艺术形式、写作或者其他适当的方式表现它们的相同或者不同之处。

概括多元智能评价的宗旨，可以发现，与一般的教育测验只注重学生的言语—语言智能和逻辑—数学智能不同，多元智能评价致力于"确保评价的是学生完整的智力'光谱'，反映的是学生在各个智力领域发展的全貌""不能只围绕着某几种智力来设置评价标准并实施评价，不能在评价过程中绕道而行而对传统意义上的'非学术'智力领域不闻不问，而是应该让教育评价的内容涉及学生发展的方方面面"①。

二、真实性评价

真实性评价是一种新的评价方式，试图用接近真实情境的方式来评价学生的学习成就水平。它把重点放在学生对学习内容的理解上，探讨学生在学习过程中有意义、有价值的经历，展示出学生动手、动脑的过程和整学年的学习状况，让学生通过获得自我满足的机会来提高学习的自信心，诊断出学生的优势与不足，从而促使学生获得学习的成功。

真实性评价突出了学生在学习过程中的责任，使教师由过去的知识传授者和主考官的角色转变为反思的指导者。这对于转变教师以知识教育和知识评价为核心建立起来的教学理念具有重要的作用。同时，真实性评价也使家长从过去的幕后走到了台前，由过去对孩子学习的一无所知转变为教学决策的参与者，使家长获得了更多了解孩子的机会，从而让家长和孩子一起体验学习上的成功。

真实性评价一般包括基于真实情境的表现性评价②（performance assessment based real setting）和成长记录袋评价（portfolio assessment）两种类型。基于真实情境的表现性评价是指在学生真实生活和学习情境中，通过对学生完成具体任务实际表现的观察判断学生成就的评价方式。成长记录袋评价则是对学生作品的优劣进行判断，描述学生成长的过程及取得的成绩（如学生的学习成就、学习的态度）的评价方式。它是描述和捕捉学生成长的重要工具。

---

① 霍力岩、赵清梅：《多元智力评价与我国基础教育评价改革》，载《教育科学》，2005（3）。

② 评价情境按照真实程度可以划分为自然情境、模拟情境和结构化情境。其中，自然情境和模拟情境属于真实情境，前者完全真实，后者接近真实。因此，无论是借助自然情境还是依靠模拟情境实施的表现性评价，均为基于真实情境的表现性评价，亦属于真实性评价的范畴。

(一)表现性评价

表现性评价有时也被称作"替代性评价"(alternative assessment)。但是，它们实际上并不是同一回事。"替代性评价"是与传统的纸笔测验相对而言的。表现性评价不仅评价学生能够做什么，而且还要评价学生是如何去做(完成任务)的。例如，对于评价学生的写作能力，"我们要求学生写一个故事或一篇短文，但是我们还要评价整个写作过程——写成一篇好文章的构思、行文和修改过程"[①]。同样，"在科学方面，我们不仅要关注学生是否能完成一个科学方面的课题，而且要观察在此过程中学生是否表现了良好的科学思维"[②]。

因此，典型的表现性评价并非简单地关注如研究报告、完成的课题、画好的图画、拍摄的录像、做成的几何模型或设计的实验等学习结果，而且还关注这些学习结果得以产生的整个过程。也就是说，它评价知识、技能和策略的运用以及在这个过程中产生的结果。要评价这两类学习的质量，教师需要用核查表和评分等级表来记录对观察到的行为表现的评价。通常，表现性评价任务设计的基本步骤如下。

①定义我们想要评价的学生学习表现(如具体的知识与技能、过程与方法、情感态度与价值观)。

②设计任务和任务指导语。

③制定评分细则(可使用行为核查表、等级评价表、整体评分表)。

④考虑实施中的重要事项(包括时间、参考资料、其他人的参与情况、设备等方面)。

但是，并不是所有的表现性评价都是真实性评价。只有当表现性评价在真实的生活与学习情境中发生时，才是真实性评价。在一个基于真实情境的表现性评价中，学生在某个任务上表现出来的能力应该不能只用一个分数来表示，而是要看他们在完成这个任务之后产生的方案、成果和口头展示的情况。基于真实情境的表现性评价一般遵循以下四个基本原则。

第一，知识建构。贯穿在课堂活动中的表现性评价能达到两个目的。它们与学习过程浑然一体，有助于学生建构新知识。此外，它们还是评价学生认知活动的一种途径。评价学生知识建构能力的唯一方法是给他们提供新知识，让他们去拓展这些知识或重新组织这些知识来产生新的成果。因此，任何表现性评价的基本特点都是要求学生完成获取和建构新知识的任务，也许是听一个故

---

①②　[美]Gary D. Borich、[美]Martin L. Tombari：《中小学教育评价》，国家基础教育课程改革"促进教师发展与学生成长的评价研究"项目组译，180 页，北京，中国轻工业出版社，2004。

事、读一篇文章、研究一幅图、看一段电影、听一场辩论、在百科全书上查找资料等。如果一个评价任务没有创新的要求，而只需要学生对先前知识的回忆，那么学生的知识建构和深层理解水平就没有得到有效的评价。

第二，策略思维。"当历史学家解读一段原始的历史资料或评判一篇历史评论文章时，他们实际上在进行一种被称作策略思维或学科调查的活动。同样，人类学家在确定一处历史遗迹的起源时，他们会运用策略思维进行解释和评判。也就是说，他们将大量自己已有的知识应用在问题的解决过程中（比如评价这一起源的可信性、证据的可靠性，以及对具体的情境进行解释等）。对数学家、记者、地理学家来说也同样如此。"[1]因此，表现性评价只有要求学生运用以前的知识（既包括陈述性知识，又包括程序性知识）以及一般的和具体的问题解决策略时，才能有效地评价学生的深层理解水平。

第三，清晰表达。评价的最后结果应该是某种形式的成果。这个成果也许是一份书面的文件、一幅图、一张表，也可以是视觉的、书面的和口头的展示材料，还可以是一份口头报告。总之，它便于教师评判学生的知识建构水平和策略思维，同时还必须表现出学生的表达能力。

第四，尽量真实。用于表现性评价的真实任务绝不仅仅意味着给学生一个分数来代表他们在某次测验中的能力。评价任务应该与工作和生活技能有关，或者能为以后更高年级的学习打下基础。这样的评价才是真实的。即使是教师评语，非真实的表现性评价和真实的表现性评价之间也存在明显的差异，如表 2-2 所示。

表 2-2　班主任评语的比较

评价类型	班主任评语
非真实的表现性评价	你学习态度端正，学习目的明确，成绩优秀；你关心集体，乐于与同学交往，乐于为集体服务，是一个诚实、守信、正直、负责的同学，也是老师的好助手；祝你在未来的日子里能不断成熟，不断进步
真实的表现性评价	你秀气美丽，但又活泼好动，课堂上总是眨着乌溜溜的眼睛，时而专心听讲，时而若有所思，作业完成得认真又整洁，日记也持之以恒地写着；早读也很积极协助老师，老师真喜欢你；不过老师还是想给你提一个建议：如果在课堂上积极举手发言，那你的思维会更加敏捷，口头表达能力会更加出色；快行动起来吧，相信你能行

---

① 　［美］Gary D. Borich、［美］Martin L. Tombari：《中小学教育评价》，国家基础教育课程改革"促进教师发展与学生成长的评价研究"项目组译，184 页，北京，中国轻工业出版社，2004。

基于真实情境的表现性评价的第一个优势是它可以对涉及校内外真实情境中的复杂表现的教学目标实现情况进行评价。教师通过设计、运用与教学目的密切相关的表现性任务，可以澄清教学目标并以此鼓励学生发展复杂的理解能力和技能。通常，表现性评价任务和良好的教学活动是分不开的。

基于真实情境的表现性评价的第二个优势是它可以评价用其他方法无法测量的复杂的学习结果。就像前面所讲，知道怎样做某事并不等于能够去做某事，更不等于能把它做好。例如，纸笔测验能够有效地测量学生所了解的在公众场合演讲的有关要求，但是却无法考查学生实际演讲的能力。

基于真实情境的表现性评价的第三个优势是它不仅能评价完成任务的结果，还能评价任务完成的过程。例如，对于一个实验，教师既要关注实验的成功以及充分的证据，还可以通过观察学生设计实验、使用仪器和实验技巧等方面，对学生的表现进行评价。

基于真实情境的表现性评价的第四个优势是它体现了现代学习理论的思想，把学生看作意义建构的积极参与者，而非分散知识的接受者。按照这种观点，新信息必须被积极地改造并与学生先前的知识进行有机整合。高质量的表现性评价重视学生的背景知识，并鼓励学生在此基础上进行积极的意义建构。

与此同时，基于真实情境的表现性评价也存在一些明显的局限性。首先就是不同的教师或者同一位教师在不同的时间对学生的评分是不一致的。"所以，在任务的设计和对行为表现的评分中，都需要澄清要评价的内容并设计合理的评分规则。"[①]尽管对学生的复杂表现进行判断总会包含一些无法控制的变化，但是教师通过清晰地界定要测量的内容、制定一个适当的任务框架和认真设计并遵循评分规则，都可以在很大程度上提高评价结果的可靠性、不同学生之间分数的可比性，从而保证评价的公平性。

另外，基于真实情境的表现性评价还比较费时。它要求给予学生足够的时间，让学生有机会完成每一项任务。为了克服学生的某种表现在不同任务间迁移时水平不一致的局限，教师需要在整个学年中积累学生完成不同任务的表现信息。但是，因为基于真实情境的表现性评价本身为学生提供了良好的学习机会，所以这种费时从某种意义上说是值得的。

---

① ［美］Robert L. Linn、［美］Norman E. Gronlund：《教学中的测验与评价》，国家基础教育课程改革"促进教师发展与学生成长的评价研究"项目组译，184 页，北京，中国轻工业出版社，2003。

(二)成长记录袋评价①

20 世纪 90 年代，成长记录袋评价作为学生评价的一种新理念，得到了越来越多的运用。成长记录袋又称档案袋，在教育领域主要是指学生作品的收集。教师利用成长记录袋系统收集学生的作品可以为不同的教学和评价目的服务。部分教师在日常教学中运用成长记录袋进行评价。同时，成长记录袋还被作为确定学生成绩的基础以及向家长报告学生学习成就的依据。随着学生年级的升高，成长记录袋还可以为下任教师提供该学生多个学年的表现。此外，成长记录袋还可以作为学生进入高一级学校的依据。因此，成长记录袋评价受到那些对传统学生评价如标准化测验不满的教育工作者的欢迎。R. J. 蒂尔尼（R. J. Tierney）、M. A. 卡特（M. A. Carter）和 L. E. 德赛（L. E. Desai）等人列举了成长记录袋评价与标准化测验的区别，如表 2-3 所示。

表 2-3　成长记录袋评价与标准化测验的区别②

成长记录袋评价	标准化测验
反映学生参与的多种读写活动	依据有限的读写任务来评价学生，而这些任务又与学生在读写方面的实际表现不匹配
让学生参与自己进步与成就的评价，并提出进一步学习的预期目标	机械地评分或由一些不了解情况的教师评分
在尊重学生个体差异的基础上评价每一名学生的成就	用同一标准评价所有的学生
评价过程是合作性的	评价过程是非合作性的
自我评价是重要目标	没有自我评价方面的目标
关注学生的进步、努力与成就	只关注学生的成就
将评价与教、学结合起来	教、学、评价是分离的

使用成长记录袋收集学生作品的做法由来已久。一个学生的成长记录袋同时也是学生作品的收藏夹，但二者有一些重要的差异。成长记录袋中所收集的作品应当服务于某个特定的目的，如描述学生的进步。用于学生评价的成长记

① 成长记录袋评价又称档案袋评价，它不仅是一种评价理念，还是一种具有独立性的学生评价方法，即档案袋法。关于此种学生评价方法在第四章第五节将做专门介绍。

② R. J. Tierney，M. A. Carter，& L. E. Desai，*Portfolio Assessment in the Reading-Writing Classroom*，Norwood，Christopher-Gordon Publishers，1991，p.44.

录袋与收集作品的文件夹不同，它不包括学生的所有作品。相反，成长记录袋中的作品可能是"代表作"或者不同类别作品中的样本（如写给朋友的信件、创作的短篇故事或者有说服力的短文）。成长记录袋中的作品一定要精心选择，以服务于成长记录袋评价的特定目的。有时成长记录袋也可以说是个人成就的描述。也就是说，一个学生成长记录袋通常是学生的个人自画像。

三、增值评价

增值评价（value-added assessment）又称为价值附加评价，是针对学生评价领域经常采用的总结性评价存在的不足而提出的。传统的学生评价多是一种总结性评价，即以学生测验成绩的均值为标准进行评价。这种单一的评价方法反映的信息对处境不利学生群体较为不利，受到各方面的批评。为更加科学和准确地评价学生的进步，自 20 世纪 70 年代开始，教育评价领域逐渐兴起一种新的评价方式——增值评价。

20 世纪 80 年代，美国学生在国际学业成就测验中成绩下滑，引发社会各界对教育发展状况的担心。1983 年，美国高质量教育委员会颁布具有里程碑意义的《国家处在危险之中：教育改革势在必行》（A Nation at Risk：The Imperative for Educational Reform）。该报告显示，1963—1980 年，美国学生的高中毕业考试成绩持续下滑；词汇平均成绩下降超过 50 分，数学平均成绩下降近 40 分；此外有 13% 的青年是半文盲。[1] 这些问题对个体发展和美国未来都构成了威胁。1989 年，美国召开教育峰会并制定了六项国家教育目标。为实现这些教育目标，美国各州在增加教育财政投入、推动课程与教学改革的同时，逐步建立了基于教育评估结果的教育问责制度。[2]

1992 年，美国田纳西州政府率先采用增值评价系统，并将其作为州教育促进法案的一部分。[3]为加强教育问责，教育部门每年要公布各学区和部分公立中小学的质量与绩效数据，包括出勤率、升学率、辍学率、测试成绩等，以敦促各地方教育机构合理使用经费，切实提高学生的成绩。但是，有的教育者认为学生的成绩受家庭社会经济背景的影响很大，用成绩问责教师或学校是不

---

[1]　National Commission On Excellence In Education，"A Nation At Risk：The Imperative For Educational Reform，" *The Elementary School Journal*，1983(2)，p. 115.

[2][3]　William L. Sanders ＆ Sandra P. Horn，"Research Findings from the Tennessee Value-Added Assessment System（TVAAS）Database：Implications for Educational Evaluation and Research，" *Journal of Personnel Evaluation in Education*，1998(3)，pp. 247-256.

公平的。于是，增值评价就成为教育问责的新依据。[1][2] 在此背景下，田纳西州增值评价系统（Tennessee Value-Added Assessment System，TVAAS）诞生。

20 世纪 80 年代以来，英国政府每年都公布所有学校以原始分数表示的学生成绩。由于原始分数没有考虑影响学生成绩而学校自身又难以控制的因素，如生源质量等，因此它不能公正、客观地反映学校的效能。为解决评价上的问题，研究者提出了"增值"概念。英国的增值评价同美国类似，也是首先从地区层面上发展起来的。国家统一课程的建立及链接国家数据的新资源的出现，为增值评价在整个国家内推行提供了可能。英国政府于 20 世纪 90 年代接受了增值评价法[3]，2002 年在全英格兰和威尔士推行学校效能增值评价模式，2004 年和 2005 年试点，2006 年全面开展学校效能的"多元"增值评价，并将增值评价指标作为一项重要的创新性指标归到现有的评价指标体系中。

增值评价是指通过追踪研究设计，收集学生在一段时间内不同时间点上的标准化测验成绩；基于学生自身测验成绩的纵向比较，并考虑其他不受学校或教师控制的因素对学生成绩的影响（如学生的原有成绩水平、人口学因素、家庭背景信息以及学校周围地区的经济发展水平等）；使用多水平模型对数据进行统计分析，可以将上述因素对学生成绩的影响与学校或教师对学生成绩的效应分离开来，追踪学生在一段时间内学业上的变化，考查学校或教师对学生学业成绩影响的净效应，进而实现对学校或教师效能较为科学、客观的评价。

与以往基于平均测验分数的横断性评价相比，增值评价具有如下显著特点。[4]

第一，增值评价实现了关注点的变化。学生评价中较为常用的评价方式是将学生成绩原始分数的平均分或升学率作为评价指标，确定学校或教师的工作是否有效。有研究发现，这种评价方式是不准确的，甚至会有误导作用。此外，这种评价方式导致人们过于关注一次考试的结果，过分关注对少数学生的

---

① William L. Sanders & Sandra P. Horn, "Research Findings from the Tennessee Value-Added Assessment System (TVAAS) Database: Implications for Educational Evaluation and Research," *Journal of Personnel Evaluation in Education*, 1998(3), pp. 247-256.

② William L. Sanders & Sandra P. Horn, "The Tennessee Value-Added Assessment System(TVAAS): Mixed-Model Methodology in Educational Assessment," *Journal of Personnel Evaluation in Education*, 1994(8), pp. 299-311.

③ Sally Thomas, Wen Jung Peng, & John Gray, "Modeling Patterns of Improvement over Time: Value-Added Trends in English Secondary School Performance across Ten Cohorts," *Oxford Review of Education*, 2007(3), pp. 261-295.

④ 辛涛、张文静、李雪燕：《增值性评价的回顾与前瞻》，载《中国教育学刊》，2009(4)。

培养，忽视了大多数学生的发展，损害了教育过程的公平性。而增值评价则是基于每个学生的进步来确定学校或教师对学生成长的影响。这样就使学校和教师的关注点从每个学生的考试分数转移到更加实质性的问题——每个学生的进步状况上。

第二，增值评价保证了更加公平的比较。增值评价将每个学生的当前成绩与过去成绩进行比较，关注学生的进步和成长，而不是关注学生成绩的绝对水平，从而改变了以往将学生的学业成绩与平均值或任意制定的标准进行比较的做法。由此对学校或教师效能的评价都是基于学生的进步或增值。这一评价标准的确立，实现了学生评价过程中比较的公平性，有利于激发学校促进学生进步的动力。

第三，增值评价与绩效责任紧密相连。绩效问责制目前已成为各个国家进行学校效能研究的主要方面。它要求使用学生标准化测验的成绩作为评价对象，以使学校对学生的学习成果负责。评价是问责制的重要组成部分，评价的科学性直接关系到问责制实施的效果。增值评价本身的特点为问责制提供了一个良好的评价框架，能够提供对学校和教师更为公平的评价。

第四，增值评价具有潜在的诊断性功能。增值评价是基于追踪设计的研究，它能够根据详尽的数据识别描述出学生的成功与失败之处。这将成为学校和教师发现问题并做出决策的起点。此外，增值评价可以为教师提供形成性评价和总结性评价的信息，从而为教师的自我提升提供依据。

第五，增值评价能够满足所有学生的需要。增值评价的基本理念是学校和教师应该保证所有水平的学生都以相同的速度取得学习上的进步，即每个学生在一年内的学业增值幅度应当相同。这就要求学校和教师不能只关注成绩好的学生，而要兼顾所有学生的发展和进步。教师要根据每个学生的需要，采取相应的教学措施，从而促进每个学生的进步，满足所有学生的需要。

增值评价作为一种新的教育评价理念，近年来得到越来越广泛的关注，并引发了大量的相关研究。它为传统的教育测验分数的分析提供了新的视角，能够实现对学校和教师效能的客观评价。但是作为一种仍在发展中的学生评价理论，它自身仍然存在一些问题。

第一，增值评价目前存在的几种多水平统计分析模型对学生数据的处理方式不尽相同，那么到底哪种模型是最佳模型，能够实现对学生成绩的科学分析，需要进一步研究。此外，虽然复杂的统计方法能够实现良好的统计控制，但不容忽视的是，统计方法自身存在对现实世界的解释力问题。这在一定程度上削弱了这种新的评价理论的应用与推广。因此，如何借助教育统计的相关研究，既能够深入理解教育问题，又能够产生对现实问题的合理解释，成为增值评价研究的一个核心问题。

第二，增值评价采用追踪测验的研究范式，必然需要一个强有力的数据库系统，因此数据处理的技术支持以及各个数据库之间的有效链接和整合成为应用者必须要思考的问题。此外，在追踪数据的分析中，不同年份测验的等值是增值评价的基础。在各种增值评价模式中，有的采用简单常模参照式处理方式，即将多年的测验分数都转换到同一常模量尺上；有的则忽视了这一问题。这两种处理方式显然都存在问题。这一问题的最终解决需要借助教育与心理测量研究的发展。近年来引起广泛关注的垂直等值，即多年追踪数据的等值方法，有望成为解决该问题的突破口。

第三，增值评价解决不了所有考试领域都面临的一个难题，即很难区分学生真正的学习和为了考试而学习的问题。为了提高测验的成绩，有些学校和教师会将精力集中在如何应付考试的答案上，而不是教授学生知识和技能上。这样学生只是在简单地记忆答案，而没有真正的学习。因此，在标准化测验中，保持对考试试题的更新非常重要。

第四，增值评价的分析过程是一种统计分析，在一定程度上有不准确之处。尤其是它在平均数周围的数据分析不准确，但在两个极端部分的数据分析却较为准确。这一点在评价学生时要尤为注意，不能将增值评价的结果作为唯一的依据，还要考虑其他的方面，特别是对于那些在平均数附近的学生。因此，在应用增值评价时，需要谨慎解释和使用相应的结果。

第五，增值评价主要以标准化测验的成绩为基础，会使学校忽视不参与标准化测验的诸如音乐、美术和体育等学科的教育，不利于学生的全面发展。

尽管仍存在亟待解决的一些问题，增值评价作为一种较为新颖的学生评价理论，其自身有很多不可替代的优越之处。这是该理论得以广泛应用的有力保证。该评价方式与仅以一次测验成绩的结果为评价依据的评价方式相比，在评价的科学性和客观性上已达到了较高水平。随着统计技术和方法的不断完善以及教育测量领域相关理论和实践应用的发展，增值评价面临的问题相信会迎刃而解。2020 年，《深化新时代教育评价改革总体方案》提出，在教育评价改革实践中积极"探索增值评价"。这是我国第一次在国家政策文件中倡导与推动增值评价。我们借助增值评价理念，可以建立一个长期追踪学生的学业成绩，甚至包括学生在音乐、美术和体育等方面发展情况的数据库系统，形成全新的评价理念和方式，从而实现对学生的科学评价。关于增值评价的具体操作，可参看第三章第四节中"增值评价基准"和第六章第一节中"计算总评分"的相关内容。

第三章　学生评价标准

学生评价得以顺利进行首先需要具有合理、有效、公正的学生评价标准。学生评价标准在一定程度上引领着学生评价的目的、内容、方法等各个方面。缺乏对学生评价标准的深入认识，将使学生评价变成一种盲动行为，甚至有可能使学生评价的最终效果与评价者的初衷南辕北辙。要更好地了解学生评价标准，对其定义、依据和要素进行相应的分析就显得尤为重要。只有在深入了解学生评价的定义、依据和要素的基础之上，才有可能设计与制定出学生评价标准。

第一节　学生评价标准的定义、依据和要素

标准是什么？《辞海(中)》将其定义为，衡量事物的准则，如取舍标准；引申为榜样、规范。[①] 所谓衡量事物，实际上是衡量事物的价值，做出价值判断。换言之，标准是指衡量事物价值的一套规则。斯坦梅茨(Steinmetz)指出，所谓标准是指评估对象该拥有的品质或特性的整体描述。换言之，描述某件事情应该如何呈现，就叫作标准。[②] 人们正是根据标准和实际状况之间的差异信息，来判断事物的价值或适当性。

无论是对于课程、教学还是对于评价，教育工作者都会有意无意地接触到各种不同类型的标准，以指引、规范、评判自己的教育教学活动。教育评价标准就是教育标准中颇为重要的一类标准。不过，在这里需要指出，教育评价标准与其他类型的教育标准，如学校建设标准、课程标准等在功能上存在明显差异。

由于评价是评价者以一定的标准衡量评价对象意义的活动，这个先在的评价标准就成为评价活动的核心，成为制约评价的直接因素。"评价结论的不同，最主要的原因，是评价标准的不同。"[③]评价标准受两方面因素的影响。一方面，

---

① 辞海编辑委员会：《辞海(中)》，3351 页，上海，上海辞书出版社，1989。

② ［美］Daniel L. Stufflebeam、［美］George F. Madaus、［美］Thomas Kellagham：《评估模型》，苏锦丽等译，151～152 页，北京，北京大学出版社，2007。

③ 冯平：《评价论》，40 页，北京，东方出版社，1995。

评价标准制定者的价值取向决定着评价标准，而评价标准又反映价值取向；另一方面，评价标准又受客观现实条件的制约，需要针对现实条件灵活调整。评价标准实质上是人们在自己的价值取向和现实环境之间谋求一种具体、动态平衡的产物。评价标准，是同人们自己的社会存在的事实、社会的事实、历史的事实相联系的，是这些事实在他们意识中的反映。[①] 具体而言，评价标准是根据评价活动的现实需要而制定的，用于衡量事物价值的具体化、情境化的规则。

学生评价活动中存在大量的价值事实。这些价值事实作为学生评价认识的对象，是一种客观的、不依赖于评价者主观意识的存在状态。但是，评价者却不得不对这些价值事实做出适当的判断，才有可能指明教育的价值所在。可是，判断离不开一定的参照物。例如，要判断一名学生在班上的数学成绩，就需要了解班上其他学生的数学成绩，并划定一定的分数线作为判断的依据。如果全班学生的平均分是 80 分，而这名学生的成绩是 85 分，那么我们可以据此判断这名学生的数学成绩要优于全班的平均水平。换句话说，学生评价的目的在于对学生经过阶段性教育活动后的发展和变化做出价值判断。而价值判断需要以一定的参照物为依据，这一参照物就是学生评价标准。

作为一种独立的评价活动，学生评价关注的是学生在经历阶段性学习活动之后的发展和变化。如果缺乏学生评价标准的指引，要判断这些发展和变化的价值就几近于缘木求鱼。因此，制定适当的学生评价标准是学生评价得以实施的基本前提。通过标准和评价标准的界定，我们可以进一步将学生评价标准定义为：根据学生评价活动的现实需要而制定的，用于衡量学生学习过程与结果的发展变化程度以及价值的一套具体化的、情境化的规则。

在日常的教育活动之中，教师经常会使用各种学生评价标准。然而，学生评价标准到底以什么为制定的依据，这一前提性问题常常困扰着广大教育工作者。内伏(Nevo)认为，想要评价日常教育活动，制定评价标准的依据主要有以下五种。[②]

①（重要）目标的达到。

②现实或潜在的评价委托人的明确需要。

③理想的或社会的价值。

④由专家或其他有关团体所定的广为人们所接受的标准。

⑤所选择对象的质量。

---

① 李德顺：《价值论》第 2 版，237 页，北京，中国人民大学出版社，2007。

② ［以色列］内伏：《教育评价概念的形成：对文献的分析评论》，赵永年、李培青译，见瞿葆奎：《教育学文集》第 16 卷，343～362 页，北京，人民教育出版社，1989。

　　就学生评价而言，教育目的是制定学生评价标准的主要依据。学生评价要体现特定的教育目的，尤其是反映在教育政策方针中的国家教育目的。不过，教育目的一般都用极其简单的措辞表达。因此，各级各类学校想要实现教育目的都必须将其细化为更为具体的教育目标，根据教育目标进行教育活动。因此，学生评价同样也需要根据教育目的细化后的形态，即教育目标来开展。从教育目的到学生评价标准，学生评价标准的制定事实上是从抽象到具体的过程，如图 3-1 所示。

图 3-1　学生评价标准的制定过程

　　就此而言，教育目的制约着学生评价标准，并且通过这种制约来起到为学生评价导向、规范等作用。

　　学生评价标准的构成要素包括评价指标、评价权重和评价基准（benchmark）。评价指标属于评价标准中质的维度，构成了评价标准的内容，即决定评什么，不评什么，并分解为具体的多层级评价指标体系。评价权重属于评价标准中量的维度，代表了各评价指标的重要性程度，表征各评价指标的相对重要性，即评价标准中各评价指标在整个评价指标体系中所占的比例和重要性大小，一般采用专门的数值来表示。评价基准在学生评价中主要用来说明评价对象在具体评价指标上达到什么程度才是合乎要求的，即针对具体评价指标而言达到什么程度才是及格的，或是优良的，又或是不及格的。评价基准往往是区分评价对象不同表现水平的临界点。相应地，学生评价标准同样按照三种不同的构成要素按顺序先后制定，分别是评价指标的制定、评价权重的确定和评价基准的选取。

第二节　评价指标的制定

　　在学生评价中，评价指标是指"具体的、行为化的、可测量的或可观察的评价内容，即根据可测或可观察的要求而确定的评价内容，用具体的项目反映抽象的内容"[1]。由不同的评价指标在不同层级上组织起来的评价指标集合又称为评价指标体系。评价指标体系就是"反映某一评价对象数量和质量要求的指标的集合"[2]。评价指标的优点在于能反映被评价对象的共同属性，具有规范性和可比性；分解细致，便于测量，也便于定量处理；误差较小，信度较高。评价指标的缺点则在于设计和编制较为费时耗力；较难反映被评价对象的心理或精神特性；多次分解可能偏离本质属性，造成效度相对较低。

学生评价指标并非都是量化的，有部分评价指标是无法量化的，如一些反映学生情感领域目标发展状况的评价指标。所以，按照学生评价指标的表现方式可以将其划分为"定性指标"和"定量指标"。以小学低年级学生阅读素养评价为例，其中针对"阅读兴趣"的评价指标可以分别从定性和定量两个方面来考虑如何设计。例如，定性指标可以设计为"具有持久、稳定、自觉的阅读习惯"，定量指标可以设计为"每天课外阅读时间不少于 1 小时"。

克龙巴赫认为，评价指标体系的设计包括发散和收敛两个阶段。[3] 学生评价的对象是学生所具有的学习行为和成就，具有复杂性和多变性。仅仅通过一次发散和收敛制定学生评价指标体系，有可能无法适应作为评价对象的学生学习变化情况。为此，我们需要在发散和收敛的基础上进行试验修订，以进一步完善学生评价标准。通过发散—收敛—试验修订这三个阶段的不断循环往复，学生评价标准才能针对不同的学生群体和不断变化的学习情况进行调整，使自身更具有可行性、科学性和实效性。

一、发散阶段

发散阶段的主要任务是分解教育目标，提出详尽的初拟评价指标。鉴于学生评价所依据的教育目标一般比较具有概括性，因此在拟订相应的评价指标时，我们需进一步分解、细化教育目标，使之可以观察和测量。在初步拟定评价指标时，我们一般采用集体讨论、问卷调查、访谈调查、文献搜查等方法，全面收集并详细列出与教育目标有关的所有评价指标，力求完备。这些评价指标可以来自各个方面：有关人士所关注的问题、以往实践的经验总结、教育与评价文献中的研究发现、专业人员的咨询意见等。根据教育目标的复杂程度不同，有些教育目标可由若干一级评价指标构成，由此形成直线型评价指标体系，如图 3-2 所示；某些一级评价指标又可分解为二级评价指标，甚至细化为三级评价指标，这些不

---

① ② 金娣、王钢：《教育评价与测量》，107 页，北京，教育科学出版社，2007。

③ Lee J. Cronbach，*Designing Evaluations of Educational and Social Programs*，San Francisco，Jossery Bass，1982，p. 210.

同层次的评价指标便构成树状型评价指标体系，如图 3-3 所示。

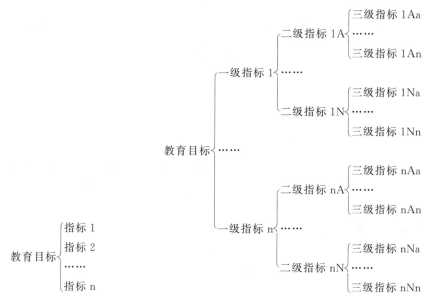

图 3-2　直线型评价指标体系　　　图 3-3　树状型评价指标体系

在学生评价实践当中，发散阶段收集评价指标较为常用的是集体讨论法。即邀请一些校长、教师代表、学生代表、教育评价专家，以座谈会的方式来获取评价指标。集体讨论法有助于集思广益，相互启发，克服了由少数人提供评价指标的片面性。但这种方法也存在一些不足，如参会人员提供的评价指标多是根据日常经验而来，缺乏严谨的论证和推敲，在重要性、独立性和可观察性等方面可能存在缺陷。因此，集体讨论法最好能够与问卷调查、访谈调查、文献搜查等方法配合使用，以最大限度地囊括与教育目标相关的评价指标，并提高评价指标的科学性。

二、收敛阶段

收敛阶段的主要任务是对初步拟定的评价指标体系进行适当的合并和筛选。由于受到时间、人力和物力等条件的限制，一次性收集到的评价指标是有限的。即使各种条件允许，庞杂的评价指标体系也依然可能存在重要性不足、指标之间重叠、未反映评价对象的基本特性、无法观察或测量等缺陷，难以有效地利用。因此，收敛阶段是必不可少的。收敛的目的是精简评价指标，使其更能体现教育目标的本质，以保证评价的有效性；同时，突出学生评价的重点，使评价具有更强的可行性。

收敛阶段的参与人员应当包括学生评价的委托人(如教育行政部门)、评价信息的听取人(如家长、教师)、管理人员(如校长)、专家以及与评价有关的利益相关者(stakeholder)。收敛阶段可通过问卷调查征询利益相关者(如评价者、受评价影响者)的意见,请他们就每一项评价指标对评价对象的作用做出判断并给出建议。

此外,在合并和筛选评价指标时,我们应遵循以下一些基本原则。

一是评价指标应具有重要性。评价指标的重要性是指评价指标能对教育活动产生持久而重要的影响。所以应当删除那些影响不大、次要的,甚至是可有可无的评价指标,体现评价的导向作用。

二是评价指标应具有独立性。评价指标的独立性是指同一层次的各项评价指标不互相重叠,尽量精简。重叠的评价指标不仅使整个评价指标体系变得臃肿庞大,而且增大了类似评价指标的权重。删除重叠的评价指标,不仅有利于提高评价指标体系的内部自洽性,同时也增强了评价的可行性。

三是评价指标应反映被评价对象的基本特性。评价指标是被评价对象特性的具体表现,在从教育目标向评价指标转换过程中有可能造成失真现象,即评价指标并不反映教育目标的基本特性。删除不能反映或者偏离教育目标基本特性的评价指标,能够提高评价的有效性。

四是评价指标应尽可能体现可观察或可测量的特点。人们在设计评价指标时出于随意性或对评价指标与教育目标关系的认识不深刻,导致评价指标在实施评价时难以对评价对象进行准确判断。比如,对学生"品德发展水平"维度中的"人格品质"进行评价,有的学生评价标准将评价指标设为"自尊自信、自律自强、乐观向上"。由于评价指标并未设为具体的行为或事例,因此无法进行实际观察和测量。所以坚持这一原则有助于提高评价的可行性。

五是评价指标的制定应力求简约,提高其实效性和科学性。评价指标体系层级过多,评价指标过于庞杂,虽然看似十分全面、完备,但可能缺乏实际的可行性。评价人员受时间和条件所限,会出现对学生评价敷衍了事、走过场的现象,严重影响了学生评价的实际效果。因此,评价指标体系的层级不宜过多,以不超过2~3个层级为宜,而且还应该对收集到的评价指标进行精心筛选,只保留与教育目标联系密切的评价指标。

收敛阶段需要对评价指标进行合并和筛选。现实当中较为常用的方法是专家调查法,又称为德尔菲法。该方法于20世纪50年代由美国兰德公司开发,其特点是以匿名的方式,向专家们分别发放调查表,向专家征求意见。意见回收后经统计整理,将汇总情况反馈给专家,再次征求意见。经多次重复后,使专家意见逐步趋向收敛,最后达成基本一致。

筛选评价指标的调查表一般列出初步收集到的若干项评价指标,请专家从中挑选出他认为必不可少的评价指标,也可增加他认为比较重要的新评价指标。为了便于收敛，可限定专家挑选或增加的评价指标数量。也可请专家按重要性对评价指标进行排序，汇总出名列前茅的评价指标。

专家调查法的优点表现为：采用向局外专家咨询的形式，从而减少了内部人员因评价具有的高利害性而可能产生的偏差；"背对背"的通信咨询方式，可以免除权威人士的威望影响及其他干扰；专家咨询的面更广、权威性也更高；有控制的多次反馈，对评价指标的筛选也更为严谨和慎重。总体而言，专家调查法是一种比较科学和客观的方法。

三、试验修订阶段

经过合并和筛选确定了评价指标体系以后，我们可以进一步制定相应的评价权重和评价基准，形成一个初步拟定的学生评价标准。然后我们选择适当的评价对象进行小范围的试验，并根据试验的结果，对学生评价标准，包括评价指标体系进行修订。只有实践才是检验评价指标体系可行性、科学性和实效性的最佳办法。由此可见，试验修订是制定评价指标体系必不可少的环节。在此之后，学生评价标准才能正式投入使用。

第三节 评价权重的确定

在制定学生评价标准时，选择合适的评价指标是极为重要的。如果把次要（非本质的、价值不大的）内容作为评价指标，就难免会产生负面的作用。评价权重的确定同样也具有举足轻重的作用。即使是同一套评价指标体系，假如赋予不同的权重，评价的结论也会大相径庭。因此，评价权重的确定，其重要性不容忽视。

权重又称权数，是统计学中的一个术语，通常用 W 表示。权重是指在计算平均数等统计量时，对各个变量具有权衡轻重作用的数值。在学生评价中，评价权重是指根据各项（级）评价指标在整体中的地位重要性和作用大小，所分别赋予的不同数值。评价权重代表了评价指标的重要性程度。在给评价指标体系中的各评价指标分配权重时，我们应当遵循两条原则。

①各指标权重的取值范围是 $0 \leqslant X \leqslant 1$（$X$ 为权重数值）。

②各指标权重数值之和为 1。

如果人们认为评价指标体系中的各项评价指标具有相同的重要性，便可赋予各项评价指标同样的权重。然而，在实际的学生评价中，各项评价指标的重要性是有差别的，因此往往赋予各项评价指标不同的权重。可见，评价指标规定了评价的内容，而评价权重则进一步规定了评价内容的相对重要性。

学生评价的实践表明，要提高评价的实效，确定评价权重是关键。而在确定评价权重时，我们应当力求科学，并且得到实证资料的支持。在确定评价权重时，人们往往依据之前的经验，通过特定方法使之尽可能科学、合理。尽管如此，评价权重的合理与否仍然需要得到实证资料的支持。在实践中，当评价者按照预定的评价权重进行学生评价时，所得出的评价结论与评价对象的实际表现并不相符。出现这种现象时，评价者应当仔细分析原因，检查评价权重是否合理。如发现是评价权重分配不当，评价者便需要对评价权重进行调整。

与评价指标体系相似，评价权重的确定是否合理，应在实践中得到检验，并根据实践的结果不断修正和完善。同时，人们对学生评价的认识和掌握是不断深入的，因而评价权重的合理性也是相对的，会因情境的变化而变化。在保持评价权重相对稳定的前提下，我们应当每隔一段时间就对评价权重进行修订，使其更符合实际。试图一次就确定好所有评价指标的权重，这样的想法是不切实际的。

在现实的学生评价中，确定评价权重的方法主要有关键特征调查法和层次分析法。前一种方法更为简便易行，但其精确性和权威性相对不如后一种方法；后一种方法更为精确和权威，但需要采用较为严格而复杂的数学处理方式，在使用上对非专业人员而言可能会有困难。下面对两种确定评价权重的方法做相应说明。

一、关键特征调查法

关键特征调查法是先请被调查者从所提供的备选评价指标中找出最关键、最具特征的指标，再对评价指标进行筛选，最后确定指标权重的方法。它主要遵循以下步骤。

①列出所有一级评价指标。

②让接受调查者（接受调查者人数原则上必须等于或大于一级评价指标数量）在所有一级评价指标中勾选出最重要的1个一级评价指标（打"√"）。

③对各个一级评价指标的勾选人数进行排序。如两个或以上评价指标的勾选人数相等，可视为重要性相等；如评价指标的勾选人数为0，则视为该评价指标不重要，予以淘汰。

④自主设定一条勾选人数的最低标准线，如勾选人数必须达到所有接受调查人数的10％以上才算有效。

⑤勾选人数达到最低标准线的一级评价指标采用如下计算方式。

排名第一评价指标的勾选人数/所有接受调查人数＝排名第一评价指标百分比。

排名第二评价指标的勾选人数/所有接受调查人数＝排名第二评价指标百分比。

排名第三评价指标的勾选人数/所有接受调查人数＝排名第三评价指标百分比。

……

依此类推。

⑥根据各项评价指标的百分比求出评价指标权重。

计算公式：某项评价指标权重＝某项评价指标百分比/所有达到最低标准线的一级评价指标百分比之和。

在采用关键特征调查法确定不同层级评价指标的评价权重时，我们需要注意以下几个方面。

①每一层级的评价指标需要单独做一次调查。

②某项一级评价指标下的二级评价指标均可以根据以上步骤求出一个原始评价权重。

③二级评价指标的原始评价权重必须乘其所属的一级评价指标权重才能得出二级评价指标的真实权重。

二、层次分析法

该方法由美国学者 T. L. 萨蒂(T. L. Saaty)首先引进评价领域。基本步骤是要求有关人员对同一层级的评价指标进行两两比较，区分出各项评价指标影响教育目标实现的相对重要性程度，构成数值化的判断矩阵。经运算排序后，求得同级各项评价指标的权重。[1]

假设有三项同级评价指标 B_1，B_2，B_3，现进行两两相互比较，并按重要程度评定等级，如表 3-1 所示。根据两两相互比较结果，建立评价指标重要程度判断矩阵，如表 3-2 所示。

表 3-1　评价指标的相对重要程度比较

指标的相对重要程度	指标相对重要程度的赋值
同等重要	1
略微重要	3
重要	5
重要得多	7
极端重要	9

注：①在折中时可取两个相邻程度的中间值，即取 2，4，6，8。

②如需比较的两个指标分别为 i 与 j。指标 i 与指标 j 的重要性比较得出上述一个数值，那么指标 j 与指标 i 的重要性比较则为该数值的倒数。

① 吴钢：《现代教育评价基础》第 2 版，139～142 页，上海，学林出版社，2004。

表 3-2　评价指标重要程度判断矩阵

指标	B_1	B_2	B_3
B_1	1	1/5	1/3
B_2	5	1	3
B_3	3	1/3	1

建立后的判断矩阵有以下特点：①对角线上的数均为1，表明指标自己与自己比同样重要；②第 i 个指标与第 j 个指标重要性比较的判断值，应等于第 j 个指标与第 i 个指标重要性比较所得判断值的倒数。

将判断矩阵的每一列数值做归一化处理，其元素的一般项为：$\alpha'_{ij} = \dfrac{\alpha_{ij}}{\sum\limits_{k=1}^{n} \alpha_{kj}}$，$(i, j = 1, 2 \cdots n)$，其中 α_{ij} 为原始数据。经过列向量归一化处理，由表 3-2 可得表 3-3。

表 3-3　评价指标重要程度判断矩阵归一化处理

指标	B_1	B_2	B_3
B_1	0.11111	0.13043	0.07692
B_2	0.55556	0.65218	0.69231
B_3	0.33333	0.21739	0.23077

将每一列经归一化后的判断矩阵按行相加：$\overline{w_i} = \sum\limits_{j=1}^{n} \alpha'_{ij}$，$(i = 1, 2 \cdots n)$。经过行向量求和，由表 3-3 可得：$\overline{w_1} = 0.31846$，$\overline{w_2} = 1.90005$，$\overline{w_3} = 0.78149$。

对向量 $\overline{W} = (\overline{w_1}, \overline{w_2} \cdots \overline{w_n})^\mathrm{T}$ 做归一化：$w_i = \dfrac{\overline{w_i}}{\sum\limits_{j=1}^{n} \overline{w_j}}$，$(i = 1, 2 \cdots n)$，所得到的 $W = (w_1, w_2 \cdots w_n)^\mathrm{T}$ 为所求的特征向量。譬如，由上述例子可得：$w_1 = 0.1062$，$w_2 = 0.6333$，$w_3 = 0.2605$。因此，B_1，B_2，B_3 三条指标的权重分别是 0.1062，0.6333，0.2605。

在公式 $\lambda_{\max} = \sum\limits_{i=1}^{n} \dfrac{(AW)_i}{nw_i}$ 中，$(AW)_i$ 表示向量 AW 的第 i 个元素。$(AW)_1 = 0.3197$，$(AW)_2 = 1.9458$，$(AW)_3 = 0.7902$。为了达到对指标相对重要程度的判断相容，即一致性的要求，可以对计算出的评价指标权重进行检验。其步骤如下：通过公式 $\lambda_{\max} = \sum\limits_{i=1}^{n} \dfrac{(AW)_i}{nw_i}$ 可求得，$\lambda_{\max} = 3.0387$。于是，

一致性指标：$CI = \dfrac{\lambda_{max} - n}{n-1} = \dfrac{0.0387}{2} = 0.0194$（这里 λ_{max} 是 n 阶矩阵的最大特征根）。通过核查表 3-4，可得出随机一致性指标：$RI = 0.58$。一致性指标 CI 与随机一致性指标 RI 之比，称为一致性比率，记为 CR。一般认为，如果 $CR < 0.1$，则认为通过一致性检验，即达到相容程度，否则就不具有满意一致性。经检验，$CR = \dfrac{CI}{RI} = \dfrac{0.0194}{0.58} = 0.0334 < 0.1$，算得的评价指标权重达到了相容程度，是可以接受的。

表 3-4　随机一致性指标 RI

n	1	2	3	4	5	6	7	8	9	10
RI	0.00	0.00	0.58	0.90	1.12	1.24	1.32	1.41	1.45	1.49

第四节　评价基准的选取

评价基准主要用来说明评价对象在具体评价指标上达到什么程度才是合乎要求的，它往往是区分评价对象不同表现水平的临界点。通常，评价基准可以是一种，即区分合格或不合格的最低基准；也可以是多种，即在合格水平上再进行区分。在学生评价中，为了实现评价的导向、鉴定和改进等功能，我们常常需要采用多种评价基准。评价基准可以用定量数值表示，如十分制、百分制等；也可以用文字等级（优、良、合格、不合格）或字母等级（A，B，C，D）表示，如表 3-5 所示。不管评价基准采用分数还是等级，都需要以具体的文字描述相应分数或等级的典型表现，否则判断就会受到评价者主观因素的影响。

表 3-5　评价基准示例

学生	分数	等级	等级计分法	及格/不及格	等级评定
甲	89	1	A	及格	优秀
乙	81	2	A	及格	优秀
丙	79	3	B	及格	满意
丁	71	4	B	及格	满意
戊	65	5	C	及格	满意
己	44	6	D	不及格	不满意

表 3-6 是结合了定量数值、字母等级和文字描述，用于评价学生语文学习表现的评价基准。

表 3-6　语文学习表现的评价基准

	本学期，在语文学习上我们重点关注了学生在以下 7 个方面的表现，每个方面采用 4 等级评定。每个数字的意义如下。 4——优，杰出的表现水平 3——良，较好的表现水平 2——中，达成基本要求，表现中等 1——待提高，尚未达成基本要求，需要更多练习				
A	会认会写本学期的生字词	4	3	2	1
B	用硬笔书写楷书，美观大方	4	3	2	1
C	背诵、默写古诗词	4	3	2	1
D	正确、流利、有感情地朗读课文	4	3	2	1
E	快速阅读、理解课文、整体感知	4	3	2	1
F	写简单的记叙文和议论文	4	3	2	1
G	乐于参与讨论，敢于表达自己的意见	4	3	2	1

评价基准一般分为相对评价基准、绝对评价基准和增值评价基准三类。

一、相对评价基准

相对评价基准是根据特定参照组的水平制定的评价基准。该参照组一般从接受评价的学生群体中选取。有时也采用外部的参照组（常模）。实施评价时把各种评价对象与相对评价基准进行比较，从而确定学生个体在学生群体中的相对位置。在选拔性考试和评优活动中，相对评价基准较为常用。例如，普通高等学校招生全国统一考试在参加考试的学生群体当中选拔出分数相对较高、符合录取学校分数要求的考生，使用的就是相对评价基准。

二、绝对评价基准

绝对评价基准是根据特定的目标和规则制定的评价基准。它一般不受评价对象总体水平的限制。学生个体只与绝对评价基准相互比较，而不进行学生个体之间的相互比较。绝对评价基准一般用于达标性评价。例如，普通高中学业水平考试评价学生是否达到高中阶段学校各学科教育的要求，使用的就是绝对评价基准。

三、增值评价基准

增值评价基准又称个体内在差异评价基准，是以个体的特定表现在不同时段的差异为评价基准，即进行自我比较，对个体的特定表现进行今昔对比。增值评价基准适用于不同个体，在评价实践中常常用于对后进生的评价。因为只采用相对评价基准或绝对评价基准，后进生在评价中常常会得到不甚理想的分数，这样会损害后进生的自信心。增值评价基准能够帮助后进生看到自己的进步或优点，从而激发自身的学习积极性。目前较为流行的学生增值评价所采用的就是增值评价基准。增值评价基准的基本特征包括：①关注个人的进步幅度而不是分数；②关注个人自己与自己相比的进步；③关注个人现在与过去相比的进步。

在学生评价实践中，增值评价基准确定"增加值"的基本方法是对学生个体的学习成绩进行历时比较。例如，学生在特定领域和特定时期的两次学业考试成绩或解决问题(完成任务)的表现水平之间的差异，经过统计上的调整，被认为是学生个体学习水平进步幅度的增加值，又被称为"进步率"。假如学生 A 第一次语文期末考试得了 75 分，第二次得了 83 分，第三次得了 88 分，这就可以理解为第二次与第一次相比进步了 8 分，第三次与第二次相比进步了 5 分。所以 A 的学习水平进步率为 $(8+5)/2=6.5$。假如学生 B 第一次数学期末考试得了 85 分，第二次得了 75 分，第三次得了 90 分，这也可以理解为第二次与第一次相比退步了 10 分，第三次与第二次相比进步了 15 分。所以 B 的学习水平进步率为 $(-10+15)/2=2.5$。

总体而言，在评价基准的选择上，相对评价基准是把学生个体的表现与其他学生的表现进行比较，其他学生的表现会影响到对特定学生个体的评价；绝对评价基准是把学生个体的表现与预先设定的要求进行比较，其他学生的表现并不影响特定学生个体的评价；增值评价基准是学生个体进行自我比较，其他学生的表现与预先设定的要求均不影响对特定学生个体的评价。应当说，三种评价基准各有利弊，应该根据不同的评价目的和对象选择合适的评价基准，或有针对性地适当加以组合。

第五节　学生评价标准设计示例

一、小学六年级学生写作素养评价标准的设计理念

(一)评价主体多元

写作是一项主观性非常强的语文实践活动。同样，写作的评价也是一项主观性很强的语文实践活动。因此，作文是受主观影响较大的一项语文教学内容。习作评价要注重评价主体的多元互动，在主体上要赋予学生评价权，注意将教师评价、学生的自我评价以及学生之间甚至是家长的评价相结合，加强学

生的自我评价和相互评价，促进学生主动学习、自我反思。

(二)定性与定量相结合

该评价标准融合了以统计为主的定量评价方法与以观察分析和评语为主的定性评价方法，注重对学生的兴趣习惯、情感表达等做定性分析，关注学生的变化，多方面反映学生的学习状态及水平。

(三)注重过程性与发展性

评价应该镶嵌于学习过程之中，进而更好地促进学习。评价之后应该还有交流、修改。从评价活动中获得的信息可以用于促进教与学，使学生更会学、更好学。

(四)关注学生的个体差异

要尊重学生的个体差异，重视学生的写作兴趣与习惯，肯定学生的努力与进步，增强学生的学习自信心，鼓励学生表达真情实感和进行有创意的表达，发挥评价的反馈与激励作用。希望借助互评互改等活动，让学生学会写作，愿意写作，乐于写作。

(五)关注教、学、评一致性

该评价标准注意参考课程标准与教材中有关六年级习作的教学目标与内容，关注课程标准的内容与要求以及教、学、评的建议，结合教材习作要求、学生写作能力发展阶段等依据制定。

二、发散阶段

(一)从课程标准收集评价指标

表 3-7 为《义务教育语文课程标准(2022 年版)》评价指标。

表 3-7 《义务教育语文课程标准(2022 年版)》评价指标

分项	要求	拟收集的评价指标
"表达与交流"目标	1. 懂得写作是为了自我表达和与人交流 2. 养成留心观察周围事物的习惯，有意识地丰富自己的见闻，珍视个人的独特感受，积累习作素材 3. 能写简单的纪实作文和想象作文，内容具体，感情真实；能根据内容表达的需要，分段表述；学写读书笔记，学写常见应用文 4. 修改自己的习作，并主动与他人交换修改，做到语句通顺，行款正确，书写规范、整洁；根据表达需要，正确使用常用的标点符号 5. 习作要有一定速度；课内习作每学年 16 次左右	一级评价指标： 1. 表达能力 2. 独特感受 3. 素材内容 4. 情感表达 5. 结构层次 6. 交流修改 7. 兴趣和习惯

续表

分项	要求	拟收集的评价指标
"学习内容"与"教学提示"	实用性阅读与交流： 1. 能写日记，关注家庭、学校、社区生活中发生的新鲜事 2. 在评价中，应引导学生注意实用性阅读与表达的目的、对象、情境，以及交流效果，注意内容明确、条理清晰、语言简洁明了，注意应用文的基本格式和行文规范 文学阅读与创意表达： 3. 用口头或者书面的方式表达对自然的观察与体验，抒发自己的情感 4. 学习运用细节描写等文学表现手法，描述自己成长中的故事 思辨性阅读与表达： 5. 学习有理有据地口头或书面表达自己的观点 6. 应引导学生分析证据和观点之间的联系，辨别总分、并列、因果等关系，有条理地表达自己的观点 7. 鼓励学生对文本进行评价	二级评价指标： 1. 写作时有独特的个人感受 2. 积累丰富的素材，并运用到习作中 3. 习作的内容要具体，要有丰富性、真实性；并能根据表达的需要，分段表述 4. 习作表达要做到感情真挚 5. 修改自己的习作，并主动与他人交换修改，相互提出修改建议 6. 书写规范、整洁，语句通顺，正确使用常用的标点符号 7. 能够具体明确、文从字顺地表达自己的见闻、体验和想法 8. 表达有真情实感、有创意 9. 能够运用多种方法来搜集材料
学业质量标准	1. 能根据表达需要，准确使用常用的标点符号 2. 能主动梳理、记录可供借鉴的语言运用实例，比较其异同，积极运用于不同类型的写作实践中；在运动中积累素材，写简单的纪实作文，内容具体、感情真实；写想象作文，想象丰富、生动有趣；能写读书笔记、常见应用文 3. 能借助跨学科知识和相关材料，与同学合作探索解决问题的具体方法，运用相关知识解释自己的想法，记录探究的过程及结论，写简单的研究报告 4. 能根据校园、社会活动的需要，自己或与同学合作撰写活动计划、实施方案或活动总结	

（二）从小学语文教材习作部分收集评价指标

表 3-8 为统编版小学语文六年级教材评价指标。

表 3-8　统编版小学语文六年级教材评价指标

册数与单元		习作题目	习作要素	拟收集的评价指标
上册	一	变形记	习作时发挥想象力，把重点部分写得详细一些	一级评价指标： 1. 写作技巧 2. 见解与情感 3. 选材组材 4. 结构层次（布局谋篇） 5. 赏析与修改 二级评价指标： 1. 情节要围绕主要人物或事物展开，尽可能吸引人 2. 内容要联系生活经验，展开丰富的想象 3. 有条理地叙述，把重点部分写详细、写具体 4. 运用修改符号修改自己的习作 5. 能够把过程写清楚，将重点部分写具体 6. 学习点面结合的写作方法 7. 注意人物的动作、语言、神态等细节的描写 8. 写出自己真实的体会 9. 能把原因写清楚、写具体 10. 能围绕一个意思选择不同的事例或从不同的方面写 11. 与同伴交换修改习作 12. 能根据不同类型的文本，做到格式正确，内容清楚 13. 与大家分享和交流习作，并说说你喜欢谁的习作 14. 选择合适的材料进行写作 15. 能有条理地写作 16. 习作中能把印象深刻的内容写具体，真实自然地表达情感 17. 和同学交换习作，能自评、互评习作 18. 能适当补充内容，自然过渡，使语意清楚连贯
	二	多彩的活动	尝试运用点面结合的写法记一次活动	
	三	___让生活更美好	写生活体验，试着表达自己的看法	
	四	笔尖流出的故事	发挥想象力，创编生活故事	
	五	围绕中心意思写（习作单元）	从不同方面或选取不同事例，表达中心思想	
	六	学写倡议书	学写倡议书	
	七	我的拿手好戏	写自己的拿手好戏，把重点部分写具体	
	八	有你，真好	通过事情描写一个人，表达自己的情感	
下册	一	家乡的风俗	写作时注意抓住重点，写出特点	
	二	写作品梗概	学习写作品梗概	
	三	让真情自然流露（习作单元）	选择合适的内容，写出真情实感	
	四	心愿	写作时选择适合的方式进行表达	
	五	插上科学的翅膀飞	展开想象，写科幻故事	

（三）从学者的研究文献中收集评价指标

表 3-9 为部分学者对写作能力要素的划分。

表 3-9　部分学者对写作能力要素的划分

学者姓名	写作能力要素的划分
朱作仁	1. 审题能力；2. 选择体裁能力；3. 立意能力；4. 搜集材料能力；5. 整理材料能力；6. 语言表达能力；7. 修改能力
刘荣才	1. 观察和分析能力；2. 审题能力；3. 确定中心能力；4. 搜集材料和组织材料能力；5. 语言的组织和表达能力
张鸿苓等	1. 观察力、思考力、联想力和想象力；2. 审题能力；3. 运用表达方法能力；4. 审题和立意能力；5. 布局谋篇（选材、组合材料）能力；6. 运用书面语言能力；7. 修改能力
阎立钦	1. 兴趣、动机；2. 观察分析能力；3. 审题能力；4. 构思能力；5. 立意能力；6. 选材能力；7. 布局谋篇能力；8. 修改能力
杨成恺	1. 积累能力；2. 构思能力；3. 审题能力；4. 立意能力；5. 选材能力；6. 布局谋篇能力；7. 表达能力；8. 修改能力；9. 誊正能力
吴立岗	1. 搜集和积累素材能力；2. 命题与审题能力；3. 提炼和表达中心思想能力；4. 搜集材料能力；5. 安排文章结构能力；6. 用词造句能力；7. 誊正能力
祝新华	1. 驾驭语言能力；2. 确立中心能力；3. 布局谋篇能力；4. 叙述事实能力；5. 择用方法能力
万云英	1. 动机、兴趣；2. 观察力、想象力、创造性、思维力；3. 审题的正确性、知识结构、生活经验；4. 提炼、构思、立意、收集材料（实际调查、阅读资料）；5. 布局谋篇；6. 遣词造句、语言表达；7. 反复推敲、精心修辞
何世冰	1. 审题能力；2. 构思能力；3. 表达能力；4. 修改能力；5. 写作自我监控能力
吴忠豪	1. 摄材能力；2. 思考能力；3. 结构能力；4. 言语能力；5. 修改能力

（四）发散阶段汇总的评价指标体系

表 3-10 为发散阶段的小学六年级学生写作素养评价指标体系。

表 3-10　发散阶段的小学六年级学生写作素养评价指标体系

一级指标	二级指标
语言运用	1. 写作用语与写作对象、写作目的以及文本类型相符 2. 语言简练准确、丰富、生动形象 3. 语句表达能做到通顺连贯 4. 运用多样的修辞手法（比喻、拟人、夸张等），增强语言感染力，使文章出彩 5. 观点明确，说理充分

一级指标	二级指标
审题立意	1. 全文符合题目的范围、要求、重点、体裁等方面 2. 拟题有新意，且标题符合中心主题的表达 3. 全文能围绕中心思想展开，不偏题，不跑题 4. 能以小见大，表达作者的认识与思考 5. 主旨集中、鲜明、健康向上，具有良好的价值取向 6. 中心思想丰富、突出、新颖且有实质意义
选材组材	1. 能用多种方法搜集材料，并把丰富的素材运用到习作中 2. 选材围绕中心，积极向上，符合生活实际，具有典型性和时代意义 3. 能使用有说服力、支持力的信息和素材以及具体细节来表达主题或情节 4. 材料能自然地整合到论据中，安排合理、紧凑，内容充实 5. 内容表达清楚、有条理，具有丰富性、真实性，能联系生活经验，展开丰富想象 6. 把印象深刻的内容写具体 7. 内容能围绕主要人物、事物展开
结构层次 （谋篇布局）	1. 叙述完整、有条理，重点部分具体详细 2. 能运用点面结合、不同感官、描写顺序等写作方法写作，做到文脉清晰 3. 层次段落清晰、划分恰当，衔接紧密，过渡自然，首尾呼应 4. 内容安排详略得当，主次分明，重点突出 5. 重点部分详细，中心表达明确 6. 写作之前会运用列提纲的方式来建立写作思路，使结构清晰
情感表达	1. 有独到的个人见解与感受 2. 情感脉络清晰 3. 运用丰富、具体的语句，表达作者的真情实感，情感集中且强烈 4. 情感表达勾起读者的阅读情绪
兴趣与习惯	1. 能在写作中表达自己感兴趣的见闻 2. 能积极完成每次写作，乐于表达，有表达的愿望和信心 3. 在习作中对感兴趣的人物和事件有自己的感受和想法 4. 书写工整规范，卷面整洁，有较少或没有错别字和病句，常用标点符号使用正确 5. 表达具体、明确，做到文从句顺 6. 能根据不同类型的文体，做到书写格式正确，内容清楚 7. 能积累运用好词佳句
交流与修改	1. 熟悉运用修改符号修改（更换、调整、增补、删除等）自己的写作 2. 主动与他人交换修改写作，并提出自己的修改建议 3. 与同伴积极、广泛交流，及时从同伴中汲取有益的修改意见 4. 在写作交流中能做到取长补短，积极发现和学习同伴写作的亮点，对于不足之处能共同改进

续表

一级指标	二级指标
读者意识	1. 明确文章读者的身份、兴趣 2. 标题富有新意，引人入胜 3. 开头能吸引读者，使读者产生阅读的兴趣与愿望；结尾圆满 4. 文章结构清晰而流畅，使读者能很容易、很自然地了解写作目的 5. 文章具有较强的节奏感，行文顺序有效

三、收敛阶段

(一)一级评价指标的筛选与评价指标权重计算

这里运用关键特征调查法对发散阶段的评价指标体系进行筛选，并计算一级评价指标的评价权重。受访者对发散阶段小学六年级学生写作素养评价指标体系中的一级评价指标进行了选择，即把受访者认为最重要的一级评价指标勾选出来。总体情况如下，如表 3-11 所示。

表 3-11　小学六年级学生写作素养评价指标体系中的一级评价指标选择情况

选项	人数	比例
语言运用	13	21.67％
审题立意	8	13.33％
选材组材	7	11.67％
结构层次（谋篇布局）	8	13.33％
情感表达	9	15.00％
交流与修改	7	11.67％
兴趣与习惯	6	10.00％
读者意识	2	3.33％

这里把勾选者必须达到受访者总人数的 10％ 设为最低标准线。凡是将各一级评价指标选择为最重要的受访者人数低于受访者总人数的 10％，说明该一级评价指标的重要性过低，予以淘汰。在淘汰重要性过低的一级评价指标以后，对剩下的一级评价指标进行重要性由高到低的排序，并计算出每一项一级评价指标的权重，如表 3-12 所示。

表 3-12　一级评价指标权重计算结果

选项	人数	比例	权重
语言运用	13	21.67%	0.22
情感表达	9	15.00%	0.16
审题立意	8	13.33%	0.14
结构层次(谋篇布局)	8	13.33%	0.14
交流与修改	7	11.67%	0.12
选材组材	7	11.67%	0.12
兴趣与习惯	6	10.00%	0.10

(二)二级评价指标的筛选与评价指标权重计算

对于通过第一次关键特征调查法筛选出的一级评价指标，这里将再次运用关键特征调查法对其下属的二级评价指标进行筛选，并计算各二级评价指标的评价权重。受访者对发散阶段小学六年级学生写作素养评价指标体系中的二级评价指标进行了选择，即把受访者认为每项一级评价指标下属的最重要的二级评价指标勾选出来。

这里同样把受访者总人数的10%设为最低标准线。凡是将各一级评价指标下属的二级评价指标选择为最重要的受访者人数低于受访者总人数的10%，说明该二级评价指标的重要性过低，予以淘汰。在淘汰重要性过低的二级评价指标以后，对剩下的二级评价指标进行重要性由高到低的排序，并计算出每一项二级评价指标的原始权重和真实权重，如表3-13至表3-19所示。

表 3-13　"语言运用"下属二级评价指标筛选及权重计算结果

选项	人数	比例	原始权重	真实权重(＊0.22)
语言简练准确、丰富、生动形象	21	30.00%	0.30	0.07
语句表达做到通顺连贯	16	22.86%	0.23	0.05
写作用语与写作对象、写作目的以及文本类型相符	14	20.00%	0.20	0.04
运用多样的修辞手法(比喻、拟人、夸张等)，增强语言感染力，使文章出彩	11	15.71%	0.16	0.03
观点明确，说理充分	8	11.43%	0.11	0.03

表 3-14　"情感表达"下属二级评价指标筛选及权重计算结果

选项	人数	比例	原始权重	真实权重（＊0.16）
情感脉络清晰	22	31.43%	0.31	0.05
运用丰富、具体的语句，表达作者的真情实感，情感集中且强列	20	28.57%	0.29	0.05
有独到的个人见解与感受	19	27.14%	0.27	0.04
情感表达勾起读者的阅读情绪	9	12.86%	0.13	0.02

表 3-15　"审题立意"下属二级评价指标筛选及权重计算结果

选项	人数	比例	原始权重	真实权重（＊0.14）
拟题有新意，且标题符合中心主题的表达	20	28.57%	0.31	0.04
全文符合题目的范围、要求、重点、体裁等方面	12	17.14%	0.18	0.03
中心思想丰富、突出、新颖且有实质意义	12	17.14%	0.18	0.03
主旨集中、鲜明，健康向上，具有良好的价值取向	11	15.71%	0.17	0.02
全文能围绕中心思想展开，不偏题、不跑题	10	14.29%	0.15	0.02

表 3-16　"结构层次(谋篇布局)"下属二级评价指标筛选及权重计算结果

选项	人数	比例	原始权重	真实权重（＊0.14）
层次段落清晰、划分恰当，衔接紧密，过渡自然，首尾呼应	22	31.43%	0.35	0.05
内容安排详略得当，主次分明，重点突出	15	21.43%	0.24	0.03
叙述完整、有条理，重点部分具体详细	14	20.00%	0.22	0.03
能运用点面结合、不同感官、描写顺序等写作方法写作，做到文脉清晰	13	18.57%	0.20	0.03

表 3-17　"交流与修改"下属二级评价指标筛选及权重计算结果

选项	人数	比例	原始权重	真实权重（＊0.12）
与同伴积极、广泛交流，及时从同伴中汲取有益的修改意见	23	32.86%	0.33	0.04
主动与他人交换修改习作，并提出自己的修改建议	19	27.14%	0.27	0.03
在习作交流中能做到取长补短，积极发现和学习同伴习作的亮点，对于不足之处能共同改进	18	25.71%	0.26	0.03
熟悉运用修改符号修改（更换、调整、增补、删除等）自己的习作	10	14.29%	0.14	0.02

表 3-18　"选材组材"下属二级评价指标筛选及权重计算结果

选项	人数	比例	原始权重	真实权重（＊0.12）
能使用有说服力、支持力的信息和素材以及具体细节来表述主题或情节	22	31.43%	0.37	0.04
能用多种方法搜集材料，并把丰富的素材运用到习作中	15	21.43%	0.25	0.03
选材围绕中心，积极向上、符合生活实际，具有典型性和时代意义	14	20.00%	0.23	0.03
内容表达清楚有条理，具有丰富性、真实性，能联系生活经验，展开丰富想象	9	12.86%	0.15	0.02

表 3-19　"兴趣与习惯"下属二级评价指标筛选及权重计算结果

选项	人数	比例	原始权重	真实权重（＊0.10）
在习作中对感兴趣的人物和事件有自己的感受和想法	18	25.71%	0.28	0.03
能积极完成每次习作，乐于表达，有表达的愿望和信心	17	24.29%	0.27	0.03
能在习作中表达自己感兴趣的见闻	13	18.57%	0.20	0.02
书写工整规范、卷面整洁，有较少或没有错别字和病句，常用标点符号使用正确	8	11.43%	0.13	0.01
能根据不同类型的文体，做到书写格式正确，内容清楚	8	11.43%	0.13	0.01

(三)收敛阶段汇总的评价指标体系(含评价权重)

表 3-20 为收敛阶段的小学六年级学生写作素养评价指标体系。

表 3-20 收敛阶段的小学六年级学生写作素养评价指标体系

一级指标	一级指标权重	二级指标	二级指标权重(真实权重)
语言运用	0.22	语言简练准确、丰富、生动形象	0.07
		语句表达能做到通顺连贯	0.05
		写作用语与写作对象、写作目的以及文本类型相符	0.04
		运用多样的修辞手法(比喻、拟人、夸张等),增强语言感染力,使文章出彩	0.03
		观点明确,说理充分	0.03
情感表达	0.16	情感脉络清晰	0.05
		运用丰富、具体的语句,表达作者的真情实感,情感集中且强烈	0.05
		有独到的个人见解与感受	0.04
		情感表达勾起读者的阅读情绪	0.02
审题立意	0.14	拟题有新意,且标题符合中心主题的表达	0.04
		全文符合题目的范围、要求、重点、体裁等方面	0.03
		中心思想丰富、突出、新颖且有实质意义	0.03
		主旨集中、鲜明、健康向上,具有良好的价值取向	0.02
		全文能围绕中心思想展开,不偏题、不跑题	0.02
结构层次(谋篇布局)	0.14	层次段落清晰、划分恰当,衔接紧密,过渡自然,首尾呼应	0.05
		内容安排详略得当,主次分明,重点突出	0.03
		叙述完整、有条理,重点部分具体详细	0.03
		能运用点面结合、不同感官、描写顺序等写作方法写作,做到文脉清晰	0.03
交流与修改	0.12	与同伴积极、广泛交流,及时从同伴中汲取有益的修改意见	0.04
		主动与他人交换修改习作,并提出自己的修改建议	0.03
		在习作交流中能做到取长补短,积极发现和学习同伴习作的亮点,对于不足之处能共同改进	0.03
		熟悉运用修改符号修改(更换、调整、增补、删除等)自己的习作	0.02

续表

一级指标	一级指标权重	二级指标	二级指标权重（真实权重）
选材组材	0.12	能使用有说服力、支持力的信息和素材以及具体细节来表述主题或情节	0.04
		能用多种方法搜集材料，并把丰富的素材运用到习作中	0.03
		选材围绕中心，积极向上、符合生活实际，具有典型性和时代意义	0.03
		内容表达清楚有条理，具有丰富性、真实性，能联系生活经验，展开丰富想象	0.02
兴趣与习惯	0.10	在习作中对感兴趣的人物和事件有自己的感受和想法	0.03
		能积极完成每次习作，乐于表达，有表达的愿望和信心	0.03
		能在习作中表达自己感兴趣的见闻	0.02
		书写工整规范、卷面整洁，有较少或没有错别字和病句，常用标点符号使用正确	0.01
		能根据不同类型的文体，做到书写格式正确，内容清楚	0.01

四、试验修订阶段

表 3-21 为初步拟写的小学六年级学生写作素养评价标准。

表 3-21　初步拟定的小学六年级学生写作素养评价标准

作者姓名			评价者身份	（　）作者自己 （　）作者同伴 （　）教师 （　）家长	
习作内容					
习作要求					
评价标准					
一级指标	一级指标权重	二级指标		二级指标权重	得分
语言运用	0.22	语言简练准确、丰富、生动形象		0.07	0～7 分
		语句表达能做到通顺连贯		0.05	0～5 分
		写作用语与写作对象、写作目的以及写作体裁相符		0.04	0～4 分

语言运用	0.23	运用多样的修辞手法(比喻、拟人、夸张等),增强语言感染力,使文章出彩	0.04	0~4 分
		观点明确,说理充分	0.03	0~3 分
情感表达	0.16	情感脉络清晰	0.05	0~5 分
		运用丰富、具体的语句,表达作者的真情实感,情感集中且强烈	0.05	0~5 分
		有独到的个人见解与感受	0.04	0~4 分
		情感表达能勾起读者的阅读情绪	0.02	0~2 分
审题立意	0.14	拟题有新意,且标题符合中心主题的表达	0.04	0~4 分
		全文符合题目的范围、要求、重点、体裁等方面	0.03	0~3 分
		中心思想有实质意义	0.03	0~3 分
		主旨集中、鲜明、健康向上,具有良好的价值取向	0.02	0~2 分
		全文能围绕中心思想展开,不偏题、不跑题	0.02	0~2 分
结构层次(谋篇布局)	0.14	层次段落清晰、划分恰当,衔接紧密、过渡自然,首尾呼应	0.05	0~5 分
		内容安排详略得当,主次分明,重点突出	0.03	0~3 分
		叙述完整、有条理,重点部分具体详细	0.03	0~3 分
		能运用点面结合、不同感官、描写顺序等写作技巧写作,做到文脉清晰	0.03	0~3 分
交流与修改	0.12	与同伴积极、广泛交流,及时从同伴中汲取有益的修改意见	0.04	0~4 分
		主动与他人交换修改习作,并提出自己的修改建议	0.03	0~3 分
		在习作交流中能做到取长补短,积极发现和学习同伴习作的亮点,对于不足之处能共同改进	0.03	0~3 分
		熟悉运用修改符号修改(更换、调整、增补、删除等)自己的习作	0.02	0~2 分
选材组材	0.12	能使用有说服力、支持力的信息和素材以及具体细节来表述主题或情节	0.04	0~4 分
		能用多种方法搜集材料,并把丰富的素材运用到习作中	0.03	0~3 分

选材组材	0.12	选材围绕中心，积极向上、符合生活实际，具有典型性和时代意义	0.03	0～3分
		内容表达清楚有条理，具有丰富性、真实性，能联系生活经验，展开丰富想象	0.02	0～2分
兴趣与习惯	0.10	在习作中对感兴趣的人物和事件有自己的感受和想法	0.03	0～3分
		能积极完成每次习作，乐于在习作中表达自己感兴趣的见闻，有表达的愿望和信心	0.03	0～3分
		书写工整规范、卷面整洁，有较少或没有错别字和病句，常用标点符号使用正确	0.03	0～3分
		能根据不同类型的文体，做到书写格式正确，内容清楚	0.01	0～1分
总分				

文章的亮点	
我发现的问题	
我的修改建议	

评价基准				
A⁺（91～100分）	A（81～90分）	B（61～80分）	C（41～60分）	D（0～40分）
1. 语言运用非常准确，多处使用有新鲜感的词语，语句通顺流畅，运用多种修辞手法和描写方法等	1. 语言运用准确丰富、有新鲜感，语句通顺流畅，运用3种类型以上修辞手法或描写方法等	1. 语言运用比较准确，用词比较丰富，语句比较通顺流畅，运用2～3种类型的修辞手法、描写方法等	1. 有3～4处以上语言运用不太准确，用词欠缺丰富性、新鲜感，语句流畅性欠缺，没有或只运用1种修辞手法或描写方法	1. 有5处以上语言运用不太准确，用词丰富性差，语句流畅性差，没有运用表达方法和技巧

续表

2. 情感真挚，能很好地感染读者；情感脉络非常清晰，有独到的个人感受	2. 情感真挚，情感脉络清晰，有独到的个人感受	2. 情感比较真挚、真实，情感脉络比较清晰，某些表达有独到的个人感受	2. 情感表达在一定程度上具有真实性但不自然，有套作的嫌疑；情感脉络不太清晰，较少或没有独到的个人感受	2. 情感表达矫揉造作，真实性受到怀疑，情感表达不自然；情感脉络模糊，没有独到的个人感受，有生搬硬套的嫌疑
3. 拟题有新意，吸引读者；文章主题非常鲜明、集中，精准贴合题目要求；中心思想有实质意义且健康向上，以小见大，符合社会主义核心价值观	3. 拟题有一定的创意，文章主题符合题目要求，中心思想有实质意义且健康向上	3. 拟题比较普通，文章主题比较符合题目要求，中心思想有一定的意义且健康向上	3. 拟题比较普通、随意，文章主题有些偏离题目要求，中心思想意义不太大	3. 拟题随意或者没有题目；文章主题严重偏离题目要求，几乎达不到交际、表达作用，没有现实意义甚至是低俗的、不符合大众审美的
4. 文章层次段落结构非常清晰、划分十分恰当，衔接紧密，过渡自然，节奏感非常强；时刻谨记主次分明，详略得当，描写层次与角度十分丰富	4. 文章层次段落结构清晰、划分恰当，衔接紧密，过渡自然，有清楚的节奏；大部分内容安排做到主次分明、详略得当，有用2～3种角度来描写	4. 文章层次段落结构比较清晰，划分恰当，有衔接的身影；主要内容的安排做到主次分明，详略得当，层次结构比较清楚明晰	4. 文章层次段落结构有些模糊，较难分清意群，逻辑有些混乱，段落划分不太合理，过渡比较生硬僵化；仅有2～3处段落安排做到主次分明或详略得当	4. 文章层次段落结构模糊，意群零散，不合逻辑，段落划分不合理，过渡生硬僵化，行文节奏差甚至完全没有节奏；主次、详略的篇幅几乎无差别，表达似流水账
5. 积极主动与同伴交流和修改，提出有实质作用的修改意见；正确、精准地运用修改符号修改习作，无遗漏	5. 积极与同伴交流和修改，提出比较有作用的修改意见；大部分错误能正确运用修改符号修改，找出每一处错误并改正	5. 能与同伴交流和修改，提出有一定意义的修改意见；大部分出错的地方能运用修改符号修改，有少于2处遗漏	5. 与同伴交流和修改习作时态度不太认真，提出较少有意义的修改意见；部分出错的地方能运用修改符号修改，但仍有3～4处遗漏，语法基础不够扎实	5. 不太情愿与同伴交流和修改习作，提出的修改意见随意和无实质意义；不能很好地接受他人的修改建议；出错的地方不愿意做修改，语法基础很不扎实

6. 材料选择具有很强的说服力、支撑力；材料非常紧密地贴合文章主题，具有很强的典型性；而且材料组织十分清楚、有条理	6. 材料选择具有较强的说服力、支撑力；材料紧密贴合文章主题，具有较强的典型性；材料组织清晰、有条理	6. 材料选择具有一定的说服力、支撑力；材料紧密贴合文章主题但典型性比较勉强；材料组织清晰、有条理	6. 材料的说服力、支撑力稍有欠缺；材料在一定程度上贴合文章主题但典型性比较勉强，支撑材料比较少；材料组织稍显模糊	6. 随意抄写堆砌材料，材料的说服力、支撑力稍差；没有典型性和代表性，支撑类型单一，只围绕一个点重复啰唆；材料没有组织性
7. 在习作中非常积极和愿意分享自己的见闻；书写工整规范、卷面整洁，没有或有极少错字、病句或用错标点符号的情况	7. 在习作中能够积极和愿意分享自己的见闻；书写工整规范、卷面整洁，有 3 个以内错别字(同一错别字重复出现，不重复计算，一个错别字扣 0.2 分)以及病句或用错标点符号的情况	7. 能够按时完成每次的习作，愿意分享；书写工整规范，卷面有部分涂改，有 5 个以内错别字(同一错别字重复出现，不重复计算，一个错别字扣 0.2 分)以及病句或用错标点符号的情况	7. 能够按时完成每次的习作；字数符合题目要求，书写不太工整，字迹比较潦草，卷面有部分涂改，有 6～7 个错别字(同一错别字重复出现，不重复计算，一个错别字扣 0.2 分)以及病句或用错标点符号的情况	7. 不能按时完成每次的习作或者文章字数没有达到题目要求(每少于题目要求字数 30 个字扣 1 分，扣完 5 分为止)；书写字迹潦草、多处涂改，有 8 处以上的错别字(同一错别字重复出现，不重复计算，一个错别字扣 0.2 分，扣完 2 分为止)以及病句或用错标点符号的情况

　　评价者可以选择部分小学六年级学生作为评价对象，采用初步拟定的小学六年级学生写作素养评价标准进行小范围的试验，并根据试验的结果对该评价标准进行修订，使该评价标准不断加以完善。

第四章　学生评价方法

从第一章的学生评价定义可知，系统、科学和全面地收集、整理、处理和分析学习活动信息（评价信息）是学生评价得以实现的根本前提条件。要使评价信息符合真实而可靠的标准，评价者必须熟练地掌握常用的收集、整理、处理和分析评价信息的方法，即学生评价方法。常用的学生评价方法主要包括以下五种：测验法、问卷法、访谈法、观察法、档案袋法。

第一节　测验法

测验是教育测量的基本手段，也是学生评价常用的方法。如果说测量是按照一定的法则和程序给事物属性和特征分配数值，那么测验就是对行为样组进行客观、科学和标准化测量的系统程序。

一、测验法的含义

测验法是指运用各种标准化测验工具，系统地测定评价对象中行为样组的某些重要特性，从而达到客观、科学收集评价对象信息这一目的的方法。测验法常用来收集学生的认知发展、学业成就、学习能力、体能等方面的资料。测验法有三点值得注意的地方。[1]

①行为样组是指测验并不是对学生在某一学习阶段的所有目标（或表现）进行全面检查，而是一种抽样检查，即在某一学习阶段的特定目标（或表现）中抽样出一组行为，根据学生对样本试题的反应，推断其知识、技能、能力等心理特征。

②标准化是指在测验编制、实施、阅卷和评分、分数解释与报告各个环节，都应当努力控制各种误差。

③客观、科学是指测验应当消除个人主观偏差，按事物本来面目去考查，具有较高的效度和信度。

在日常生活中，人们经常把定期进行的、覆盖面较小的考核称为测验，而把重要的、全面的考核称为考试。但是，在学生评价中，测验比考试的涵盖面

---

① 金娣、王钢：《教育评价与测量》，122～123页，北京，教育科学出版社，2007。

更广一些。考试一般用于测量学生的学业成就，而且与学校教育制度(如毕业、升学等)有密切联系；而测验既可以用来测量学生的学业成就，还可以测量学生的智力、人格、品德等，因此不一定与教育制度存在密切的联系，如智力测验、人格测验、态度测验、兴趣测验等。从 20 世纪 80 年代中期起，我国开始研究标准化测验。标准化测验是按照系统的科学程序组织、具有统一的标准，并对误差做了严格控制的测验。标准化包括测验编制、施测过程、记分评分、分数合成、分数解释等各环节。

二、测验法的类型

测验是对评价对象的行为样本进行标准化、客观化测量的系统程序或工具，它由一系列任务或项目组成。根据不同的分类标准，测验可分为不同的类型。

按照评价对象的属性分类，测验可分为智力测验、能力倾向测验、学业成就测验和人格测验等。

按照测验或应答的方式分类，测验可分为书面测验、非书面测验(口头测验或操作测验)。书面测验一般采用文字(或符号)材料，要求被试以书面方式回答。其优点是实施方便、效率高，其缺点是不容易测出学生内隐品质或复杂能力的真实水平。口头测验和操作测验一般需进行口语交流或实际操作，在有些场合可能还需要利用工具进行操作。其优点是能直接而真实地反映参测者的实践能力；其缺点是大多数操作测验不能同时测试多名参测者，而且评分有可能会渗入更多评价者的主观倾向(某些体育测验项目除外)。

按照测验编制的标准化程度分类，测验可分为标准化测验和教师自编测验。标准化测验是由学科教育及教育测量专家编制的测验，其优点是科学、规范，严格控制了测验的编制、实施、评分、分数的解释与报告等重要环节的误差。但编制标准化测验需要耗费大量的人力、物力和财力。教师自编测验则是由教师自行编制，针对性较强，但编制要求相对宽松，规范性不如标准化测验强。

按照参测人数的多寡分类，测验可分为个别测验和团体测验。

三、测验法的优缺点

测验法的优点在于收集评价信息效率高(单位时间内可获得最多的评价信息)，资料便于做定量处理，可获得评价信息的种类较为广泛，如学业成就、技能等，结果也比较客观、可靠。

测验法的缺点在于测验是根据参测者对测验项目的反应，推断其某一特性如知识、技能、品格的发展状况，具有间接性。此外，测验法对测验工具编制的要求较高。进行操作测验时，对主试的要求也较高。

四、测验法的实施步骤

(一)确定测验的目的和对象

测验的第一步首先需要确定目的(为什么测)和对象(测什么人)。测验可以具有不同的目的。测验目的不同，其编制的侧重点也应有所不同。同样，测验对象的特征也影响到测验的编制。参测者的年龄、智力水平和受教育程度不同，所采用的编制技术也应有所不同。

(二)规定测验的内容和形式

在确定测验的目的和对象后，测验编制者还需要进一步确定测验所要考核的学科内容以及测验形式。例如，选择阅读还是作文；选择计算还是识记公式；选择闭卷测验还是开卷测验；选择书面测验、操作测验还是口头测验。

(三)设计命题双向细目表

在编制测验前，首先要设计好命题双向细目表(test specification)。该步骤极为重要，关系到测验能否体现评价的要求，是否有效、可靠。测验编制者应当认真对待。命题双向细目表又称评价蓝图(assessment blueprint)，它具有两个维度。第一个维度考核学科知识内容要点；第二个维度考核能力类型与层次(主要是认知领域的能力类型与层次，详见第二章对教育目标分类学认知领域的介绍)。这两个维度体现了测验的基本目标与整体要求，如表4-1所示。

表 4-1 命题双向细目表示例

学科知识内容要点	能力类型与层次		
	对于事实及名词的记忆（25%）	概念理解（40%）	对数据的分析和应用（35%）
风化(15%)	5道填空题（每道1分）	5道选择题（每道2分）	
物理侵蚀(15%)	5道正误判断题（每道1分）	5道选择题（每道2分）	
火山活动（25%）	5道填空题（每道1分）	5道选择题（每道2分）	1道论述题（10分）
褶皱结构（15%）	5道填空题（每道1分）		1道论述题（10分）
断层(30%)	5道填空题（每道1分）	5道选择题（每道2分）	1道论述题（15分）
总分	25分	40分	35分

设计命题双向细目表的基本步骤如下。

1. 确定考查的学科知识内容及其分值比例

由于一次测验的时间有限，因此测验编制者不可能对学生已学习的某一学科的全部知识内容进行全面考查，必须科学地筛选和抽取部分学科知识内容作为测验内容。在大规模的标准化测验中，筛选和抽取学科知识内容一般由学科专家和有丰富学科教育经验的教师经集体讨论后确定。筛选和抽取的基本原则为保持综合平衡。具体来说，测验的内容分布，既要有较宽的覆盖面（如重要章节），又要突出基本或重点部分，做到点面结合；各部分内容的比例，应大致与该部分的教学时数比例相当。

2. 确定考查的能力类型与层次及其分值比例

同样基于一次测验的时间有限，因此测验编制者不可能对学生已发展的各种能力类型与层次进行全面考查，也必须科学地选取需要考查的学生认知发展能力类型与层次作为测验内容。在大规模的标准化测验中，选取学生认知发展能力类型与层次也同样由学科专家和有丰富学科教育经验的教师经集体讨论后确定。选取的基本原则为合理分布测验所要考查的学生认知发展能力类型与层次，以参测者的年龄、身心发展水平为依据考查相应的能力类型与层次（如记忆、理解、应用、综合应用等）。同时，测验编制者还应当尽量避免单纯记忆的考查，注重复杂程度更高的能力类型与层次考查，发挥学生评价的导向作用。

校内测验通常由任课教师或学校教导处教师进行命题。上述筛选和抽取学科知识内容、选取学生认知发展能力类型与层次的策略也同样适用。由于教师对学生的实际情况更加了解，校内测验应具有更大的灵活性和针对性。比如，教师可根据教学的具体要求或发现的问题，有意识地加强对学生未充分掌握的学科知识内容或着重培养的能力类型和层次的考查，使学生评价为改进教学服务。

3. 确定题型和题量

选择题型时，测验编制者应当主要考虑所要测量的学习结果的特性。适当的题型是由考核目标与学科特点所决定的。在通盘考虑整个测验的题型时，测验编制者还要做到主观题、客观题相结合，必答题、选答题相结合。课堂上的形成性测验应适当提高主观题的比例，以便了解学生解题的过程和思路，为改进教学提供充分的信息。

测验总题量的确定受很多因素的制约，主要包括测验的时间长短、题型、阅读、计算以及文字书写量、试题难度、学科知识内容以及能力类型与层次的覆盖面等因素。鉴于大部分学业成就测验都不是速度测验，因此应当让学生有充分的时间解题并进行必要的核查，发挥其实际水平。国外大规模测验的编制机构，十分重视对题量的研究。它们通过统计在规定时间内参测者来不及完成的试题数量及比例，来判断测验的题量是否适当。

4. 确定试题难度

在设计命题双向细目表时，测验编制者一定要考虑试题的平均难度。测验过难或过易，都不利于学生发挥正常的水平。确定试题的平均难度，可采用经验估计的方法，也可以通过预测，再计算出试题的难度。一般而言，单题分值越高，难度越大，所考查的内容和能力也越重要。试题难度受到多种因素的制约。有些与内容本身的难度有关，如原理、规律通常比事实、术语更难掌握；另一些则与考查的能力类型与层次有关，如单纯考记忆的试题最容易，考理解的试题稍难些，考应用尤其是考创造性应用的试题难度最大。此外，难度与题型也有一定的关系。如果考查的学科知识内容、能力类型与层级相同，选择题一般比要求学生写出答案的题型容易些。因为选择题提供了各种备选答案，学生可从中选出正确答案。

5. 测验赋分与预估测验期望平均得分

试题赋分问题是指每道试题应给予多大的满分值。不同的分值代表了不同的权重，即试题越重要，其分值也越大。因此，试题的赋分会直接影响到测验各部分在试卷中的地位与比例，同时试题的分值也会影响参测者的作答时间和精力的分配。测验编制者应当努力使试题的赋分体现命题双向细目表的意图。

主观评分试题的赋分问题比较复杂。赋分时通常要考虑考查内容在知识技能体系中的地位、考查的能力类型和层次的要求、试题难度和容量、解题所需的技巧与时间等因素。选择题（包括其他可客观评分的题型）的赋分则比较简单。测验编制者一般都赋予选择题相同的分值，而不过多考虑其他的因素。因为选择题的题量较大，赋以相同的分值，可以方便地把试题得分组合成总分。

有了试题的预估难度及试题的分值，便可以算出测验期望平均得分。测验编制者可以根据这一预估的测验期望平均得分，对试题的难度和赋分进行调整，使测验既能体现其预定的意图，又较好地符合学生的实际。

(四) 命制测验题目

测验的质量取决于试题的质量，因此命制良好的试题是测验编制中核心的环节。编制高质量的测验要花费大量的资源，对测验编制者的素质要求也很高，如能熟练把握命题的基本规范与技巧等。有些试题的命制还需要测验编制者发挥其创造性思维。

目前，大规模测验（如普通高等学校招生全国统一考试和普通高中学业水平考试）已开始采用征题与命题相结合的方式进行命题组卷，即按照测验的双向细目表的意图，制定出命题的范围和要求，向社会上有关人士广泛征集试题，形成初步的试题素材库。然后，再由专业的命题人员选择、修改，并命制一些新试题。

试题命制好以后需要在具有代表性的样本中进行预先的测试。这是大规模测验命题时对试题进行进一步筛选的常用措施。根据试测样本的反应，测验编制者可以计算出试题的各种基本指标(信度、效度、难度、区分度等)。测验编制者可利用这些指标对试题进行修改、筛选、更换，以确保正式测验中每道试题都具有较优的质量。

(五)组卷

组卷是指把命制好的试题按一定的标准组合成试卷。我们可采用许多不同的标准进行组卷，如按考查内容组卷、按考查的能力类型和层次组卷等。但常用的组卷方式是按题型组卷，即把相同题型的试题编在一起。组卷时还有一些基本规则，如试题应当尽可能按由易到难的顺序排列；指示语要准确，使学生了解解答的要求；排版要方便学生阅读和回答，并有利于评分统计。

(六)制定评分基准

评分基准的制定是测验编制的最后环节。测验编制者应当较详尽地列出评分的要点、给分的原则。评分基准应当具有较强的规范性和可操作性，以便为阅卷、评分者提供统一的标准，尽量减少评分误差。事实上，不管事先制定的评分基准如何详尽，阅卷过程中还会出现各种预料不到的现象。必要时，测验编制者应根据实际情况再制定补充细则。

(七)实施测验

测验自身的质量固然重要，但良好的测验离开了规范的实施程序，便不能取得预期的效果。因此，评价者必须重视测验的实施环节。测验条件的规范性和一致性是成功实施测验，尤其是标准化测验的关键。所谓"标准化"其实就是强调对一个既定的小组内所有成员在相同条件下以相同的方式进行的考试。[①]可见，测验必须使众多学生在相同(至少是相似)的条件下参加测验，才能保证测验的公平性。简言之，测验条件的规范性和一致性至少包括良好的场地物理环境(通风、光线适宜等)；评价者严格按照测验方案的要求实施测验，保持良好的考场秩序和纪律，杜绝作弊现象。

(八)分析测验

测验分析是指在测验结束后根据测验结果重新对试卷和试题的各项基本指

---

① ［美］Gary D. Borich、［美］Martin L. Tombari：《中小学教育评价》，国家基础教育课程改革"促进教师发展与学生成长的评价研究"项目组译，242 页，北京，中国轻工业出版社，2004。

标进行评估，以总结经验教训，并对测验做进一步修订和完善，为教师提供改进教学的建议。测验分析的意义有以下几个方面。

首先，测验分析有助于筛选和修改题目。在大规模的标准化测验中，负责测验编制和开发的机构，通常把经过实践而筛选出来的高质量试题归类放入题库，以便再次编制测验时使用；同时，对一些基础较好但个别指标不理想的试题进行再加工，使之完善。

其次，测验分析有助于命题者提高命题的技巧。例如，分析高质量的试题可以总结出命题的成功经验，对质量不佳的试题进行深入分析可揭示出未能实现测验预期目的的原因（如题意不清、备择项无效等），从而提高命题水平。

最后，测验分析还能为改进教学提供反馈信息。教师可以从学生答题的情况了解到哪些教学目标已完全掌握，哪些基本掌握，哪些仍然是教学中的薄弱环节等。一般来说，多数学生未能掌握的内容应当视为教学中存在的不足。教师应对有关内容进行补充讲授，详尽分析错误的原因，纠正错误。而少数学生出现的错误大多是个人原因所致的，教师可采取有针对性的措施加以纠正。

通常，衡量测验是否科学的四个指标分别是信度、效度、难度和区分度。要保证测验的质量，我们就需要对这四个指标进行分析。

1. 信度

信度是测验可靠性的指标，它是指测验能够反映学生稳定的学习水平的程度，即测验反映学生在不受偶然因素干扰下的学习水平的程度。如果同一个测验在不同条件下对学生进行多次，而所获得的结果大体一样，即成绩好的学生和成绩不好的学生都是相对稳定的人群，那么这一测验的信度就较高。信度的最高值一般为 1，正规测验的信度应不小于 0.9。测验编制者可通过增加题量、控制试题难度、精选测验内容来提高测验的信度。

无论测验编制者想通过测验评价何种学习结果，有一些简单的方法可以确保测验的信度，包括增加代表性试题的数量、增加评价情境、写出明确的任务说明、提高评分的客观性。表 4-2 为信度核查表示例。例如，当评价者仅仅根据一次语文测验的作文题就下结论断定某位学生的写作素养很突出，那么此时评价者就需要问自己以下问题：当这名学生在其他语文测验中完成作文题时，是否还有相同或相似的表现？因为一名学生的写作水平可能会受写作主题的影响而存在较大差异。同一名学生进行议论文或记叙文的写作，可能反映出的写作水平是不一样的。仅凭一次测验的某一道试题就对学生的写作水平做出评价，评价结果有可能是不可靠的。所以，评价者必须综合各种评价情境，才能得出信度较高的评价结果。

表 4-2 信度核查表示例

1. 你是否对要评价的能力类型及层次范围进行了界定？
2. 你是否通过足够多的试题来反映要评价的能力类型及层次范围？
3. 你是否随机排列相关试题？
4. 你是否只在一种评价情境下观察学生的答题情况？
5. 你是否对更为复杂的解题过程进行了观察？
6. 你是否采用一定的方法确保试题的表述清晰？

2. 效度

效度是测验有效性的指标，它是指测验目标、内容能够反映教学目标、内容的程度。例如，用一把尺子来测量人的身高是有效的，而测量人的体重则无效。在编制测验时，测验编制者只有通过明确测验目的，使测验内容与教学目标相一致，才能提高测验的效度。效度包含如下三类问题。

①测验是否实现对希望学生习得的能力类型及层次的评价？实现程度如何？

②测验是否实现对所教学科知识内容的评价？实现程度如何？

③测验是否实现预期评价目的？实现程度如何？

第一类问题涉及的效度称为结构效度。该类效度能够说明，测验编制者所测定的是其想测定的学生认知发展能力类型及层次。第二类问题涉及的效度称为教学效度。该类效度能够说明，测验编制者所测定的是教师所教的学科知识内容。第三类问题涉及的效度称为结果效度。该类效度能够说明，测验达到预期评价目的(如评定等级、改进教学、激发学习动机等)的程度。确保三类效度的方法是运用效度核查表对测验进行核查。表 4-3 为效度核查表示例。

表 4-3 效度核查表示例

(一)结构效度
1. 你是否已经区分出测验所要测量的能力类型及层次范围？
2. 你是否已经指定了该能力类型及层次范围的要点？
3. 你是否通过这些要点命制试题？
例如：
(1)写作技能
(2)记忆
(3)阅读能力
4. 你所编制的试题是否评价了这些要点？
5. 你是否问过你的同事这些试题是否能有效评价这些要点？
6. 你是否采用一定的方法来确保这些试题能够揭示学生的特定能力类型及层次？
例如：答案规范化、同行评价

续表

(二)内容效度
1. 你是否确定了课程的教学目标?
2. 这些试题是否正好测量了你的教学目标和内容?
3. 教学重点不同的内容在不同试题中,其分值(重要程度)是否也不同?
4. 你有没有在测验前事先设计命题双向细目表?
(三)结果效度
1. 你是否考虑到评价的目的?
例如:
(1)评定等级
(2)改进教学
(3)提高学习水平
(4)促进个性发展
(5)激发学习动机
2. 你是否采用一定方法使试题能够达成这些目的?

3. 难度

难度是测验适切性的指标,它是指测验题目的难易程度。它可分为绝对难度与相对难度两种。绝对难度又称认知难度,是指试题本身固有的难度。相对难度又称统计难度,是学生实测后,经计算得到的难度指标,常用通过率(P)来表示。相对难度的计算公式为:试题难度(P)＝回答正确的学生数量/参加测试的学生数量。

要计算一套测验的题目难度,测验编制者就要从参加测验的所有学生中,找出回答正确的学生数量。

例如,一道单项选择题,每个选项回答的人数如下,C为正确答案
A(3)　　　　B(0)　　　　C＊(18)　　　　D(9)
P＝18/30＝0.6

统计难度的数值范围为0～1,通常为一个小数。难度为0,表示无人答对;难度为1,表示人人都答对。通常,难度值为0.0～0.2的题目称为难题,难度值为0.3～0.7的题目称为中等题,难度值为0.8～1.0的题目称为易题。测验题目太难或太易都无法准确测量出学生已有的学习水平。

例如,普通高等学校招生全国统一考试的试题平均难度一般在0.5～0.6,以强化高考的选拔功能;而普通高中学业水平考试的试题平均难度一般定在0.7～0.8,以保证会考的及格率。另外,高考各种难度试题的比例大致为6：2：2,会考各种难度试题的比例大致为7：2：1。

4. 区分度

区分度是测验的筛选性指标，它是指测验对不同学习水平学生的区分程度。区分度的计算公式为：题目区分度（D）＝（高分组回答正确的学生数－低分组回答正确的学生数）/高分组（或低分组）学生总数。

①把参加测验学生的成绩由高到低排列，取前30％的学生作为高分组，后30％的学生作为低分组。

②分别计算出高分组和低分组中选择每个选项的人数。

例如，一道单项选择题，每个选项回答的人数如下，C为正确答案

选项	A	B	C*	D
高分	1	0	11	3
低分	2	0	7	6

$D=(11-7)/15=0.267$

区分度的数值范围为$-1\sim+1$。区分度出现负值，说明该项目不但不能有效地区分成绩好与成绩不好的学生，反而起到了负面的干扰作用，即能力欠佳的学生的通过率高，能力强的学生的通过率低。项目区分度为正值时，数值越大越好。

通常，选拔性测验更重视题目的区分度，以便筛选学生；而达标性测验不十分讲究题目的区分度。但无论如何，编制测验时不应出现区分度为负值的试题，试题的区分度应当尽可能提高。

难度与区分度密切相关，中等难度的测验题目具有较好的区分度。难度接近1或0时，区分度会趋向变小，即过难或过易的测验题目区分度一般都不高。而且，过难的测验题目区分度更低，因为过难的测验题目会使成绩好的学生也只能依靠猜测解决，从而降低了测验题目的区分度。

第二节　问卷法

问卷法是学生评价中较为常用的评价方法之一，它具有效率高、所获得的信息便于进行定量分析等特点。在教育评价中，评价者常常采用问卷法了解学生的学习状况、影响学习的因素等方面。

一、问卷法的含义

问卷法是以精心设计的书面调查项目或问题，向评价对象收集信息的方法。问卷法既可以了解评价对象的态度、动机、兴趣、需要、观点等主观情

况，也可了解评价对象的客观方面的基本情况。

二、问卷法的类型

根据回答问卷的方式，问卷理论上可分为结构化（封闭式）和非结构化（开放式）两种。结构化问卷提供备选答案，供调查对象进行选择或排序。非结构化问卷则要求调查对象写出自己的观点或建议。在学生评价实践中，这两种类型的问卷往往混合在一起，以结构化问卷的问题为主，辅以一定数量的非结构化问卷的问题，以便调查能够更快速地完成，并运用定量方法处理收集到的信息。

判断问卷编制成功的基本标准有两条：一是问卷能收集到调查对象所希望了解的信息；二是调查对象乐于填写问卷。因此，编制问卷时应遵循以下一些基本原则。

第一，重点突出。问卷中所提的问题应与调查目的一致，突出调查的重点。除了少数背景性问题外，不应列入可有可无的问题。

第二，结构合理。问卷中所提的问题应当符合逻辑顺序和调查对象的思维程序。一般的顺序是先易后难，先简后繁，先一般后具体。一些调查对象可能不愿回答的敏感性问题，可放在问卷最后。

第三，问题明确，措施得当。问卷中问题应当简明扼要，明确而无歧义。措辞力求通俗易懂，尽量不使用专业术语。语气力求亲切，使调查对象愿意回答问题。避免使问题带有导向性。

第四，问题的数量适当。对问卷的长度要进行控制，问题的数量应适当。问题数量过多，调查对象容易产生厌烦情绪，影响调查的质量；问题数量过少，则无法获得基本的信息。已有研究表明，回答问卷的时间一般不宜超过30分钟。

第五，便于处理。鉴于问卷调查所获取的信息量很大，通常需要利用计算机软件（如 Excel、SPSS 等）进行处理。因此，问卷的编制应当有利于调查资料的编码、录入、汇总和处理。

（一）结构化问卷的问题类型

结构化问卷的问题主要是对评价对象的预期反应能较为准确把握的问题。其基本形式是在列出调查问题的同时，提供若干备择答案，供调查对象进行选择。有时也可增加"其他_____"一栏，以便包括调查对象的额外反应。结构化问卷的问题可以归纳为选择题、量表题、排序题等类型。

1. 选择题

选择题要求调查对象从问卷所提供的备择答案中选择符合自己想法的选项。备择答案可以是单选，可以是多选。

(1)单选题例子：你对学校的午间膳食安排是否满意？

①是　　　　②否

(2)多选题例子：你曾因为什么原因受到老师的表扬？

①作业完成得很好

②考试成绩分数高

③做了老师鼓励做的事情（好人好事）

④主动做了老师没有说过的事情

⑤其他＿＿＿＿＿＿＿＿

(3)混选题例子：在学生评价中你最重视？（可选1～2项）

①学生掌握知识的情况

②学生学习能力的提高

③学生思想水平的提高

④学生的全面发展

⑤学生特长的有效培养

⑥其他（请说明）＿＿＿＿＿＿＿

2. 量表题

量表题采用教育测量中的量表形式，以了解调查对象特定反应的程度。经常使用的量表题是李克特量表(Likert Scale)题。

李克特量表题例子：在课堂上你有机会举手回答问题吗？

①机会很多　　②有些机会　　③机会不多　　④机会很少　　⑤几乎没有机会

3. 排序题

排序题要求调查对象按照一定的标准（如重要性或时间序列等）对问卷所提供的备择答案进行排序。

排序题例子：你对下列学科的兴趣如何？请根据兴趣大小排列顺序。

语文、数学、外语、政治、历史、地理、物理、化学、生物、计算机、音乐、体育、美术

(二)非结构化问卷的问题类型

非结构化问卷的问题的特点是只提出问题，不给出可能的备择答案，属于

答案不易收敛，或需要深入了解的问题。非结构化问卷的问题可以归纳为填空题、简答题等类型。

1. 填空题

填空题要求调查对象在有关栏目后填入实际情况或看法。由于所填写的内容只是几个词或一段话，程度有限，因此，填空题又称为有限制的反应项目。

填空题例子：在日常学习生活中，你最关心的问题是_____。

2. 问答题

问答题让调查对象畅所欲言，自由发表意见。因对答案的长度不做限定，故问答题又称为无限制的反应项目。

问答题例子：你觉得学校在改善学生学习环境方面还可以做哪些改进？

三、问卷法的优缺点

问卷法的优点在于取样的广泛性和代表性；调查时间灵活；效率高、费用低、简便省时；格式比较客观统一、标准化，资料易做量化分析；实施简便，对使用者不必进行特别培训；可匿名调查，减少顾虑；具有间接性，调查对象可就不便当面交流的问题，更加开放、真实地反映自己的态度和观点。

问卷法的缺点在于限制调查对象的发挥，不够灵活；无法控制填写时的情境，不能进行正确引导；收集的资料容易流于表面，难以深入了解内心的想法；调查对象需有一定的文化程度；回收率较低（尤其是通信调查）；难以了解数据缺失的原因；调查对象在回答时会受到趋中趋势等因素的干扰，影响答案的可靠性。

四、问卷法的实施步骤

问卷法一般包括以下实施步骤：选取调查对象、设计问卷、发放与回收问卷。

（一）选取调查对象

鉴于问卷调查通常用于较大规模的群体，除了要根据调查的目的、内容确定调查对象的范围外，采用适当的抽样方法是极为重要的环节。为了使抽取的样本具有代表性，常用的抽样方法是方便抽样、等距抽样或分层抽样。

方便抽样又称随意抽样、偶遇抽样，是一种为配合研究主题而由调查者于特定时间和特定空间，随意选择调查对象的非概率抽样。方便抽样适合对一些特殊情况的调查，像一些已发生的突发性事件或现象（如刚做完的随堂测验）。通过当场抽取样本询问亲历或旁观事件的调查对象，调查者可以了解事件发生的经过、原因以及人们对事件的看法和态度。

等距抽样又称系统抽样或机械抽样。具体的做法是先把调查对象编上序号，再随机确定抽样的起点，以后按照固定的间隔（5 人或 10 人），进行等距抽样。等距抽样显著的优点是抽样极其方便，适宜现场操作。所抽取的样本在总体中的分布十分均匀。缺点是无法得到无偏的方差估计量。

分层抽样又称类型抽样或分类抽样。具体做法是先根据某种分类方法把总体中所有个体分成若干类型，再在各个类型中随机抽取必要数量的样本。分层抽样的优点是既可以估计总体的特征，也可以估计各种类型的特征。

(二)设计问卷

整个问卷的设计过程包括：问卷设计的准备工作、设计问卷初稿、试用与修改三个基本步骤。

1. 问卷设计的准备工作

就像问卷不是一组问题的简单集合一样，问卷设计工作也绝不仅仅意味着在纸上写出具体的问题。在正式动手设计问卷之前，问卷设计者还需要进行一定的准备工作。

（1）明确调查的总体目标

调查和研究的总体目标是问卷设计的出发点。在这一工作中，问卷设计者应考虑下列问题：问卷的主要目标是什么？研究的假设和关键的变量是什么？根据假设和变量应寻求什么资料？希望以什么样的信息为结果？是一般的描述性研究还是探讨特定变量间关系的解释性研究？研究样本具有什么样的特征？根据研究目的和样本特征应采用哪种类型的问卷？问卷的使用方式如何？对于主办者身份、研究目的、调查的匿名处理等内容应如何陈述？问卷是否符合伦理要求？这些与调查总体目标相关的问题中，有些可以从整个研究的设计中导出，如研究假设、研究类型等。但更多问题还需要问卷设计者在准备过程中逐一确定。

（2）了解调查对象的基本情况

在设计问卷之前，问卷设计者最好能了解问卷调查对象的基本情况，特别是他们总体上的年龄结构、性别结构、文化程度分布、职业结构等社会特征方面的情况。这种了解对设计问卷中的问题形式、提问方式、所用的语言有着极大的帮助。

（3）确定所需要的信息范围

问卷设计者在动手设计问卷以前，应围绕研究主题对相关文献进行必要的阅读。确定所需信息范围时应遵循的原则是先宽后窄，先松后紧。[1] 在问卷设计初期，问卷设计者先扩大相关问题的范围，尽量覆盖调查主题的外延，凡是与这一概念或主题相关的问题都写进来。到问卷设计后期，问卷设计者再严格审查，删除不相关、重复的、多余的问题，只留下那些与希望得到的信息密切相关的问题。

2. 设计问卷初稿

第一步，根据研究目标、假设和概念框架，列出所需信息的各大维度的标题和内容，并初步安排好各个维度的前后顺序结构。

第二步，在每个维度中，根据前期准备工作和问卷设计，尽可能详细地设计出各种具体问题和答案。

第三步，在完成每个维度的具体问题设计以后，逐一对每个维度的问题进行前后排序，并兼顾不同维度之间问题的衔接。

第四步，从问卷整体的长度以及便于回答、减少心理压力等方面，从头到尾对问卷中的每个问题进行检查、增删和调整。

第五步，将修改和调整好的问卷按正式调查问卷的格式排版，并加上标题、指导语、基本信息、结束致谢语等，形成问卷初稿。

3. 试用与修改

在问卷用于正式调查之前，我们必须对它进行试用和修改。在问卷调查中，问卷一旦发出，就难以进行更改，一切失误都难以弥补。所以，我们有必要特别强调试用这一步的作用。例如，在问卷中询问调查对象的月收入时，一种常见的方法是将月收入选项进行分组。

请问您每月的工资收入在哪个范围内？

（1）5000 元以下

（2）5000~9999 元

（3）10000~14999 元

（4）15000~19999 元

（5）20000 元及以上

在调查了 200 人后可能会得出以下结果。

---

① 风笑天：《社会调查中的问卷设计》第三版，75 页，北京，中国人民大学出版社，2014。

(1)5000 元以下(38 人)

(2)5000～9999 元(150 人)

(3)10000～14999 元(10 人)

(4)15000～19999 元(2 人)

(5)20000 元及以上(0 人)

该结果表明,选项设计存在两个问题:一是总范围过大,导致有些选项不存在个案;二是分组区间不合理,导致有些选项选择人数过于集中,不易区分彼此之间的差异。因此必须对选项及其分组区间进行调整。当调整为下列情形时,200 人的调查结果也可能相应发生改变。

(1)4000 元以下(20 人)

(2)4000～5999 元(48 人)

(3)6000～7999 元(80 人)

(4)8000～9999 元(40 人)

(5)10000 元及以上(12 人)

这样的选项分组就比较合理,因为它较好地揭示出这 200 人在月收入上的分布状况。

试用的具体方法有两种。一种可称为客观检查法。它是将设计好的问卷初稿派发给 20～50 位正式调查对象(大型问卷调查可适当增加人数)。这部分调查对象是正式调查对象总体中的一部分,是根据随机抽样选取的,然后按照正式调查的要求和方式接受调查(即进行试用)。由于调查对象、方式,以及采用的问卷等都与正式调查相同,因此正式调查中可能遇到的问题在试用中都会出现。这样,试用实际上成了正式调查的"预演"或"彩排",客观上起到了对问卷设计工作的检查作用。

除客观检查法外,还有一种方法名为主观评价法。它主要依靠调查对象对问卷结构、问题、选项等的主观评价。在问卷初稿设计好以后,问卷设计者分别送给 5～20 名该研究领域的专家或调查对象的典型代表,请他们从各自的背景和角度,对问卷的各个方面进行评价。这种方式就像新电影的"试映",首先邀请专业人士和资深影迷观影并对影片进行评论,然后根据大家的评论进行调整。

有条件的情况下,最好把两种方法都用于试用过程。即一方面采用主观评价法继续查找问题进行修改;另一方面采用客观检查法,又找出一些问题,再进行一次修改。只有当试用结果显示问卷基本上不存在问题时,问卷才能用于正式调查。

问卷的修改贯穿整个设计过程。除了设计初稿时经常性的修改以及结合问卷的试用结果所做的修改外，问卷设计者还应该对整个问卷从头到尾检查和修改一遍。在问卷整体结构方面，问卷设计者首先要注意在重要内容上有无遗漏，其次要注意每部分的比例是否合适，尽量使各个部分的问题数目大体相当。如果某一部分内容过多，可以考虑将其再细分为不同的部分。问题的顺序则要以整个问卷能顺利阅读和思考为标准，要特别注意不同部分之间转换的流畅性。问卷中的每个问题都应对调查目的有所贡献。删除不必要的问题也是问卷修改中另一项重要工作。如果不能确定问题在整个调查中的作用，就应该予以删除。

(三)发放与回收问卷

问卷调查的方式包括网络通信调查、现场调查两种。网络通信调查是通过微信、QQ、电子邮箱、问卷星等网络通信工具或在线问卷调查平台实施问卷调查。其优点是简便易行，省时省力，调查范围广；主要缺点是回收率不易保证。现场调查的优点是容易监控整个调查过程，能适时回答调查对象针对问卷提出的疑问，回收率高；缺点是调查范围有限，费时费力。

在回收问卷后，问卷设计者要剔除不符合要求的无效问卷，统计有效问卷的回收率。如果调查对象是专业人群，一般要求问卷的回收率应在70%以上。调查对象为一般公众时，回收率会更低些。如果发现回收率明显较低，问卷设计者应当再发信对问卷进行跟踪调查。

第三节　访谈法

一、访谈法的含义

访谈法又称谈话法，它是通过与调查对象进行交谈而获取评价信息的方法。访谈法具有双向交流的特点。它与问卷法同属基本的评价信息收集方法，但更适用于调查对象数量较少的场合。访谈法对访谈人员的能力要求较高。

二、访谈法的类型

根据不同的分类标准，访谈法大致可分为三类。

(一)结构化访谈与非结构化访谈

按照访谈提问和反应的结构方式，访谈法可分为以下四种形式，如图4-1所示。

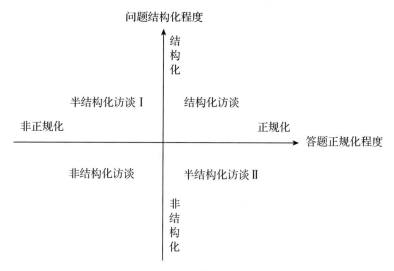

图 4-1　访谈法的分类

1. 结构化访谈

结构化访谈是指导性的访谈形式，属于正式的、标准化访谈。访谈调查者根据统一设计的访谈表进行询问并记录。访谈对象根据问题回答，做出反应。结构化访谈实施程序严格、规范，结果便于分析处理，且具有可比性。但它又存在不够机动、灵活，无法处理超出预期的情况等不足。

2. 非结构化访谈

非结构化访谈是非指导性的访谈，属于非正式的、非标准化访谈，或自由漫谈。通常只有粗略的访谈范围，甚至可进行自由提问和做出回答。非结构化访谈往往采用事后记录的方法。不做现场记录可使访谈对象消除防卫心理，提供更多的真实想法。非结构化访谈实施程序灵活、访谈环境宽松，无压力，易于深入探讨问题。但不熟练的访谈者不宜采用，因为资料不易处理。

上述两种方法均各有利弊，后又出现介于两者之间的半结构化（半标准化）访谈。半结构化访谈一般使用事先拟定的访谈提纲与主要问题，提问与回答的方式均比较灵活，依访谈情境而定，是一种聚焦式的访谈。这样，访谈双方既有同一的交谈中心，又有一定的发挥余地。半结构化访谈包括两种变式。一种是图 4-1 中的半结构化访谈Ⅰ。它的特点是问题的结构化较强，但回答的方式比较自由，甚至可以采用讨论的方式。另一种是图 4-1 中的半结构化访谈Ⅱ。它的特点是问题的结构化不强，但回答的方式比较正规，即不做过多的自由发挥。

(二)个别访谈与集体访谈

根据访谈对象的人数不同,访谈法一般可分为个别访谈和集体访谈两种。两者各有所长。个别访谈容易减少顾虑,谈得比较深入。而集体访谈则有利于相互启发、补充和核实。集体访谈的访谈对象数量一般控制在 6～12 人为宜。访谈开始前需要把主题提前告诉访谈对象,以便做好准备。

(三)直接访谈与间接访谈

根据是否借助网络通信设备,访谈法还可以划分为直接访谈(面谈)和间接访谈(电话、聊天工具或网络视频访谈)。相较于直接访谈,间接访谈能不受时间和空间的限制。但不足之处在于,当访谈对象出现倦怠时,难以有效进行调整和引导。

采用上述哪一种访谈法更加适当,需要根据访谈的目的、对访谈对象的了解程度、访谈者的能力和其他条件而定。在实际使用时,我们还可以灵活地进行组合。

三、访谈法的优缺点

访谈法的优点在于简便易行,便于双向交流信息,主客双方有互动;实施程序比较灵活,也便于控制,既可随时澄清问题,纠正对问题理解的偏差,又可随时变换问题或方式,捕捉新的或深层次的信息;可以有效地防止(在问卷调查中经常出现的)问题遗漏不答的现象;适用面广,能有效地收集关于态度、价值观、意见等资料;能在交谈的同时进行观察;能建立主客双方的融洽关系,消除顾虑,反映真实的想法;团体座谈时,可相互启发,促进对问题的分析。

访谈法的缺点在于时间与精力花费较大,访谈样本小,需要较多训练有素的访谈人员,成本较高;访谈者的特性(价值观、信念、倾向、态度等)会影响访谈对象的反应;访谈者需要事先接受较严格和系统的培训;访谈对象的言不符实,或对某些问题的偏见会导致所获得信息的偏差。此外,对访谈结果的处理和分析也比较复杂。

四、访谈法的实施步骤

访谈法的实施步骤包括访谈设计、访谈人员的选择与培训、访谈的实施与记录。

(一)访谈设计

首先,要确定访谈对象。访谈对象必须是评价的知情者,能提供评价所需的信息。选择访谈对象时还要做到点面结合,既有典型性,又有代表性,以便全面获取信息。

其次，要围绕评价的主题确定访谈的内容，拟定适当的访谈提纲、访谈表和访谈工作细则。访谈的内容大致可分为：事实调查（要求访谈对象提供所了解的情况）、意见的征询（征求访谈对象的观点和意见）、了解访谈对象的个人情况和具体特征。

(二)访谈人员的选择与培训

首先，访谈的成功取决于访谈人员的基本素质，包括学识、处事经验、性格、品德等方面的特性。访谈人员必备的基本条件包括仪表端庄、举止得当；知识丰富、口才流利；诚实灵活、客观公正。我们应当根据这些标准选择访谈人员。

其次，访谈的成功取决于访谈人员的访谈技巧。因此，我们在访谈前还必须做好访谈人员的培训。培训的内容包括访谈的注意事项、访谈表的内容、访谈技巧与具体要求；了解访谈对象的背景，根据访谈对象的不同特点设计多种访谈方案。

由多名访谈人员进行的较大规模的访谈，还应当对访谈人员进行访谈程序标准化的训练，以保证不同的访谈人员实施访谈的一致性。

(三)访谈的实施与记录

访谈是一项专业性较强的工作。首先，要编排好访谈的问题，先提出一些简单的、容易激发兴趣的问题，再逐步深入复杂问题，最后涉及较为敏感的问题。其次，要善于控制访谈的过程，措辞得当，有分寸；掌握追问的技巧。最后，要有良好的人际关系协调技能，善于消除访谈对象的疑虑、建立融洽的访谈氛围，并能根据情境做灵活的调整。

访谈的记录一般采用当场速记的方式进行。记录要突出重点，尽可能保持访谈的原貌。我们也可采用两名访谈人员参加访谈的方式，其中一人主要做记录。在访谈对象同意的情况下，我们可采用录音的方式，事后根据录音进行整理。

第四节　观察法

观察法是学生评价中较为常用的一种收集信息的方法。比如，校外的评价者经常通过观察了解校内学生的学习情况。在评价学生素质发展情况时，观察也能获得其他方法难以收集到的重要信息。

一、观察法的含义

观察法是指评价者在一定时间内，对评价对象在自然状态下的特定行为表现进行观察、考查、分析，而获得第一手事实材料的方法。观察法适用于了解评价对象的行为、动作技能、情感反应、人际关系、态度、兴趣、个性、活动情况等。评价者可采用逸事记录、行为描写、检核表、评定量表等方式记录观察结果。

二、观察法的类型

根据不同的分类标准，观察法可分为以下几个类型。

(一)按观察的计划性分类

观察法可按事先是否确定具体观察项目和记录要求，分成结构化观察和非结构化观察。前者有比较严密的观察和记录计划，能获得翔实的信息，观察的资料可进行定量分析和对比研究，常用于对所评价的现象较为了解的场合。后者无详细的观察和记录计划，获得的信息不系统完整，常用于获得一般印象的场合。

(二)按观察者的角色分类

根据观察者是否直接参与观察对象所从事的活动，观察法也可分为参与性观察(局内观察)和非参与性观察(局外观察)。

参与性观察是观察者不暴露自己的真实身份，在参与活动中进行的隐蔽性观察；非参与性观察是以旁观者的身份进行观察。一般来说，参与性观察效果较好，有自我体验，能与观察对象建立融洽的关系，观察时间较长，对活动有更深刻的了解，能及时发现新的信息。但它费时费力，对观察者的能力要求较高，此外，观察者的感情因素会影响观察的客观性。非参与性观察比较客观，省时省力，但容易被表面现象迷惑，获得的信息缺乏深度。

案例：参与性观察

有学者曾开展过一项有趣的研究。一些大学生装扮成转学到某幼儿园就读的"幼儿"，每周上学两天，与其他小朋友完全一样，一起生活、游戏。在经历了一个被其他幼儿"怀疑"的短暂过程之后，这些实习"幼儿"迅速与其他幼儿成为朋友，体验到他们的喜、怒、哀、乐，感受到他们也有复杂的人际关系，观察到平时很难观察到的一些细节。图4-2是她们运用参与性观察观察到的班级内部儿童群体人际关系。[①]

---

① 王振宇：《儿童心理学》，240页，南京，江苏教育出版社，1987。

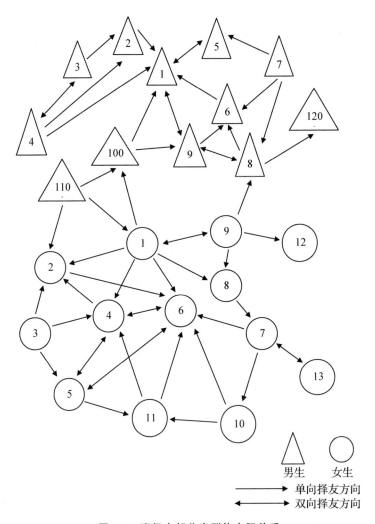

男生　女生

→ 单向择友方向
↔ 双向择友方向

图 4-2　班级内部儿童群体人际关系

(三)按观察的内容范围分类

按观察的内容范围划分，观察法可分为完全观察和取样观察。

1. 完全观察

完全观察是指对于评价有关的活动进行全面的观察。其优点是收集的资料比较完整、翔实，适用于小样本或个案调查；缺点是耗时费力。

2. 取样观察

取样观察是指抽取有代表性的样本进行观察。这是在 20 世纪 20 年代后兴起的方法，提高了观察的客观性、可控性和有效性。样本可以是时间，也可以是活动、行为或表现。因此，取样观察又可以分为：时间取样观察和事件取样观察两种形式。

（1）时间取样观察

时间取样观察是对一定时间间隔中出现的各种行为、表现做全面的观察与记录。时间取样可随机进行，也可以在可能发生典型行为表现的时间进行。为了获取跨时间的系统信息，可在活动开始、中期和结束阶段均进行观察。

（2）事件取样观察

事件取样观察是在观察期间只对某种预定的行为、表现进行观察与记录。

三、观察法的优缺点

观察法的优点在于观察是现场进行的，具有直接感受性；一般不需要通过任何其他中介环节（不必使用复杂的仪器设备），主要依靠观察者的感官和思维；可获得评价对象不愿意或没能报告的行为表现，以及短时出现的情况；通常不会妨碍观察对象的日常学习和工作；在行为发生的现场做即时记录，全面、准确、生动，具有真实性和客观性。

观察法的缺点在于取样较小，观察对象项目多且分散时较难应用；有时会对观察对象产生干扰；依赖观察者的能力和心理状况，会因主观因素（经验、价值观、思维方式等）的干扰而引起失真现象；观察者需经过严格的培训；时间与精力花费较大，实施成本高；资料的记录和整理较难系统化，结论较难类推或判断因果关系；有时观察项目归类的推论性太强，从而影响调查的信度。

四、观察法的实施步骤

实施观察法主要包括三方面的工作，即观察设计、观察资料的记录、观察资料的整理。

（一）观察设计

观察设计包括确定观察的对象和内容，选择观察方式和工具，培训观察人员。首先，要确定观察的对象、时间和地点以及观察的具体内容（了解什么情况、收集哪些信息），即回答"观察什么"的问题。其次，要确定观察的方式并制定观察的提纲和记录的表格，即回答"怎样观察"的问题。最后，对观察人员进行培训。其包括对观察对象、观察条件的了解，感知力、注意力、理解力的训练，记录表的熟悉等。

（二）观察资料的记录

观察的结果常以一定的方式记录下来。记录要力求真实，并标明时间、地点、事件发生的条件等。记录的方式主要包括对行为或事件的描述，按记录表记录。

1. 行为或事件描述

描述的主要形式包括：日记描述、逸事记录、连续记录等。描述方式获得的资料可做定性为主的分析。

2. 按记录表记录

记录表是一种事先拟定了各种需观察的项目的表格，可供观察者详细记录事件或行为是否出现或者出现的次数，如表 4-4 所示。有时，记录表还带有评定、判断栏目，要求观察者对观察到的现象进行价值判断(评出等级)。利用该方式所获得的资料通常可做定量处理。

表 4-4　运用记录表统计不同学业水平学生的发言次数

学生学业水平等第	总人数	发言人数	发言次数
A(优良)	7	5	35
B(中上)	14	5	18
C(中下)	18	5	10
D(待提高)	4	0	0

随着多媒体技术的发展，目前观察时还经常采用录像技术。但进行录像前务必征得有关人员的同意。录像可以减轻现场记录的负担；不仅可以收集到更多的信息，还可以反复重现观察时的情境，便于深入分析。但录像的缺点也十分明显：录像设备的出现和录像过程可能对观察的现场情境产生影响；要提供全景式的情境较为困难；设备的成本较高。

(三)观察资料的整理

当观察结束后，观察者应及时整理和补正记录，如发现有遗漏或者记录有误时，应尽可能凭借记忆或参考其他观察者的记录进行补充、修正。在采用描述性记录方式时，观察者常常采用速记或简略、潦草的记录方式，此时及时整理尤为重要。整理记录的时间如延迟太久，会因遗忘、难以辨认等原因造成材料的失真。整理观察资料时还可附注上观察者临时想到的解释和受到启发的问题，以便供后续分析时参考。但观察到的实际情况的原始记录和观察者的推论应当明确分开。

第五节　档案袋法

第二章"学生评价的历史发展"曾指出，在学生评价多元化时期出现的真实性评价理论包括成长记录袋评价。成长记录袋评价实际上是一种重要的学生评价方法，又称档案袋法。

一、档案袋法的含义

档案袋法是指有意识地收集学生的作品，通过档案袋的形式反映学生已获得的成就或经验教训，以及获取成就或经验教训过程的评价方法。档案袋中学生信息的收集是教师、学生和家长合作的结果，他们一起决定档案袋的目的、内容和评价标准。

二、档案袋法的类型

用于学生评价的档案袋一般有几种基本的类型，包括反思型档案袋、展示型档案袋和文件型档案袋。反思型档案袋主要是学生分析和说明自己作品的反思记录（主要由学生整理）。其作用在于借助反思提高学习质量，通过一段时间的成长帮助学习者成为自己学习经历的思考者和非正式的评价者。展示型档案袋主要是由学生选择自己认为最好和最喜欢的作品整理成集（主要由学生整理）。其作用在于为家长及其他人参加的作品展示会提供学生作品的范本。文件型档案袋主要是根据学生的反映以及教师的评价，包括观察、考查、逸事、测验成绩等，提出的学生进步的系统性、持续性记录（师生共同整理）。

三、档案袋法的优缺点

档案袋法有许多潜在的优点。与教学相结合的档案袋法非常简便，对教师有很大的吸引力。档案袋法还可以培养学生评价自己作品的能力，而自我评价是发展学生独立学习能力的一个重要渠道。经常要求学生对档案袋中的内容进行自我评价或反思可以提高学生的这项能力。

对任何一位教师来说，与家长就学生学习状况进行沟通是一项非常重要的目标。有时，教师甚至可以让学生主持家长会，并将档案袋作为讨论内容，从而对家长和学生产生积极的影响。而且，在教师、学生和家长共同参加的会议中，由学生向家长介绍他们的档案袋，还可以为教师提供一个难得的机会，用以观察学生与家长围绕学生作品所进行的互动。

具体而言，档案袋法的优点可以概括为以下几方面。

①由于档案袋由课堂教学的成果组成，因此档案袋法很容易和教学结合起来。

②档案袋法可以为学生提供展示的机会。

③档案袋法可以鼓励学生对学习进行反思，并且可以提高学生评价自己作品优点和不足的能力。

④档案袋法可以帮助学生承担其确定目标和评价自身进步的责任。

⑤档案袋法可以为教师和学生提供合作和反思学生进步的机会。

⑥档案袋法可以通过展示学生的作品成为一种与家长沟通的有效方式。

⑦档案袋法可以创建一种以学生为中心的家校合作机制。

⑧档案袋法可以向家长展示学生一段时期以来的发展情况和当前所具备的

能力。

尽管档案袋法的优点使其成为一种教学和评价的辅助工具，但是档案袋法也存在一些缺点。例如，收集作品的过程十分耗费时间。因此，我们必须防止这样一种倾向：档案袋法既给教师带来了沉重的工作负担，又无助于学生更好地学习。为了避免出现这种倾向，教师需要对档案袋中的作品以及整个档案袋做出建设性的反馈，同时也要指导学生怎样更好地为一个特定的目的建立档案袋。

如果把档案袋法用于总结性评价（如学分评定），就有可能产生另一个问题，那就是档案袋内容的信度相对较低。这部分是因为档案袋中所包含的材料经常是多种多样的。信度低的另一些原因是评价标准的缺乏导致不同学生所选择的档案袋材料之间的可比性比较低。然而，如果采用一定的规则将评分变得非常具体并且试图应用于所有项目的评价，或者通过提高标准化程度和严格控制学生对档案袋内容的选择，虽然可能会提高评价的信度，但有可能会破坏档案袋的效度和实用性。

上述缺点还不是最大的障碍，根本问题其实是那种认为档案袋很容易创建的想法。由于教师和学生已经适应了将作品保存在文件夹中的做法，因此很多人只是简单地将文件夹称为档案袋。在文件夹中无组织地收集作品并不能实现上面所列举的优势与目标。因此，要实现档案袋法的潜在价值，使教师和学生花费的时间得到合理的回报，并尽可能减少其不足，我们就需要对档案袋进行认真的计划，在创建档案袋时就需要充分的思考和准备。

四、档案袋法的实施步骤

档案袋法的实施步骤包括六个步骤，它们依次是明确使用目的、选择档案袋内容、确定由谁来设计档案袋、选择作品样本的数量、确定评价标准以及档案袋评分的合并。

(一)明确使用目的

在实际使用过程当中，假如对档案袋的使用目的没有清晰的想法，档案袋设计者就很可能将其等同于杂乱地收集材料。只有明确使用目的，档案袋设计者才能明确地知道哪些作品该放进档案袋里。而且也只有明确使用目的，运用档案袋法评价学生的具体功能（如了解学生的进步，与家长交流学生学到的东西，为其他教师提供信息）才能真正得到实现。档案袋设计者可以根据使用目的的不同，有选择地使用反思型档案袋、展示型档案袋和文件型档案袋。

档案袋中作品的选择要根据目的来加以引导。由于档案袋的创建有不同的目的，因此所选择的内容也应该根据目的的不同而有所不同。例如，档案袋创建的目的如果是展示学生一个学年以来在写作上的进步，档案袋中就应该包括这些学生在该学年开始、中间和结束时的写作作品，而且这些作品还应当是表现得最好的作品。

(二)选择档案袋内容

在档案袋的内容选择方面，可以选择的内容包括认知领域能力的发展，如知识结构(知识组织)、认知策略(分析、解释、计划、组织、修改)、程序性技能(清楚地交流、编辑、画图、演讲)和元认知(自我监控、自我反省)。档案袋还可以反映学生某些个性的发展，如灵活性、适应性、批评的可接受性、坚持性、合作性等。

除此以外，选择档案袋内容时还要考虑存储的问题，以及在何种程度上鼓励或允许采用多媒体而不仅仅是纸笔形式的作品作为档案袋的一部分。例如，每个学生是否都有平等的机会来使用录音或视频表现自己取得的进步，就是需要考虑的问题。

不少学生的作品中，既包括个人的独立作品，也包括小组合作的作品。对于有些内容来说，可能比较适合由同伴或家长提出一些建议，用来对自己的作品进行一定的修改。因此，档案袋应当清晰阐明如何评价个人独立工作或获得他人多种帮助产生的作品。

档案袋还必须限定起止时间、作品数量等。所收集的作品从形式(如记叙文、议论文、小说、诗歌)和内容(写作、阅读、口语交际、计算)是多种多样的，所以也应该对作品的重要性做出明确区分。

在收集好作品以后，档案袋应该具有内容构成及其形式的详细说明，如纸质材料、移动硬盘。具体而言，除了作品外，档案袋中应包括作品的目录、作品载体形式的清单、每部分内容的简要说明，以及学生对作品的反思和评论。由于计算机被广泛应用，我们可以引导学生创立电子档案袋，或者将档案袋的部分内容用电子文档的形式来处理和保存。

(三)确定由谁来设计档案袋

与档案袋使用有利害关系的主要是教师、学生及其家长。因此，从某种意义上说，他们都在档案袋法的运用中扮演着重要的角色。在使用档案袋的时候，教师应努力创造一种氛围。教师、学生和家长组成一个小组，一起帮助学生解决档案袋内容反映出的问题，或者一起收集反映学习进步和成就的材料。

(四)选择作品样本的数量

如果上述的利益相关者决定好档案袋收集哪些内容，随后就要让学生有准备地去发展这方面的技能或品质。最佳的做法就是既满足学生的主人翁意识，也满足教师评价学生学习进展情况的需要。这就要确定与教学目标和认知结果相匹配的作品类型，然后让学生和家长在相应的作品类型中选择样本。例如，教师确定档案袋收集的内容是"数字与操作"，学生和家长就可以选择将这一类的作业、测验等材料放入档案袋。对于每份样本，学生都应简短地说明，样本在哪些方面反映了自己在数字与操作方面能力的发展情况。而教师则要决定在档案袋中每类内容包含多少份样本。例如，收集三份作业、两份测验卷。选择合适的样本数量，对教师而言非常重要。如果想通过档案袋对学生的学习进展进行信度较高的评价，教师至少需要五份覆盖不同领域的样本。

(五)确定评价标准

在制定档案袋的评价标准过程中，我们可以参考以下程序。先列出每类内容中教师认为重要的评价指标。如以"数学理解能力"为评价内容，并列出教师认为重要的评价指标。接下来，构建一个数学理解能力评价量表，描述某位学生在每项指标上的得分，如表 4-5 所示。

表 4-5　数学理解能力评价量表

数学理解能力的发展	不令人满意的进步			杰出的进步	
从开始到最后在问题提出方面的进步	1	2	3	4	5
阐明和解决问题能力的提高	1	2	3	4	5
计算错误的减少	1	2	3	4	5
发现事件之间关系能力的增强	1	2	3	4	5
同他人交流数学结果能力的提高	1	2	3	4	5
估计并检验推理结果能力的提高	1	2	3	4	5
运用图表技能的提高	1	2	3	4	5

表 4-6 和表 4-7 分别展示了论文档案袋评价表和形成性论文评分表。

表 4-6　论文档案袋评价表

学生姓名：＿＿＿＿＿＿＿　　从中选择一个：

＿＿＿＿＿＿＿第一稿

＿＿＿＿＿＿＿第二稿

＿＿＿＿＿＿＿终　稿

以下由学生填写：

1. 交论文的日期：＿＿＿＿＿。
2. 简要地写一写你在论文中说了些什么。

3. 你认为这篇论文最成功的地方是什么？

4. 你认为这篇文章有哪些需要改进的地方？

5. 如果这是你的论文终稿，你会不会把它放进成长记录袋？为什么？

以下由教师完成(在合适的等级上画圈)：

1. 反省质量

等级 描述

5　非常清楚地说明自己论文的优点和不足，并提出十分具体的修改意见。

4　比较清楚地说明自己论文的优点和不足，并提出比较具体的修改意见。

3　明白自己论文的优点和不足，但说得不够清楚，提出了一些修改意见。

2　对自己论文的优点和不足的认识得比较模糊，修改意见很少。

1　没有对自己的论文进行任何反省的证据。

2. 常规要求

等级 描述

5　写作常规要求完成得十分好。拼写、标点、语法、句子结构等方面没有出现什么错误。

4　较好地符合写作常规要求。拼写、标点、语法、句子结构等方面只出现了个别小错误。

3　基本符合写作常规的要求。虽然拼写、标点、语法、句子结构等方面出现了一些错误，但不影响意义的表达。

2　拼写、标点、语法、句子结构等方面出现不少错误，影响了意义的表达。

1　多数常规要求方面的错误使要表达的意义很模糊。缺乏对拼写、标点、语法、句子结构等方面基本要求的了解。

3. 表达

等级 描述

5　十分清楚

4　比较清楚

3　大部分比较清楚

2　努力了，但还是不清楚

1　不清楚

4. 计划(只适用于第一稿)

等级 描述

5　十分清楚受众是谁。目标十分明确。有整体的论文构思。

4　考虑到了受众的问题。文章经过构思，写作目标比较清楚。

3	整个论文的构思基本上清楚，受众基本明确，有写作目标但有些模糊。
2	不清楚论文是写给谁看的。写作目标不清楚。
1	没有经过构思。

5. 修改质量(只适用于修改稿和终稿)

等级　描述

5	考虑各方提出的修改意见，比上一稿有明显进步。
4	采用了很多修改意见，比上一稿有一些进步。
3	采用了一些修改意见，比上一稿有点进步。
2	多数修改意见都未采纳，与上一稿相比没有什么进步。
1	没有认真修改。

评价等级总分：＿＿＿＿＿＿　　平均评价等级：＿＿＿＿＿＿＿＿

意见和建议：

表 4-7　形成性论文评分表

学生姓名：＿＿＿＿＿＿＿＿　　从中选择一个：

＿＿＿＿＿＿＿第一稿
＿＿＿＿＿＿＿第二稿
＿＿＿＿＿＿＿终　稿

第一稿		第二稿		终　稿	
标准	等级	标准	等级	标准	等级
反省质量	3	反省质量	4	反省质量	3
常规要求	3	常规要求	4	常规要求	4
表达	4	表达	5	表达	5
计划	4	修改质量	4	修改质量	3
平均等级	3.50	平均等级	4.25	平均等级	3.75

教师对论文写作的意见：

学生对论文写作的意见：

家长对论文写作的意见：

是否要装进成长记录袋：＿＿＿＿＿＿是　＿＿＿＿＿＿否

评价标准应当能反映教学目标。不仅是教师,学生和家长都应该充分了解评价标准。为明确评价标准,教师必须清楚地知道运用档案袋进行评价的目的,尤其要清楚档案袋与教学目标之间的联系。否则教师就无法制定明确的评价标准,而通过评价促进学生发展的效用就会降低。

除了单项的评价标准之外,教师还应当明确档案袋的整体结构以及所有内容的评价标准。对于旨在评价学生进步的档案袋来说,对档案袋的所有内容进行总体评价非常有用。

当评价的结果是等级或分数,那么最好隐匿学生的身份,可以让学生将姓名写在密封线内来达到这个目的。不过,对档案袋的所有内容进行评价时,这样做几乎是不可能的。因为教师对某些学生比较了解,认为他们更深刻地理解了这些材料,从而在评价时打高分;也可能出于偏见,认为某些学生很少能做出好的作品,因此在评价时打低分。要想防止由于对学生身份的了解而在评价时持有的偏见,一个有效的措施是过一段时间后对档案袋重新进行评分,然后对前后两次评分进行比较。如果教师来自不同班级,可以通过交换档案袋来防止无意识的偏见。教师将自己对学生的评分与其他教师对学生的评分进行比较,不仅可以防止无意识的评分偏见,而且可以改进评分标准,提高评分的信度。

(六)确定档案袋整体总分

档案袋中每一类内容都应有一个评分,然后教师再决定如何将这些分数合并成档案袋整体的分数或等级。这个过程包括两个基本步骤:一是求出每一类内容从第一稿、第二稿到终稿评分的总分;二是求出综合每一类内容总分以后的档案袋整体总分以及相应等级。

1. 计算每一类内容的总分

以表4-7的论文评分表为例,教师首先赋予每稿不同的评价权重。其中终稿评价权重最大,第一稿的评价权重最小。这就要求由教师来确定分数的评价权重。教师也可以征询学生和家长对评价权重的意见。当教师为同一类内容的第一稿、第二稿和终稿确定评价权重时,可以依据以下步骤执行。

①用百分数来确定权重。例如,第一稿占最后分数的20%,第二稿占30%,终稿占50%。

②用每稿中每类内容各项指标的平均分乘以每稿的权重,从而得出每类内容在每稿的评分。

第一稿:$3.50 \times 0.20 = 0.7$。

第二稿:$4.25 \times 0.30 \approx 1.3$。

终　稿:$3.75 \times 0.50 \approx 1.9$。

③将三稿的分数相加就是这一类内容的总分(3.9)。

每类内容都可以采用上述步骤求出总分。如果档案袋有五类内容,就有五个分数,如表4-8所示。

表4-8 档案袋的内容类型及分数

内容领域	分数
论文	3.9
对话	4.0
批评	4.0
传记	3.8
评论	3.8

2. 计算档案袋整体总分及相应等级

教师应对档案袋进行整体评分。首先,假设档案袋有五类内容且分别有五个分数,那么各类内容的平均分是3.9。其次,教师可以直接给档案袋所有内容打一个整体总分,如打4.5。这里与第一个步骤一样需要使用评价权重。评价权重可以由教师确定。例如,3.9的分数是五类内容的总分相加后求得的平均数,因而比4.5的整体评价分数更可信。所以教师需要对两者赋予不同的评价权重,其中前者是90%,后者是10%。当然,评价权重也可以让教师、学生和家长参与这一决定。在确定评价权重以后,教师就可以算出档案袋整体总分。

$3.9 \times 0.90 = 3.51$。

$4.5 \times 0.10 = 0.45$。

档案袋整体总分$= 3.51 + 0.45 = 3.96$

现在,3.96是运用档案袋法评价学生以后得到的数值。但这个数值还需要借助评价基准才能表明学生的进步或成就好到什么程度。这就需要给这个数值赋予意义。例如,给它赋予一个等级或分数区间。表4-9为档案袋整体总分的等级描述。

表4-9 档案袋整体总分的等级描述

等级的划分		描述	
90~100 分	A	优秀	表现突出
80~89 分	B	良好	十分满意
70~79 分	C	中等	满意
60~69 分	D	及格	不很满意
60 分以下	F	不及格	有待改进

假如使用五点评分量表，教师就可以将档案袋整体总分与等级对应起来，如表 4-10 所示。

表 4-10 档案袋整体总分与等级的对应关系

整体总分区间	等级
4.3～5.0	A（90～100 分）
3.5～4.2	B（80～89 分）
2.7～3.4	C（70～79 分）
1.9～2.6	D（60～69 分）
1.0～1.8	F（50～59 分）

如表 4-9 和表 4-10 所示，3.96 保留一位小数，取 4.0，处于"B"和"良好"等级，百分制等级分在 80～89，也可以用"十分满意"的评语表示。在计算档案袋整体总分之前，教师要将这些等级的划分方法及其意义确定下来，有助于减少评分过程的主观性。

第五章　学生评价过程

学生评价是一项技术性很强的工作。能否科学地组织评价，对评价结果的可靠性和有效性有着重要的影响。并且，学生评价与评价者及学生的关系密切。因此，学生评价的利益相关者，尤其是评价者和学生需要充分了解学生评价的一般过程。此外，要保证学生评价的顺利完成，各利益相关者还应该遵循学生评价过程中一些极为重要的价值原则。

第一节　学生评价的一般过程

学生评价过程中，除了做好各阶段的常规工作，还必须做好评价者和学生在各个阶段的心理调控工作。

一、学生评价的准备阶段

做好各项准备工作，是保证学生评价顺利实施和评价结果可靠性和有效性的前提。准备阶段主要就为什么要评价、谁来评价和评价什么等问题做充分准备。这一阶段主要包括组织准备、人员准备、方案准备以及心理准备。

（一）组织准备

组织准备包括在学校层面成立专门的评价领导小组，由校内负责教务和考务的部门组建一定形式的评价工作小组。具体组织工作可由学生所在班级的班主任、任课教师以及各个学科组承担。

（二）人员准备

人员准备包括组织评价者，尤其是教师学习教育评价理论和有关学生评价的政策文件，帮助评价者明确评价的目的、意义，树立起通过学生评价全面贯彻党和国家的教育方针、培养德智体美劳全面发展的社会主义建设者和接班人的评价理念，使评价者以高度的责任感和实事求是的科学态度认真负责地做好学生评价工作。同时应邀请有关专家，包括学生评价理论专家、教育与心理测量专家、学科教育专家，对评价者进行培训和指导。

（三）方案准备

在整个准备阶段，关键就是设计学生评价方案。学生评价方案是整个过程的计划和蓝图，是实施学生评价工作的基本工具。它是学生评价组织者根据学生评价的目的，遵循教育活动的基本原则，在学生评价实施前拟定的有关学生评价目的、内容、范围、方法、手段、程序和预期结果的纲领性文件。

1. 学生评价方案具有的特性

(1)以评价标准为核心

关于如何制定学生评价标准在第三章"学生评价标准"已有述及，此处不再赘述。制定学生评价标准是学生评价工作得以开展的前提条件。学生评价标准编制得科学、客观和有效，那么评价结果的信度和效度就高；反之，则会事倍功半。因此，学生评价标准在学生评价方案中处于核心位置。编制学生评价标准时，需要严格论证、专家指导、实验修正，最大限度提高学生评价标准的质量。

(2)以组织者、评价者和学生的接受程度为宗旨

学生评价的功能到底发挥得如何，在很大程度上是看评价结果是否客观、准确，使人信服。由于学生评价本质上是对学校教育价值进行判断的过程，因此把学生评价活动的组织者、评价者和学生的教育价值取向体现在学生评价方案中，能提高评价结果的客观性、准确性和使人信服的程度。可见，我们必须十分重视学生评价活动的组织者、评价者和学生对评价方案的接受程度。

(3)以评价程序的科学性、规范性和可操作性为根本

学生评价工作的科学性、规范性和可操作性是指评价活动所依据的理论以及评价过程中所采用的方法一定要科学，评价程序要规范，要按照预先设计好的程序进行，要能得出明确的结论。评价方案是学生评价工作的准备，它必须注重评价程序的科学性、规范性和可操作性，使依照评价方案实施的学生评价工作不仅具有较高的信度和效度，而且也能增强评价结果的可比性。

2. 学生评价方案的主要内容

(1)评价目的

不同目的的评价需要不同的评价标准和评价方法。因此，评价方案对学生评价的目的，即为什么而评价，必须有具体明了、准确无误的表述。比如，以了解学生的学习起点水平为目的的评价与以激发学生学习动机的评价，显然在评价标准和评价方法上是极不相同的。前者属于诊断性评价，采用的是诊断性评价标准；后者属于激励性评价，采用的是激励性评价标准。

(2)评价对象

评价对象是由专门学习活动促成的学生趋于向善的发展过程与结果。对其做全面评价还是仅仅做某一方面的评价；是评价过程还是评价结果，这些问题不解决，评价就无法进行。

(3)评价标准

评价标准具体包括评价指标、评价权重和评价基准。学生评价方案中还应有评价标准的背景描述等，使评价活动的组织者、评价者和学生都能准确理解和全面掌握评价标准，有利于评价方案的实施。

(4)组织实施

组织实施包括评价活动的组织形式和组织方法、评价者的基本素质要求和评价过程中评价活动的组织者、评价者和学生等必须共同遵守的纪律规定等。这是评价工作顺利进行的保证。

(5)评价方法

学生评价法可以采用测验法、问卷法、访谈法、观察法和档案袋法等。在评价过程中，对于相同的评价信息源，由于评价方法不同，所得到的评价信息可能不一样；由于评价方法不同，对于相同的信息，可能得出不同的结论。因此，我们应该事先明确评价信息的收集和处理方法，以确保评价结果的高信度和高效度。

(6)实施期限

学生评价是建立在事实判断基础上的价值判断，它的结论是学校教育价值的具体体现，所以具有较强的时效性，即评价结论只是在一定时间内有效。这就要求对现行评价方案应该规定有效期限，以保证评价结论的有效性。另外，评价指标具有很强的导向性。为了做出正确而有效的导向，对于导向性较强的评价指标，要根据具体情况进行调查、修改或补充，这也存在有效期限的问题。

(7)评价报告

所谓评价报告就是在学生评价工作完成以后，为了便于反馈、保存、检验评价信息和结论，而对评价过程、结论进行全面叙述和提出相关建议的报告。由于评价结论具有很强的时效性，评价报告不仅应该按时完成，而且完成时间应该有明确规定。

(8)评价报告的听取人

事先明确评价报告的听取人，便于及时反馈，使评价报告听取人，如学校领导、教育行政部门、家长和学生能及早做出决策和改进工作的计划，以提高评价工作的效率。

(9)预算

实施学生评价方案的过程中，需要一定的资金，这是保证方案实施的物质条件。我们需要通过预算来保证评价得以顺利进行的各种资源配置。

(四)心理准备

1. 评价者在准备阶段的心理现象与调控

(1)评价者在准备阶段的心理现象

一是角色心理。所谓角色心理是指人们在社会生活中，由于担负着一定的角色而形成的一种心理状态。在学生评价活动中，这种心理往往使评价者自觉或不自觉地以自己的身份和专门知识技能、自己的品质、爱好和特长去要求学生。如果评价者的要求与评价标准一致，就能对评价起积极作用；如果超过评价标准的要求，那就必然影响到评价的客观性。比如，在设计评价方案时，评价者容易从各自的职业、兴趣、特长出发，表现出不同的价值取向。最明显的是专家往往偏重评价方案的理论依据和科学性，而一线教育工作者则倾向于评价方案的实用性和可行性。

二是心理定势。所谓心理定势是指由一定的心理活动所形成的准备状态，影响或决定同类后继心理活动趋势的一种心理现象。它的积极方面反映了心理活动的稳定性和一致性；它的消极方面妨碍思维的灵活性。在评价准备工作中，个人往往按各自的心理定势表达自己的见解，不太注意分析具体情况，影响评价方案的客观性。

(2)评价者在准备阶段的心理调控

第一，把好评价者的选拔关。评价者应该具有良好的思想政治素养，品德高尚、实事求是、公道正派、不谋私利，有批评与自我批评的意识，有强烈的事业心和责任感，热爱评价工作。在业务上，评价者除应了解学生和专业知识外，还应具备一定的学生评价理论、方法和技术。评价者群体内部结构上，要注意包括各方面的代表，既要有评价工作顺利开展所需的各种专业评价者，又要注意保证评价者的数量达到评价的要求。

第二，做好评价者的培训工作。一是要对评价者进行针对学生评价的专业道德、政策法规、规章制度、保密约定以及公正、公平等原则的教育。二是要对评价者进行评价技能和方法的培训，使他们掌握必要的学生评价标准编制技术、学生评价方法，了解各种评价方法的适用范围。

2. 学生在准备阶段的心理现象与调控

(1)学生在准备阶段的心理现象

一是自我怀疑心理。所谓自我怀疑心理就是指学生在自我评价中怀疑自己的评价与他人的评价是否相符而产生的一种心理状态。这种状态可能对自我评价产生消极影响。具体表现为：第一，过低自我评价。学生唯恐自我评价高于他人评价，于是以较低水平评价自己。第二，模糊自我评价。为避免自我评价和他人评价的正面矛盾冲突，于是学生采用概括化的定性描述，运用含糊的词语给出评价判断。第三，过高自我评价。学生认为自我评价是基础，他人评价走过场，因而企图以自我评价结论引导他人也做出过高评价结论。

二是受审心理。学生在接受他人评价之前，往往产生被动接受审查的评价心理，特别是那些年纪较小的学生更是如此。受审心理是一种被动心理，它对评价的影响也是消极的。这种消极的影响具体表现为：自我评价草率，等待他人评价一锤定音；对评价要求领会不全面，材料准备不充分或者杂乱无章；忙于准备表面工作，以求形式上给评价者留下"好印象"等。

(2)学生在准备阶段的心理调控

首先，在学生评价工作开展前，评价者应该认真地做好宣传和沟通工作，讲清评价的目的、意义和积极作用，消除学生的思想顾虑，让学生克服受审心理或消极心态。其次，在学生评价方案制定时，评价者要充分遵循民主原则，听取学生的意见和建议，使学生增强主人翁意识，积极主动参与评价工作。再次，评价者要让学生了解评价的日程安排和工作程序，提高评价工作的透明度，以便使学生能做好充分的准备，积极配合，使评价工作顺利地按计划实施。最后，评价者还要引导学生正确评价自己。正确的自我评价对个人的心理和行为表现以及协调人际关系均具有重要影响。自我评价与他人评价如果差距过大，会使个体和他人关系失衡，产生矛盾。长此以往就会形成稳定的心理特征——自满或自卑，从而引发种种心理误差。心理学研究表明，人们的自我评价往往高于别人对自己的评价。自我评价过高，就容易因为他人评价的结果未能符合自己的期望而引发挫折感和失落感。同时，自我评价过高者对挫折的忍受力也往往较低。相反，自我评价过低，是缺乏自信心的表现。长期发展会形成自卑感，处处谨小慎微，缺乏朝气和进取心。因此，学生实事求是地进行自我评价能起到调整心态的作用，从而减少种种不必要的、消极的心理状态。

二、学生评价的实施阶段

学生评价的实施阶段是实际进行评价活动的阶段。它是整个学生评价活动的中心环节，也是学生评价组织管理工作的重点。实施阶段的主要任务是，运用各种学生评价方法和技术，收集各种评价信息，并在整理各种评价信息做出事实判断的基础上，再做出价值判断；同时对评价者和学生的心理进行调控，以保证评价工作的顺利进行。

(一)具体实施

1. 预评价

为了使学生评价工作能顺利进行，最好在正式评价之前，先选择一部分学生进行预评价，以便取得经验，并进一步完善评价方案。教师等评价者可以进行预评价，学生可以进行以自我评价为主的预评价。后者更有利于调动学生的积极性，促使他们自主寻找问题并加以改进。

2. 正式评价

这是实施阶段的一个重要步骤。做好这一步工作的关键在于与学生的密切配合，要求他们不仅做到实事求是地全面提供各种信息，而且还要求组织者为评价者提供有利的工作环境。同时，组织者和评价者要注意加强监督、检查，防止和杜绝各种弄虚作假和不良行为发生。

(1)收集评价信息

收集评价信息是学生评价的基础性工作。评价信息是进行评价的客观依据，是做出科学结论的必要条件。评价信息收集得越多、越全面、越允分，就越能使评价结果准确合理，越具有客观性、科学性。因此，收集评价信息应注意到评价信息的全面性，要保证评价信息的准确性。评价信息的收集一般分组进行，然后把从不同途径获取的信息进行归纳汇总。

(2)整理评价信息

整理评价信息主要是指对评价信息的全面性、准确性、适应性以及收集资料方法的可靠性反复加以核实，将收集到的全部评价信息进行检查、分类和保存，以便于使用。整理评价信息的步骤包括：第一，归类。将收集到的评价信息汇总后初步进行分类。第二，审核。将归类的评价信息逐一核实，进行去伪存真、去粗取精的鉴别和筛选，对缺失的评价信息要设法及时补充。第三，建档。将审核后的评价信息，根据评价指标体系，分门别类地放到不同的文件夹。文件夹名称需编号建档，为评价奠定基础。

(3)解读评价信息

这是实施阶段的核心工作。前面的信息收集、整理工作都是为解读评价信息服务的。解读评价信息就是运用定性和定量的方法解读评价信息，将学生在各项评价指标中呈现出来的特征运用数学、文字、图像或其他方式予以解读。具体步骤如下。

第一，明确掌握评价标准和具体要求。

第二，评价者对学生的实际学习表现给予相应分数、等级或定性描述。

第三，评价工作领导小组对评价者的测量或观察结果进行认定、复核；并对其实际操作情况、评价工作的态度和表现、评价标准把握的宽严程度等进行集体小结和评议，填写评价材料。

第四，评价工作领导小组对评价者的评价工作逐一进行审核。

第五，信息和数据解读人员处理评价信息，并将解读结果报告评价工作领导小组，同时反馈给评价者。

（4）做出综合评价

做出综合评价就是运用教育学、统计学和数学等有关理论和方法，将分项评价的结果汇总成综合评价结果。这是实施阶段的最后一项工作。它要求学生评价的组织者，根据汇总的评价结果，对学生做出准确、客观、定量或定性的评价结论，形成评价意见。必要时可对学生打分或做出优良程度的等级区分，又或者做出是否达到应有标准的判定。

（二）评价者和学生在实施阶段的心理现象与调控

1. 评价者在实施阶段的心理现象与调控

（1）评价者在实施阶段的心理现象

一是首因效应。首因效应是指评价者对收集到的评价信息最先形成的印象，影响评价者对学生及其学习表现或结果的全面了解的心理现象。首因效应有"先入为主"的强烈印象，故又称第一印象效应。在学生评价中，首因效应在一定程度上影响评价者对学生的准确评价。比如，教师给学生改试卷或作业。两个学生做对的题目和做错的题数目相等，其中一个学生开头做对的题较多，教师有了较好的第一印象，可能总的评分偏高；另一位学生开头做错的题目较多，教师有了较差的第一印象，可能总的评分偏低。又如一位开始表现不好的学生，教师可能因为首因效应而看不见其细微进步。首因是强刺激，但最先留下的印象未必是主要的、本质的，甚至有时还存在种种假象。这是评价者在评价初期需要关心留意的问题。

二是近因效应。近因效应是指最近获得的评价信息对认知产生的影响。评价者对最近获得的评价信息会有清晰的印象。其作用往往会冲淡过去所获得的印象。因此，评价者应当注意全面地看问题，不能因为学生近期的学习表现或结果不佳，又或者近期的学习表现或结果突出，而影响对其正确评价，从而引起前松后紧或前紧后松的评价偏差。

三是晕轮效应。晕轮效应又称为光环效应，它是指评价者对学生的某些特征具有强烈印象。这种印象会弥散到其他方面，形成总体印象。这是一种十分常见的认知偏差。晕轮效应的特点是以偏概全、以点概面，以表面的知觉代替深入了解和分析。晕轮效应往往出现在对人了解不多、认识肤浅的阶段。它有两种表现：一是以好概差，对印象好的学生，爱屋及乌。二是以差概好，对印象不好的学生，有某一方面缺点便否定其所有优点，近乎贴标签。

四是参照效应。参照效应又称为对比效应，它是指评价者对某些学生的评价影响到其对另一些学生的评价。当不同学生的某一特征形成强烈反差时，参照效应最容易产生。"相形见绌""鹤立鸡群"是参照效应的形象写照。比如，在评阅试卷（尤其是主观题）时，评阅者之前批阅的一些试卷的回答均不理想。当评阅到一份回答得较好的试卷时，评阅者就容易给出较高的评分。反之，如果以前批阅的一些试卷的回答均很满意，当评阅到一份回答得稍差的试卷时，评分就容易偏低。参照效应使评价者偏离了统一的评价标准，造成评分忽紧忽松的现象。

五是理想效应。理想效应是指评价者对学生所持有的完美的先期印象，导致对学生评价过低的现象，故又称求全效应。金无足赤，人无完人。才能越强的人，其缺点往往越明显。由于评价者先前持有理想化的印象，在实际评价中往往会对学生求全责备。学生一些不甚重要的缺点也容易引起评价者的评价偏差，造成较低的评价。理想效应的偏差同样是以个人的预设期望代替了客观、统一的评价标准。

六是趋中效应。趋中效应是指评价者在评价时避免使用极值，大多取中间值，如一般、较好等的现象。产生趋中效应的原因主要有：评价者唯恐判断失误，影响自己的声望；采用不偏不倚的中庸态度最为保险；给予中间水平的评价结论较省事，因为较高或较低的评价结论都要提出比较充分的理由。趋中效应掩盖了客观存在的差异，使评价失去实际意义和激励作用。

七是逻辑错误。逻辑错误是指评价者根据学生的某一特征来推断其他无必然联系的特征。逻辑错误的表现在日常生活中也随时可见，如知道某人比较聪明，便推断他富有想象力、机敏、深思熟虑等；了解某人处事较为轻率，就推断他急躁，做事不踏实稳重等。又如，认为学习成绩好的学生道德品质也一定好，喜欢体育运动的学生一般来说学习成绩不好。逻辑错误是思维定势的结果，是用简单的方式看待事物的多样化联系。评价者应深入了解学生各方面的实际表现，而不能凭经验做出想当然的判断结论。

（2）评价者在实施阶段的心理调控

第一，制定统一的操作方法。评价者通过制定统一的操作方法，如制定共同的取样方法、共同的记录方式、共同的计分方法等，以避免由于心理压力、外部干扰、取样不公、自然遗忘等原因造成的评价偏差。

第二，加强对评价过程的管理和监督。加强对评价过程的管理包括两个方面：一方面要建立健全规章制度，强化对评价的监督机制，加强对评价过程各个重要环节的监督。比如，经常检查评价的进展、讨论重大的倾向性问题，及时了解学生的反应，以便使评价心理调控有组织和制度上的保证。另一方面又要及时了解评价者和学生的思想动态、情绪反应，做好疏导和教育工作。评价过程中采取有针对性的措施，可以预防某些评价偏差的出现。即使出现评价偏差也能及时纠正，或控制其影响的范围。

2. 学生在实施阶段的心理现象与调控

(1)学生在实施阶段的心理现象

一是自卫心理。自卫心理是指学生在接受他人评价过程中产生的一种为保护自己免遭外界干扰、力图维持原有平衡状态的心理倾向。自卫心理一般表现为以下方面。其一，反抗。即当听到涉及自身缺点的评价就心情压抑，企图否认这些缺点。其二，开脱。比如，编造理由为自己辩解，推卸责任以减轻内疚，文过饰非以维护自尊等。其三，回避。比如，避重就轻、避主观内因推客观外因，甚至借故逃离评价现场等。这是一种预感评价结论对自己不利而采取的本能行为。其四，掩盖。比如，抽象肯定，具体否定，大事化小，小事化了，掩盖弱点等。

二是应付心理。应付心理是指学生不乐意接受评价而表现出随意应付的不正常评价心理。具体表现为自我评价马虎草率，计划不周，敷衍了事，拖拉搪塞。学生的应付态度容易引起评价者的不满情绪，或让评价者出现疲劳、烦躁现象，影响评价工作的质量。当然，一般来说，由于评价对学生具有重要的影响，因此现实中应付心理并不常见。

三是逆反心理。逆反心理是指学生在评价过程中采取对抗或抵制的态度，这是一种反常的现象。一旦出现，评价者应当及时检查自己的工作。事实表明，逆反心理常常是由评价者独断专行、人际关系紧张等引起的。

四是迎合心理。迎合心理是指学生在不正确的思想支配下，为了获得不合实际的好结论而表现出反常的积极配合的心理状态。具体表现为学生处处营造积极气氛和外部环境，试图让评价者受到情绪感染，发生移情，做出有利的评价结论。迎合心理在现实中经常可以见到，有时还会形成一种不良的风气。评价者应高度重视，不要在"迎合"的氛围中，放弃原则，偏离方向。

(2)学生在实施阶段的心理调控

第一，在评价实施中创造良好的评价氛围。评价实施的环境和气氛对学生的情绪和态度会产生直接的影响。因此，在评价中，评价者平等待人、虚怀若谷的行为，与人为善的作风，严谨而实事求是的科学态度，坚持原则、不徇私情、公正客观的立场等都有利于消除学生的思想顾虑。此外，评价者与学生应就评价过程存在的问题经常进行交流，了解学生的思想动态，及时而有针对性地纠正学生可能出现的心理偏差。

第二，采用多种评价形式，控制评价偏差。评价态度和评价方式的结合可以产生多种评价形态。以评价的肯定和否定界限来划分，可分为正评价和负评价；以评价的态度为主划分，有期望型、激励型、公正型、偏见型、偏激型等。在以上评价形态中，显然要摒弃偏见型和偏激型。其他评价形态各有利弊，应给予合理安排，以免产生不良的评价偏差。

三、学生评价的反馈阶段

学生评价过程的第三个阶段是对评价结果进行反馈。这一阶段的工作质量和效果直接关系到学生评价功能的发挥，关系到评价目标的达成。这里所说的学生评价结果有两层含义：一是对学生的各种结论性意见；二是对实施评价方案情况的总结性意见。评价结果的反馈就是对以上两方面结果的反馈。同时，这一阶段也要十分注意对评价者和学生的心理调控，使评价功能得以充分发挥，圆满实现评价目的。具体来说，这一阶段包括以下三个环节。

（一）评价结果的反馈

1. 评价结果的检验

评价结果的检验，一方面要检查评价程序的每个步骤，视其是否全面、准确地实施了评价方案；另一方面要运用统计检验方法，对评价结果进行检验。

2. 分析诊断问题

为充分解读评价结果，有效促进学生评价各项功能的实现，我们还需要对评价信息进行细致分析，并对学生发展水平的具体状况进行系统评论，帮助教师和学生发现教学与学习存在的问题及成因。

3. 撰写评价报告

评价报告框架一般包括三大部分，即封面、正文和附件。封面提供下列信息：评价方案的题目、评价者的姓名、评价报告听取人的姓名、评价方案实施和完成时间、呈送报告的日期。正文的内容主要有：①概要。它是对评价报告的简要综述，解释为什么要进行评价，并且可列举主要结论和建议。②评价方案的背景信息。它着重介绍评价方案是如何产生的，重点叙述评价标准的编制过程及其理论依据。③评价方案实施过程的描述。它主要叙述评价过程，即收集信息和处理信息的过程等。④结果及结果分析。它介绍各种收集的、与评价有关的信息，包括数据和记录的事件、证据等，以及处理这些信息所得到的结果。⑤结论与建议。它聚焦于对评价结果进行推断，得出结论，提出建议。

4. 反馈评价结果

反馈评价结果是指把评价结果返回给学生和其他评价听取人，以引导、激励学生不断改进，完善自己，同时为上级教育行政部门提供决策依据。反馈评价结果的方式有多种，如个别交谈、汇报会、座谈会、书面报告等。评价者可从实际出发，根据不同情况采用适当的方式。在反馈评价结果时，评价者必须实事求是，充分肯定成绩，指出存在的问题，提出改进的建议；通过反馈评价结果，发挥评价的功能。

5. 总结评价工作

对评价工作本身的总结是提高评价工作水平与质量的必要步骤和措施。评价工作的总结实质上是对学生评价的再评价，是按照一定标准，对学生评价方案、学生评价结果和形成结果的过程进行分析，从而对学生评价工作的得失做出判断。这是对学生评价的科学性、有效性和可行性等进行评价。其作用在于促进学生评价规范化，完善学生评价活动，提高学生评价质量，并为后续的学生评价积累经验。评价工作的总结还包括对评价工作的计划管理、组织管理、过程管理、质量管理等方面的分析和评价。

6. 建立评价档案

评价者将学生评价过程中的各项文件、计划、方案、数据和总结，建立档案，并建立学生评价档案管理制度。由专人妥善保管档案，以备查阅和研究使用。

(二)评价者在反馈阶段的心理现象和调控

1. 评价者在反馈阶段的心理现象

(1)类群关系

类群关系是指评价者和学生属于同一类别或同一群体，如同行、同事、同学之类的关系。一般来说，由于所处的地位和环境比较接近，评价者和学生之间会有较强的相互理解基础。但处理不当的话，也会产生一些评价偏差。一方面，在竞争激烈的情境中，类群关系容易产生相互贬低、吹毛求疵的现象；另一方面，类群关系也可能产生相互褒奖的现象。这两种倾向都可能影响评价的公平，是评价者必须注意避免的。

(2)亲疏效应

亲疏效应是指评价者与学生之间的亲近和疏远影响到评价的公平与客观。亲疏效应常常因心理相容或相悖而产生，带有较多情感因素。一般来说，对亲近者或心理相容者容易看到长处，并给予偏高的评价；而对于疏远者或心理相悖者则容易看到缺点，给予偏低的评价。当然，有时评价者为了避嫌，也会采用严于亲而宽于疏的矫枉过正的做法。这种做法可以理解，但不宜提倡。正确的评价应当实事求是，既不护短，也能举贤不避亲。

(3)从众心理

个体在规范压力(不合群、标新立异)和信息压力(信息来自他人)下，放弃个人意见，顺从群体的行为。从众心理是个人为维护良好的人际关系，避免与群体发生冲突，增强自身安全感的一种心理状态。其典型表现为：随波逐流、人云亦云。从众心理和服从心理不同，从众心理中自愿成分较多，而服从心理中则有较多的强制性因素。从众心理的普遍存在，对评价者的个人素质提出了较高要求。评价者既要具有学生评价所需的专业水平，又要有良好的心理素质。评价者应善于独立思考、敢于坚持真理，不轻易放弃经过本人深思熟虑的、有事实做依据的看法。

（4）威望效应

威望效应是指评价小组内有威望者的态度对他人观点的形成所产生的巨大影响。威望效应与从众心理的不同之处在于，从众是顺从群体的意见，威望效应则是顺从权威的意见。但两者也有共同之处，即评价者在评价共同体内都未能坚持自己的看法，而顺从了他人的观点。由于具有威望者往往是学术方面的权威，或是处于某种领导地位，因此他们的意见具有一言九鼎的力量。学生评价追求客观公平，评价者应当在自己所掌握的实际材料的基础上做出自己的判断。评价者可以对不同意见展开深入讨论，应当相信客观和公平在讨论过程中会得到有效保证。

（5）本位心理

本位心理是指评价者在评价中坚持突出本专业领域的利益和价值观，缺乏全局观念的倾向。评价小组常常由各方面代表组成。在进行选拔性评价或综合评价时，不同利益立场的评价者之间的冲突就更加突出，各方都会自觉或不自觉地强调自己观点和立场的重要性和特殊性，坚持己见，互不让步。本位心理不但会影响评价的客观和公平，甚至还会影响评价小组内部的团结和合作，需要认真对待。

（6）刻板印象

刻板印象也称为模式效应。它是指对学生群体的既有印象影响到评价者做出正确的判断。这是一种心理定势，即评价者头脑中存在对某一类人的经验性固有印象，将学生有意或无意地归入一定的类别，并依据固有的印象进行判断。刻板印象的特点是以对群体固有的经验模式去解释特定的事物或现象，用对接受评价群体的整体印象代替对个体具体特征的认识和评价。刻板印象违背了具体情况具体分析和因人而异的原则，试图以共性来推断个性，从而使评价偏离了实际。

2. 评价者在反馈阶段的心理调控

（1）加强评价结果反馈的管理和监督

这一阶段的主要工作是要注意审核验收，做好学生评价的再评价；同时提高评价者的重视程度，让评价者自觉进行自我调控，不断总结经验，不断提高评价质量。

（2）通过考核进一步提高评价者的素质

评价组织者通过审查评价报告和评价工作总结，对那些评价水平不高、心理素质不好、又不愿改进的评价者应采取适当的方式予以更换；对故意扰乱评价工作顺利开展的人员应坚决按照有关规定予以严肃查处。

(三)学生在反馈阶段的心理现象与调控

1. 学生在反馈阶段的心理现象

(1)敏感心理行为

敏感心理行为是指学生过分看重评价结论而表现出来的患得患失的行为。应当说，关心评价结论是十分正常的心理现象，但过于在乎则无疑是一种评价偏差。敏感心理行为有各种表现，如对关系到自我形象的名次或分数极其敏感，对关系到自己切身利益的因素极其敏感。当评价结果对自身不利时，他们往往产生心理失衡，明显的症状包括紧张、失眠甚至抑郁等。具有这种心理的学生无法把评价视为正常的对自身学习表现的考查，而是把评价结果好坏本身视为学习的唯一目的。一旦评价结果不如预期，他们的心理压力就会陡增，仿佛生活失去了全部的意义。如此，学生势必会忽视对评价结果背后原因进行冷静分析和反思，总结经验和教训加以改进。

(2)自我安慰行为

自我安慰行为是指学生为自己的不佳表现寻找种种理由进行辩解、开脱，进行自我安慰。这是一种妥协性自我防御的心理机制。它又有两种主要的表现。一是"酸葡萄"式自我安慰。学生得不到自己所期望的评价结果，就故意贬低自己原来设定的追求目标及其价值，甚至公开否认自己的目标和价值。二是"甜柠檬"式自我安慰。学生对自己所获得的评价结果，内心并不认可，但表面上却表示满意。

(3)推诿责任

推诿责任是指学生得到不如预期的评价结果时，不是从自身的缺点、不足方面加以分析，而是把责任归结为客观原因或他人的原因，埋怨他人，以减轻自己的焦虑和不安。这是一种文过饰非的行为，是消极的自我防御心理机制。推诿责任的行为会引起人际矛盾和冲突，评价者必须密切留意。

(4)否定评价

否定评价是指学生在得到不如预期的评价结果时，不是从自身的缺点、不足方面加以分析，而是怀疑评价本身不科学，责备评价不民主、不公平，对评价的标准、方法、工具、过程、结果等方面持否定态度。否定评价是一种极其消极的自我防御心理机制。学生完全根据自己的情绪，对评价持非理智的抵制和排斥态度，并有可能发展成为针对评价的逆反心理。否定评价现象的出现，一般有两种原因。一是评价工作本身确实存在失误；二是学生不能正确对待评价结果而做出过激反应。如属前者，评价者应及时纠正工作失误；如属后者，评价者应当对持否定评价心理的学生进行解释、批评和教育。

2. 学生在反馈阶段的心理调控

(1)评价结果反馈方式应讲求艺术

学生评价的基本目的是真正实现学生在身心方面的向善发展。而学生又是处于未成熟或半成熟状态的社会角色，因此评价结果的反馈务必讲求艺术。只有学生认识到评价结果是客观、公平的，他们才能心悦诚服地接受评价结果，进而认真总结成功的经验或失败的教训，使自己后续的学习更有效率。

评价者在反馈评价结果时，应以一种平等和蔼的态度，采用交换意见的方式进行双向沟通。评价者应当允许学生发表不同的看法，甚至进行申辩，营造良好的气氛，使学生具有参与感。双向沟通能使评价者针对学生反馈的意见、态度，进行及时的解释和疏导，通过摆事实、讲道理，使学生转变情感、态度，从而接受评价结果。对于不同性质的评价结果应当采用不同的反馈方式，如一些共性的结论或倾向性的问题可以采用座谈会的方式公开报告；而对一些个性的、较为敏感的评价结果则采取个别反馈方式最为适宜。

事实表明，对不同气质、性格的学生采取不同的反馈方式也是一种较为有效的做法。比如，对外向型或理智型的学生一般可提供直接而坦率的反馈，指出其主要的优缺点，并讲清理由；而对内向型或情绪型的学生则采取间接反馈，循循善诱。

(2)引导学生进行正确的归因

在反馈过程中，评价者还要做好深入细致的思想工作，引导学生正确对待评价结果，做出合理的归因，把评价作为改进和提高的重要手段。归因是指人们对他人或自己的所作所为进行分析，推理或解释其原因的过程。韦纳(Weiner)等人认为，人们在解释成功和失败时经常会归因为四种主要原因，即能力、努力、任务难度和机遇(包括各种其他的外部因素)。[①] 不同类型的人会对工作的成败做出不同的归因。具有内部控制特征的人常常认为，工作的结果主要由自身因素(能力或努力)所决定；而具有外部控制特征的人则常常认为，工作的结果主要由外界因素(任务难度或机遇等)所决定。

研究表明，追求成功的人常常把成功归因于自己能力强(内在稳定因素)，把失败归因于自己不够努力(内在可控的不稳定因素)。相反，避免失败的人往往把成功归因于运气(外在不可控的不稳定因素)、任务容易(外在的稳定因素)，把失败归因于自己能力差。因此，评价者应当引导学生在归因时主要从

---

① E. E. Jones，D. E. Kanouse，& H. H. Kelley，et al.，*Attribution：Perceiving the Causes of Behavior*，Morristown，NJ，General Learning Press，1972，p. 96.

自身找原因，不宜过分强调外在的因素。对于评价结果不佳的学生，评价者尤其应当引导他们多归因于努力这一可改变的内部因素，以激励其不断改进自己的学习。

第二节 学生评价过程遵循的价值原则

学生评价在实施过程中往往涉及学生的切身利益，而且也会对其他利益相关者如校长、教师、家长造成影响。为了保障学生评价所涉利益相关者的利益，学生评价过程需要遵循基本的价值原则，包括民主原则和公平原则。

一、学生评价的民主原则

随着教育改革逐步深入制度层面，学生评价改革逐渐成为焦点。各地在学生评价方面出台了不少措施，致力于通过学生评价进一步促进学生发展。以"三好学生"评选为例，在原有的"三好学生"制度下，评价权力集中在学校和教师手中，评价过程注重层层选拔，而最后只有少数学生受到表彰。有些学生、家长认为，这样的学生评价方式缺乏民主。首先，评选标准只顾及少数优等生，而忽略了大量"一般"的学生；其次，评选权力集中在少数人手中，容易造成不正当的利益交换；最后，评选过程不公开、不透明，人们无从知晓评选结果到底是如何产生的。为此，不少地方对"三好学生"评选制度进行了改革。

然而，改革进程中仍然出现了一些不和谐的声音。例如，有的学校为使学生评价更为民主而通过竞选方式评选"三好学生"。每班首先推举出一些公认的好学生，选出来的好学生把自己制作的简历贴到主席台前的展板上，由学生投票。所有好学生都是按照学生自己的评价标准竞选产生，如"学习好""多才多艺"等。对于这种评价方式，教师和家长产生了两种截然不同的认识。支持者认为，通过竞选不但能使学生评价民主化，而且也起到培养学生民主意识的作用。反对者则认为，把成人世界的民主观念带到学生评价中，其结果是好是坏，尚难以断定。如果学生通过给同学好处等不正当方式拉票，学生评价对学生发展就会起到反作用。无疑，有些学生评价改革措施均涉及学生评价民主的某一侧面，但对学生评价民主的内涵仍缺乏全面而深入的把握。就学生评价改革而言，要实现学生评价民主，首先需要澄清到底什么是学生评价中的民主，或者说，学生评价到底需要什么样的民主哲学。

(一)学生评价过程中的民主问题

在英文语境当中，学生评价所使用的"评价"是"assessment"。从词源学上讲，"assess"源于拉丁文"assidere"，意为坐在某人旁边帮助其从事某项工作。引申到学生评价领域，则可以理解为教师坐在学生旁边帮助其学习。这一原初意义无疑暗示了教师与学生在评价活动中处于平等地位，双方通过合作的关系从而共享教与学的经验。

　　然而，如果功利主义等价值取向在学生评价领域日益成为主流，甚至占据着统治地位，民主的意蕴逐渐被各种权威的观念遮蔽，使评价为利益关系所异化的可能性变得越发明显。[①] 从自身利益出发，在学生评价领域中，拥有评价权力者可以操控评价程序和评价结果，使其符合自己的利益需要，由此造成了评价权力的失衡现象。要改变学生评价实践中的权力失衡状况，就需要采用民主的方式来保证学生评价中处境不利群体的权利。具体到学生评价过程中的民主，不难发现，其内涵就是如何制衡对学生进行评价者的权力，以保护作为接受评价者的学生的正当权利不因为评价中的权力失衡现象而受到损害。

　　豪斯（House）和豪（Howe）提出下列十个问题作为判断一项评价是否民主的标准：体现谁的利益？是否体现主要利害关系人的利益？有没有主要利害关系人遭到排除？有严重的权力失衡吗？有方法控制失衡吗？人们如何参与评估？他们参与的真实程度如何？互动的密切程度如何？有反省性的审议吗？如何使审议深思熟虑和扩展延伸？[②] 这十个问题大致可以归结为"评价什么"（what）、"谁来评价"（who）、"怎样评价"（how），即"评价标准选择""评价权力分配""评价程序制定"三方面。这三方面是落实学生评价民主原则的关键。

（二）关于学生评价标准的民主

　　如何选择评价标准，是学生评价民主的第一层含义。学生评价所依据的评价标准限定了三方面的内容，即"用什么来评价学生的学习表现或成就"，"选择学生哪些方面的学习表现或成就作为评价对象"，"如何评价学生学习表现或成就所达到的水平"。制定符合全体学生发展需要的评价标准是学生评价民主化的前提条件。

　　"用什么来评价学生的学习表现或成就"即确定评价内容。一般而言，学生评价内容着重围绕学科课程进行划分。评价内容主要包括学科课程标准当中的课程目标或内容标准以及由此推导而来的学业评价的具体内容。换言之，学生评价的内容被等同为各门学科课程的学习内容。所以，按照这种评价内容，好学生自然就是学习好的学生。根据不同学科课程选择的评价内容，其背后隐含着一种"学科规训"的意味。学科规训从来都负载着教育上难解的谜团，也就是既要生产及传授最佳的知识，又需要建立一个权力结构，以期可以控制学习者

---

　　① 龚孝华：《教育评价中管理主义、功利主义、科学主义倾向及其批判》，载《内蒙古师范大学学报（教育科学版）》，2008(7)。

　　② ［美］Daniel L. Stufflebean、［美］George F. Madaus、［美］Thomas Kellagham：《评估模型》，苏锦丽等译，482 页，北京，北京大学出版社，2007。

及令该种知识有效地被内化。"①就评价内容的选择者而言，他们期望学生在特定的学科领域方面发生预期的变化，这就需要将学科知识内化到学生自身的知识结构中。所以评价内容对学生来说具有明显的"给定性"特征。学生只有在规定的评价内容方面表现优异，才有可能在学生评价中获得好评。

"选择学生哪些方面的学习表现或成就作为评价对象"即确定评价所指向的学生学习表现或成就。以往的学生评价主要关注学生在"德、智、体"三方面的发展状况。然而，由于主要以学科课程为评价内容，因此学生评价常常只看重学生的智力表现，形成一种学生评价标准上的重智主义（intellectualism）取向。虽然对学生智力表现的重视被提高到一个前所未有的境地，但对于智育应具体培养学生哪些能力品质，却一直未有定论。以至于相应的学生评价一方面向评价学生的智力发展倾斜，另一方面又将智力发展理解为语言和数学等学科课程知识的掌握。依据这种评价标准进行的过度评价，造成了学生巨大的学业负担和考试压力，而且严重偏离了学校教育的正常轨道。

"如何评价学生学习表现或成就所达到的水平"即确定学生学习表现或成就的优异程度。以往的评价标准主要以量化的评分标准确定学生的学习成就水平。这种标准预设所有接受评价的学生在某一方面具有"同质性"，他们的差异只是程度上的差异（量的差异），而并非性质上的差异（质的差异）。因此，同一种评价标准能够普遍运用到所有学生身上。它在看到学生身上"同质性"的同时，却忽略了"异质性"的存在。

无论是"给定性""重智主义"还是"同质性"，其根源实质上在于学生评价标准的一元化。一元的评价标准无视学生之间存在的差异，试图通过给定的评价内容来评价学生的学习表现，尤其是智力表现。这不仅限制了学生最大限度地发挥自身的天赋，同时也损害了处于不利地位学生的发展权利。因此，学生评价民主意味着在评价标准选择上必须实现从一元标准到多元标准的转变。

首先，评价内容上应从以往的"给定性"转向"可选择性"。所谓"可选择性"具有两层含义："一是受教育者（包括家庭）具有自主选择教育——何种类型的学校、何种类型的课程以及何种类型的教师等——的权利和机会；二是教育制度尤其是学制本身具有可选择的特征——为受教育者（包括家庭）在不同的阶段提供尽量多样的发展可能性，在制度的多个阶段上，以及在同一阶段的不同方向上为受教育者（包括家庭）提供多种可选择的机会和发展的可能性。"②从学生

---

① ［美］华勒斯坦：《学科·知识·权力》，刘健芝等译，79 页，北京，生活·读书·新知三联书店，1999。

② 刘复兴：《教育政策的价值分析》，128 页，北京，教育科学出版社，2003。

评价角度来看，当前的评价内容不应局限于学科课程内容，而应将评价内容扩展到家庭与社会。比如，某些学校的"新三好学生"评选，不仅有"好学生"的评价内容，同时也包括"好孩子""好公民"的评价内容。这就将学生在家庭、社会中的发展可能性也纳入评价之中，让学生可以选择不同维度的评价内容作为自己的发展方向。

其次，评价学生学习表现方面应从重智主义转向重视学生不同的学习表现。加德纳提出多元智力理论后，人们对学生的学习表现开始有了新的理解和认识。以往只重视对学生语言和数理逻辑能力的考核，事实上却忽视了他们在音乐、运动、空间、人际关系、自我认识、自然观察等方面的发展状况。每个学生在学习表现上的长处与短处是不一样的，学习的起点和途径也是不同的。这就意味着他们在学习中会有不同的学习表现。多元智力理论的提出，拓宽了学生评价标准对学生学习表现的选择范围，为学生发展的多样性提供了理论依据。

最后，对学生学习成就的判断应从"求同"转向"求异"。对学生学习成就的评价只看"分数"是以往学生评价经常为人诟病的。随着现代教育评价理论的进步，除了量化评价标准之外，质性评价标准也越来越得到广泛采用，如"真实性评价"等评价方法所蕴含的评价标准。它们使学生不再因单一的评价标准而成为"单向度的人"，而是在不同评价标准之下尽可能表现出自己的长处，从而保证了学生发展的多样可能性。

(三)关于学生评价权力的民主

如何分配评价权力，是学生评价民主的第二层含义。对接受评价的学生而言，任何形式的评价都必然和他们的切身利益紧密相连。无论是高风险的总结性评价，还是低风险的过程性评价，都将对评价所涉及的人员、组织带来巨大影响。因此，在学生评价中如何处理好不同的权力和利益关系，就成为学生评价民主的重要课题。

从发生学的角度看，民主最早就是人类在生产和生活中组织集体活动的一种决策方式。在原始社会，氏族的重大事务通常是由氏族内部的相关成员以面对面商讨的方式进行集体决策的，又称为"大树底下的民主"[1]。如果将学生评价项目所涉及的成员也视为大树底下应有一席之地者，那么接受评价者无疑也是其中的一分子。"民主是一种社会管理体制，在该体制中社会成员大体上能直接或间接地参与或可以参与影响全体成员的决策。"[2]然而，现实的学生评价

---

① 张凤阳等：《政治哲学关键词》，51页，南京，江苏人民出版社，2014。

② [美]科恩：《论民主》，聂崇信、朱秀贤译，10页，北京，商务印书馆，1988。

中还存在这样的现象：将评价活动中的人仅仅简化成作为评价者的教育管理人员或教师与作为接受评价者的学生，双方是主动与被动、积极与消极的关系。在整个评价过程中，何者有价值，何者没有价值都由前者来判定。

埃贡·G. 古巴（Egon G. Guba）和冯娜·S. 林肯（Yvonna S. Lincoln）在论述第四代评价理论时，就对这种"忽视价值的多元性"倾向进行了批判：近20年来，人们终于逐渐意识到"社会在根本上是价值多元性的"。这种多元性团深刻反映在人们的生活中，反映在人们对待许多具体的问题上。由于价值多元性的存在，人们常常要问，"这一教育评价是谁做的？""为谁做的评价？"因此，接受评价者如果采取不合作态度，"客观的"评价结果也就难以被具有其他文化背景和其他价值观念的人接受。于是，希望通过评价来改进课程、教学、教育的期望就会落空。① 后来，学生评价的模式出现了一种以权力集中在少部分人手上为主的倾向。"学校管理走向制度化、专业化，渐渐建立起一个管理阶层。"②这种集权模式一方面排除了多数利益相关者对评价的发言权，另一方面也导致评价者与接受评价者应有的平等地位异化为不对等地位，使学生不仅丧失评价的权利，更缺乏参与评价的主动性。

这样学生评价变成一种自上而下的管理活动，教育管理人员或教师掌握着评价的主动权，他们的动机、利益、偏好决定了评价的取向、标准、方法等方面。学生是处于权力最下方的群体，基本没有"发声"的空间与机会。所谓"主动性"和"自主性"也是主动、自主地"接受"评价。它表面宣扬学生主动性的发挥与调动，实质上却在无声无息地消解着学生自主评价和评价他人的能力和意愿。久而久之，学生逐渐失去评价能力，视教育管理人员或教师的评价为正确无疑的"标准答案"，而看不到其他人对自己的评价，而自己也无法知晓如何去评价他人，成为只会被动接受评价的物化对象。真正的学生评价民主应该注重评价权力分配的合理性，使学生真正能够通过评价改善自身的学习状况，获得自由、平等和全面的发展。

学生评价涉及学生、家长等群体的切身利益。然而，他们的利益有时候没有受到足够重视，在评价中所处的不利地位也使他们无力保护自己的正当权利。权力的失衡需要由学生评价所涉及的利益相关者加以矫正。学生评价中的所谓利益相关者，即"因评价而不可避免会涉及或受影响的任何人，例如，学生、他们的父母或监护人、教师、指导顾问、学校的心理专家和其他所做决定

---

① Egon G. Guba & Yvonna S. Lincoln, *Fourth Generation Evaluation*，Newbury Park，Sage Publications，1989，pp. 34-35.

② ［美］华勒斯坦：《学科·知识·权力》，刘健芝等译，132页，北京，生活·读书·新知三联书店，1999。

会影响到学生的教育的人"①。因此，第一步是界定利益相关者评价权力分配的可能性。

利益相关者尤其是作为接受评价者的学生是否能够参与影响自身利益的评价过程，是学生评价民主的一个关键因素。利益相关者所拥有的评价权力主要有以下几种情况：①少数利益相关者握有评价权，多数利益相关者完全不具有评价权；②多数利益相关者获得形式上的评价权；（上级和学校管理者随时可以收回）；③多数利益相关者获得实质上的评价权。第一种情况是评价权力被部分人垄断，属于集权评价的范畴。第二种情况和第三种情况是评价权力被赋予了多数利益相关者，属于赋权评价（empowerment assessment）；都寻求尽量纳入所有的利益相关者，特别是在评价中权利缺乏保护的人。但两者又有明显的差异。前者是少数评价者仍保留评价控制权，他们随时可以收回赋予多数利益相关者的评价权力；而后者则把评价权力彻底授予多数利益相关者。因此，可以说，前者是形式上的赋权评价，后者则是实质上的赋权评价。

在明确以赋权来分配评价权力之后，评价权力分配的第二步是由利益相关者团体参与决定由谁来进行评价，究竟是教师、同伴、家长，还是学生自己。尤其是学生，更应该加入选择评价者的讨论之中。当利益相关者的数量过于庞大，可以考虑运用代表制确定评价权力的分配。在教育民主化过程中确定参与主体时，可以根据某种决策或行为与某些人、团体或家庭的关涉程度来判断。如果是直接相关的，那么就应该赋予或接纳他们的参与权力；如果是间接相关的，则可以采用政治生活中代表制的方式确定参与者的范围。② 在这个过程中，重要的是使缺乏权力和有可能受到不公平对待的利益相关者，也能在评价中发挥自身的影响力。

(四)关于学生评价程序的民主

如何确定评价程序，是学生评价民主的第三层含义。赋权模式主张的是权利平等。所谓权利平等是指人们的生存发展、参与各项社会活动的权利与机会是平等的。学生评价的权利平等主要是指学生平等地拥有接受评价，并且在评价中获得发展和成功的机会。权利平等是学生评价民主的前提条件。但是，如果评价程序缺乏民主，那么就无法保证学生权利能够获得公平对待。在学生评价中，坚持程序民主非常重要，一般的学生评价活动应遵循民主程序实施。

民主程序的实质是什么？科恩（Cohen）指出："我们必须牢记民主的存在

① A. R. Gullickson，*The Student Evaluation Standards*：*How to Improve Evaluations of Students*，Thousand Oaks，Corwin Press，Inc，2003，p. 5.

② 石中英：《教育哲学》，271 页，北京，北京师范大学出版社，2007。

与否，不取决于任何形式的制度，而取决于实际决策过程的性质。"①学生评价程序应该由评价程序所涉及的利益相关者，主要是教师与学生通过协商制定。埃伦·韦伯(Ellen Weber)在《有效的学生评价》一书中专门撰写了"评价标准的协商和执行"一章，对学生评价标准的制定程序给出了自己的看法。他认为教师与学生应该通过协商来制定出评价标准。"如果评价标准是与有关人员共同商讨制定的，那么评价就会有助于学习。"②学生评价民主在评价权力赋予利益相关者以后，接下来所要解决的问题则是如何制定评价程序的问题。合理的评价程序是能否使接受评价的学生得到公平对待的关键。质言之，学生评价民主植根于明确的且能得到利益相关者最大限度认同的评价程序。

遵循学生评价的程序民主，需要厘清以下三个问题：一是明确评价者和接受评价者的权力范围；二是评价者与接受评价者所承担的责任是否和赋予他们的权力相称；三是在责权相称的条件下双方是否遵守约定。要阐明这三个问题，就需要强调评价标准、规则和方法的使用应由评价涉及的利益相关者进行协商，使评价涉及的利益相关者能明确自己在评价过程中所扮演的角色。评价程序民主并非一种明确规范如何执行评价的教条，它只能视为一种使评价过程尽可能客观和公正的最低要求，力求降低评价过程中因为程序不当而出现争议的可能性。

封闭式的学生评价程序，其执行仅仅依赖于自上而下的权威命令。掌握评价权力的少数人在评价标准中不正当地设计指标或分配权重，以及使评价程序有利于特定的一部分人。这些做法可能会使评价涉及的多数人利益受损。由于多数利益相关者无权参与评价标准的制定，封闭的评价程序将导致他们对评价过程的"无知"，评价过程成为神秘的"黑箱"，从而使评价成为一种纯粹的"黑箱评价"。"黑箱评价"将评价的焦点放在评价结果上，而不探讨评价过程的合理性与正当性。如果学生评价的目的只是想获悉结果，而评价的过程又是程式化、标准化的，那么当再次重复类似过程，由于评价过程的合理性和正当性被视为理所当然之事，评价程序的民主就会被一同忽略，接受评价者即使受到不公平对待仍然会毫不察觉。

开放式的评价程序则主要依靠双方自觉履行经过协商后制定的评价规则。事前协商是影响评价的重要因素。若没有这样的协商，评价过程就会出现各种误解和争议。事前协商可以明确彼此对学生评价的认识，避免误解的出现，同

---

① [美]科恩：《论民主》，聂崇信、朱秀贤译，41页，北京，商务印书馆，1988。
② [美]Ellen Weber：《有效的学生评价》，国家基础教育课程改革"促进教师发展与学生成长的评价研究"项目组译，163页，北京，中国轻工业出版社，2003。

时提供一套应对未来可能出现的争议的方案。一旦进入评价过程，双方都有责任以正确的方式和态度完成整个学生评价，或者对评价过程中出现的问题重新协商修订新的评价规则。双方共同认可的评价规则应尽可能详尽、明确，但也容许在评价过程中进行适当且由双方认同的调整和修正。

评价程序民主还应该坚持以下三项基本原则，即包容、对话和反思。这些原则有时是互相冲突的，但这三个方面却是必需的。假如对话和反思的方面是适当的，但并未包容所有的利益相关者，那么评价可能会引起争议或遇到各种阻力；如果包容和反思的方面是适当的，而忽略了对话，则可能会错误呈现一些利益关系和见解，导致以错误利益关系和话题为基础的评价"失真"；如果包容和对话的方面是适当的，唯独缺乏反思，那么即使能使各种相关的利益关系呈现出来，也可能导致错误的结论。

包容能够使评价者将各种与评价相关的利益关系纳入学生评价之中。各种观点和利益关系的呈现，不应该被失衡的权力支配或扭曲。评价者执行评价时，应能整合内部和外部人员的观点，给予被排除在外的利益相关者发声的机会。从学生评价的关注焦点来看，教育行政管理人员关心的是学生的整体水平及学校教育的绩效；教师关心教学目标是否达成；家长关心他们的孩子能否取得优异成绩；学生则关心自己在评价中能否受到重视和尊重。评价者必须把这些利益考量全部纳入评价程序设计中。不过，评价者也需要清楚学生评价不可能完全满足所有人的利益。因此，评价者必须以学生的自由、平等、全面的发展为学生评价的基本出发点。

对话能够使评价者与接受评价者交流彼此的看法，既减少了出现争议的可能性，也能帮助双方增进对评价的理解。在评价过程中，利害关系人包括作为评价者的教师和作为接受评价者的学生，都应该一起参与各种形式的对话，从笔试、课堂问答、问卷调查到面对面的交谈，其目的在于确定利害关系人的利益、意见和想法不被误解。要在整个评价过程中使双方进行必要的互动，在批判性的对话中使学生充分表达自己的观点和透露与评价相关的信息。

反思能够使评价过程中的信息处理和结果解释出现的偏差减低。反思是指评价者能以批判性的方式来对待评价的每个环节。例如，在定性评价中，一些个人或群体成为主要的信息来源。这些信息一旦被篡改，其可信度就会令人有所怀疑。反思可以借助自我评价或同伴评价来进行。遵循反思原则重要的一点是，评价者与接受评价者都需要运用自己的判断来保证评价信息的客观和准确。在反思过程中，彼此矛盾的信息应通过全面的检验，在有利学生身心发展的基础上进行选择。

通过对学生评价民主的分析，人们可以清楚地看到，学生评价民主的目的在于防止学生评价中的权力失衡，保护作为接受评价者的学生的正当权利。要达到这一目的，其关键是平衡学生评价中的权力关系。这种平衡体现在评价标准选择、评价权力分配和评价程序制定三方面。

二、学生评价的公平原则

公平是学生评价过程的基本价值原则。由于学生评价被频繁运用于甄别、评定、选拔，具有高利害性，公平因而常常被视为判断学生评价合理性的首要价值原则。

(一)学生评价过程中的公平含义

学生评价过程与不同学生的利益是捆绑在一起的。学生评价结果又往往关系到学生评优评先，甚至升学。评价的好坏还影响到教师绩效考核、学校社会声誉、家长满意度等方面。这种情况下，评价活动中不同学生的利益关系如何协调，就成为极为敏感而又无法回避的问题。解决这一问题的前提首先是弄清楚到底应该以何种价值原则协调不同学生的利益关系。从学生评价过程来看，影响深远的价值原则是公平。因此，有必要对学生评价过程中的公平含义进行界定，帮助人们更好地认识学生评价公平的含义。

学生评价公平即通过调整评价要素以保证评价活动中不同学生利益接近平等或一致的状态。不过，由于不同学生自身在天赋、身心素质方面存在差异，因此当评价要素的调整未能充分考虑不同学生的利益诉求时，就有可能使部分处于不利地位的学生利益受损，从而造成评价不公平的问题。

在确定学生评价的公平含义以后，我们还需要进一步厘清其基本维度。从评价要素对不同学生利益的影响程度来看，评价主体、评价标准、评价程序和评价内容四种评价要素影响较大。它们同时构成学生评价公平的基本维度，即评价主体公平、评价标准公平、评价程序公平和评价内容公平。

(二)学生评价主体公平

学生评价主体公平是指评价者和学生的权力或权利配置能够保证不同学生利益接近平等或一致的状态。评价主体对学生评价公平的影响有以下方面。一是评价者权力的影响。当评价者为单一主体，评价权力的过度集中就有可能导致不公平问题出现。评价者容易受学生的能力、性别、家庭背景、跟评价者关系亲疏等主观因素的左右，表现出自己对学生的偏好，从而做出有失公平的判断。二是学生评价权利的影响。学生有可能会因为自身能力、性别、家庭背景、跟评价者关系亲疏等因素而被剥夺部分评价权利，如参与评价权、知情权、申诉权、人格平等权等权利，进而影响评价公平。

学生评价主体公平通常包含以下几个方面。一是评价者在评价过程中的公平状态，如在能力、性别、家庭背景、跟评价者关系亲疏等方面存在差异的学生，在评价过程中是否得到公平对待。二是评价者的权力是否配置公平，亦即评价权力是公平分配给所有利益相关者，还是集中在少数评价者手中。三是学生的评价权利是否被公平地赋予每位学生，如学生在评价过程中是否享有参与评价权、知情权、申诉权、人格平等权等权利。

1. 学生评价主体公平问题

(1)评价主体易受主观因素影响导致不公平

学生的能力、性别、家庭背景、跟评价者关系亲疏等因素容易影响评价者做出带有偏向性甚至歧视性的评价，导致评价不公平的问题产生。例如，评价结果易受学生能力、师生关系因素影响。一位成绩优秀且尊重教师的学生，评价者会在潜意识里给予较高的评价。笔者所做调查显示，有 65.00% 的教师认为学习能力差异是影响评价结果的主要因素。在可能影响评价结果的因素中，60.00% 的教师选择的因素是欣赏成绩好的学生，而 44.44% 的学生认为教师没有公平评价他们的原因是他们考试成绩没有其他同学好。另外，部分学生学习成绩虽然算不上优秀，但在道德、才艺、社会服务等方面有突出表现，得到的评价却依然不高。

(2)评价主体单一导致不公平

学生评价主体主要是教师，其次是学生。家长作为校外人员，在学生评价中往往被认为重要性低于前两者。从理论上讲，评价主体应多元化，至少包括学生和家长。但从学生和家长反映的情况来看，在学生评价中，基本还是由教师掌握评价的话语权，而学生和家长更多是形式上的参与。笔者所做调查显示，有机会参与学生评价去评价其他同学的受访学生仅有 50.00%，69.59% 的受访学生提到教师进行学生评价时参考了他们的自评。同时，有 48.65% 的受访学生指出，教师并未参考家长对自己的评价。

同学之间对彼此相互熟悉，每位同学都是学生日常行为表现的见证人。学生的真实想法和行为，确实更多表现在家庭中。家长无疑也是对学生在家日常行为表现具有发言权的评价者。当前的学生评价中，同学和家长这两类评价主体较少得到应有的重视。一是因为教师疲于应付日常的上课、班级管理等工作，为了节约时间和精力，尽可能按照自己的想法来评价，是最简单直接的方式。二是因为不少教师担心同学和家长的参与会引起很多麻烦。不同评价者的评价结果如果有很大差别，彼此又无法取得共识，就有可能造成矛盾，甚至冲突。

(3)忽视学生部分评价权利

在知情权方面，学生获得的评价信息主要是评价步骤和评价规则。笔者所做调查显示，知晓这两方面信息的受访学生仅占 56.08% 和 55.41%。而对于评价人员构成、获取评价结果的途径，了解的受访学生只占 31.08% 和 23.65%。而从未被告知任何评价信息的受访学生占 18.92%。在申诉权方面，当学生觉得教师评价不公平并提出申诉时，认为教师有听取其意见并改变评价结果的受访学生占 55.56%，选择没有的受访学生占 44.44%。

有些教师虽然口头上认为学生在评价中的权利很重要，但在实际评价过程中却会有意或无意忽视学生的部分评价权利。究其原因，有些教师对学生评价权利的了解程度有限，也不清楚学生评价涉及哪些学生评价权利，甚至没有意识到学生评价与学生评价权利有密切联系。他们也相信某些学生评价权利会侵犯到作为教师的权威，而且还可能带来麻烦，如申诉权，因而对学生部分评价权利有较强烈的抵触情绪。

2. 学生评价主体公平问题的解决

(1)减少主观因素对评价主体的影响

有必要在评价开始前为评价者开设有关学生评价的培训课程或项目，帮助评价者尤其是教师了解哪些主观因素会对评价者的评价造成哪些影响。利用心理调适或评价主体多元化等途径，消除因能力、性别、家庭背景、跟评价者关系亲疏等因素造成的评价偏差。

(2)实现评价主体多元化

学生评价主要评价学生的学习表现或成就，这些表现或成就并非单独发生在学校之内，而是同时发生在学校、家庭和社会之中。这就要求学生评价主体不能局限于学校之内，而必须邀请对学生学习表现或成就有足够发言权的家长、社区服务机构参与。

目前，对大多数学校而言，教师依然是学生评价的主要发起人和执行者，提倡学生评价主体多元化需要改变教师对待学生评价的态度。一是需要学校领导给予教师实施学生评价的制度和实践保障，切实减轻教师不必要的工作负担。二是需要建立教师和家长或其他评价者的有效沟通渠道。评价结果引起的争议，可以通过面谈对话的方式进行协商，或者邀请对双方均具有公信力的第三方代表，如其他班级的学生或家长代表，对评价结果做出仲裁。一旦多元评价主体之间出现不同意见，这些措施能有效消除彼此的隔阂，达成共识。

(3)尊重学生的评价权利

评价权利是学生免于在评价过程中遭受不公平对待的基本保障。但是，由于学生还处于未成熟或半成熟状态，他们对自己应该拥有什么样的评价权利知之甚少。而家长作为校外人员，更难知晓学生到底拥有哪些评价权利。因此，尊重并赋予学生评价权利的重任就落在教师身上。对学生评价权利的保护可从以下几方面入手。

一是通过邀请教育评价专家到校，为教师普及学生评价权利的基本常识。例如，学生的评价权利包括哪些方面？为什么要尊重学生的评价权利？怎样保证学生的评价权利不受损害？二是帮助教师学会理性看待部分较为敏感的学生评价权利，如知情权和申诉权。当学生未被授予这些权利，而教师又手握几乎不受任何制约的评价权力时，教师和学生之间的关系就可能因不对等而失衡。学生要么对待评价态度敷衍，要么对评价心怀不满。教师应意识到，有选择地尊重学生的部分评价权利和完全不尊重学生的评价权利，其效果是一样的。不尊重学生的评价权利不仅无法达到准确评价学生学习表现或成就的目的，而且还不可避免会损害学生的利益，使学生对评价充满反感或抵触。三是告诫教师必须平等尊重所有学生的评价权利。跟有选择地尊重学生的部分评价权利一样，有选择地尊重部分学生的评价权利同样是不可取的，它只会加剧师生之间、同学之间的矛盾和冲突。

（三）学生评价标准公平

学生评价标准公平是指承载不同功能的评价标准能够保证不同学生利益接近平等或一致的状态。在学生评价中，根据评价功能的不同，可以把评价标准分为选拔性评价标准、达标性评价标准、激励性评价标准和诊断性评价标准。这四类评价标准同样涉及公平问题。

以往的"三好学生"评比和其他学生评优评先活动，通常使用选拔性评价标准。此类评价的结果具有高利害性，致使选拔性评价标准与公平问题联系尤为密切。受"唯分数论"和"唯考试论"的影响，有些选拔性评价标准被简化为学科考试成绩的比较。这对学科成绩并不突出，但拥有其他领域特长的学生而言是不公平的。

期中或期末具有总结性质的学生评价，日益成为学校各年级各班级的常规工作。其评价目的并不在于选拔学生，而是致力于甄别全体学生的学习表现或成就是否达到要求，是一种达标性评价。达标性评价标准与选拔性评价标准不同，它不涉及优胜劣汰的竞争，其利害程度比选拔性评价标准要低，但其公平问题依然不能忽视。达标性评价标准公平与否，取决于它能否准确甄别每位学生的学习水平和进步幅度。错误的甄别不但会影响对学生学习表现或成就的客观判断，而且还会打击学生的自信心和积极性，使学生觉得自己付出了努力，却没有得到公平对待。尤其是当此种评价与学生等第评定挂钩时，不公平问题更有可能凸显。

学生评价的激励性功能主要体现在期中或期末的教师书面评语当中。教师通过书面评语对学生学习表现或成就的各个方面进行总结，并对其优点和进步加以强调，鼓励学生进一步发扬优点，不断取得更大进步。就激励性评价的目的而言，它并未与学生的现实利益直接相关，而更多与学生的精神利益发生联系。所以不少人认为激励性评价标准较为主观，难以达到公平。事实上，激励性评价标准的公平不在于准确反映了学生的优点和进步，而在于对全体学生起到激励作用。如果只有部分学生因评价获得激励，那么就有必要对激励性评价标准的公平程度予以反思。

学生评价的诊断性功能同样体现在期中或期末的教师书面评语当中。区别在于，激励性功能寻求发现学生的优点和进步，而诊断性功能则试图找出学生的不足和问题。诊断性评价标准的公平不仅在于准确找出学生的不足和问题，还在于为每位学生完善自身学习表现或成就提供宝贵意见。如果在评价结束后，依然有部分学生不清楚自己的不足和问题，以及今后进一步努力的方向，则评价的公平性就值得存疑。

1. 学生评价标准公平问题

（1）评价标准以学业成绩代替综合素质

在评价标准公平方面，只将学业成绩作为学生评价标准来评价学生的现象依然存在。这种思想上的惯性使学生评价蜕变为一种改头换面的学业评价，迫使学生不得不把注意力继续放在学业成绩上，而对其他综合素质的发展无暇顾及。当前综合素质评价标准与学业评价标准相比，其重要性有明显差距。双方地位不在同一水平线上。笔者所做的调查显示，不少教师依然把学业评价标准放在第一位，甚至把综合素质评价标准也理解为智力或学习能力，而并没有把思想品德、身心健康、审美素养和劳动素养作为综合素质评价标准的一部分。

（2）缺乏客观且有效的综合素质评价标准

目前学生评价标准中的学业评价标准部分相对更为科学、客观和可量化，因而争议较少。综合素质评价标准主要由教育行政主管部门统一制定。就已有的评价标准来看，有些评价标准设计过于粗糙。评价标准既未把评价指标设计成具体的行为描述，各项评价指标也没有相应的权重，计分规则也未有详细说明。形式上评价结果需要根据不同评价者的评分综合产生，但实际上大部分评价只是教师根据自己的主观经验给学生评分、评级。部分评价者只给出学生的等第评定，却未给出令人信服的理由，也没有提到存在的问题和改进意见，随意性较强。由于在客观有效方面存在明显缺陷，评价者多习惯于以学业评价标准来代替综合素质评价标准。他们倾向于认为这样做在评价过程中更省时省力。

很显然，一方面，有些教育行政部门对学生综合素质评价标准的制定，并未给予足够的重视，也没有委托专门的教育评价专家指导评价标准的设计，评价标准欠缺严谨，容易沦为形式的产物。另一方面，有些教师也没有发动学生和家长参与评价标准的制定，去尝试设计出适合本班级的评价标准。这样的评价标准用于学生评价，难言公平。

2. 学生评价标准公平问题的解决

(1)坚守综合素质评价标准的独立性

由于学业评价标准主要以量化指标为主，尤其是以学习成绩为主，因此更直观和易于比较。学业成绩与学生各项评优评先以及教师工作绩效紧密挂钩。相反，综合素质评价标准多属于质性指标，尤其以日常行为表现为主，带有一定程度的主观性，而且不容易进行比较。再加上它在学生的评优评先、教师的工作绩效中并不是首要依据，而且还比较费时费力。这些因素的累积导致有些教师更愿意采用学业评价标准作为学生评价标准。看学生的综合素质最后变成看学生的学业成绩。如此，综合素质评价自身的独立评价标准便不复存在，学生的综合素质便难以得到真正彰显。

要真正全面了解学生的综合素质，离不开对综合素质评价标准独立性的坚守。但这种坚守仅仅依靠教师、家长和学生的努力是不够的。因为学业成绩成为学生评价唯一评价标准的问题，涉及学生评价的制度设计。只有在综合素质评价标准的地位与重要性能与学业评价标准等而视之时，坚守综合素质评价标准的独立性才可能实现。

(2)制定客观有效的综合素质评价标准

在一些教师、家长和学生的心目中，综合素质评价标准一直被认为缺乏客观性和有效性。一些人觉得它们只不过是评价者主观偏好的反映。实际上，这是对综合素质评价标准的误解。从一些学校的评价实践来看，综合素质评价标准既可以定性，也可以定量。但无论定性抑或定量，都首先是评价标准下的指标具体化。它包括可用行为描述，可观察或可测量。但综合素质评价标准要做到客观有效并非易事。所以，有条件的学校可以邀请教育评价专家指导教师或与教师合作，制定适合特定学校特定班级、又能最大限度保证公平的综合素质评价标准。

(四)学生评价程序公平

学生评价程序公平是指对学生评价过程的规定能保证不同学生利益接近平等或一致的状态。评价程序影响到评价结果，所以评价程序公平是学生评价公平中最受关注的维度。评价程序公平意味着整个评价过程对于所有利益相关者而言都是公平的，没有人因为评价程序而使自己的利益特殊化乃至最大化，也没有人因为评价程序而使自己的利益受到不应有的损害。

学生评价程序公平又可以细分为两方面。一是程序制定公平。它是指在制定评价程序时是否充分考虑所有利益相关者的利益，避免制定出有利于一部分人而不利于另一部分人的程序。比如，进行评价时，是根据教师、家长和同学的民主评议得出评价结果，还是出于提高效率的目的由教师单独说了算。二是程序执行公平。它是指即使有了相对公平的程序，但在执行时是否会因为区别对待不同利益相关者而无法做到一视同仁。比如，评价程序只适用于一般学生，而对班干部却无约束力，后者甚至得到特别优待。

1. 学生评价程序公平问题

(1)评价程序缺乏民主协商

学生评价公平涉及不同主体之间的利益关系。因此，通过民主协商的方式制定评价实施细则是保障不同主体利益的根本途径。然而，笔者所做调查显示，多数评价实施细则的制定，还是以根据上级教育行政部门的要求执行和教师自己根据实际情况制定居多，分别占90％和45％。以校内教师讨论、师生和家长讨论、师生讨论三种民主协商的方式制定评价实施细则分别占60％、50％和45％。学生和家长被排除在外的情况并不少见。

高强度的工作负荷使教师无暇顾及学生评价程序是否合理。教师考评制度过于看重教师的业绩，而业绩主要就是班上学生的学业成绩。因此，有些教师把大量时间和精力都花在学业成绩上，根本没有心思去考虑怎样进行多样化的学生评价。这些教师为了节省时间和精力，直接省略了民主协商的评价程序。目前有些学校的学生评价并未有较为统一和成熟的评价组织架构、操作流程和规范，放手让教师自己去摸索。这样教师并未掌握通过民主协商制定评价实施细则的知识和技巧。

(2)部分评价者执行评价程序过于功利

学生评价要求评价者收集评价信息，从而科学、客观和合理地对学生学习表现或成就做出判断。通常，综合素质评价与学科学业评价有明显区别。学科学业评价主要通过测验法收集评价信息。综合素质评价主要通过观察法、问卷法、访谈法和档案袋法收集评价信息。后者要求评价者必须花费较多的时间和精力留意学生日常行为表现，以保证评价客观、准确和有效。可是，在实际操作时，部分评价者却并未采用事前制定的评价程序收集评价信息，最终要么凭借个人经验，要么根据学生学业成绩，得出评价结果，从而使评价程序成为"走过场"。

一方面，部分评价者对评价程序公平的重要性认识水平不足，把需要花费时间和精力去收集评价信息的工作视为额外负担，转而寻求更简单便捷的途径，但这会导致评价程序不公平的问题。另一方面，部分评价者缺乏必要的评价素养。评价程序公平常常表现为评价信度引起的公平问题。所谓信度(再测信度)是指评价结果的一致性和可靠性，即对相同评价对象进行多次评价时，结果是否一致和可靠。[1] 在评价过程中，学生可能对评价的范围事先进行准备，或者学生的行为表现只是偶然之举，并非其日常稳定的行为表现。如果评价者根据这样的行为表现对学生学习表现或成就做出判断，其结果的可信度就会大打折扣，对学生而言也难言公平。

2. 学生评价程序公平问题的解决

(1)提升评价者的民主协商意识

从学生评价现状来看，评价程序缺乏民主协商是一个较为突出的问题。这从评价实施细则制定的程序可见一斑。解决这个问题的关键还是在评价者，尤其是教师。教师往往是学生评价的发起人和执行者。通过民主协商的评价程序把握评价方向，制定评价规则，达成评价结果的共识，都需要教师来组织和推动。但是，有些教师依然过于依赖上级教育行政部门统一制定的评价实施细则，实施细则时也较少听取学生和家长的意见。

要改变这种情况，首先，上级教育行政部门和学校应邀请教育科研机构制定涵盖整个学生评价流程的规范和实施细则，使评价程序的民主协商有章可循。教师本来就对如何实施学生评价缺乏理论上的指导，再加上繁重的教育教学任务和行政工作，更是无暇思考评价程序是否需要民主协商。因此，亟需一套细致、规范和可操作性强的学生评价实施细则指引教师开展评价活动，尤其是如何通过民主协商来保证评价程序公平。其次，借助教师教育与专家讲座，帮助教师认识到在学生评价程序制定上听取家长和学生意见的重要性。当评价程序缺乏民主协商，就会成为一个"黑箱"，除教师外无人知晓其中的运作。与此同时，学生评价也常常是一项具有高度利害性的活动。评价结果关乎学生评优评先，甚至升学。如果教师手上握有绝对的评价权力，又缺乏对学生和家长意见的倾听，学生和家长就会对评价结果产生不信任和怀疑。为此，有必要向教师普及学生评价程序民主协商的知识和重要性，提升他们的民主协商意识。

(2)避免评价者在评价过程中的功利倾向

在学生评价过程中，综合素质评价与学科学业评价存在明显差异，在程序上要求评价者抽出更多时间收集学生的日常行为表现信息。当班级较大，学生人数较多时，评价者的工作量会成倍增加。哪怕评价者明白使用合适的评价方法能更公平、更准确地评价学生，也难以真正付诸行动。要避免这种功利倾向，一是通过教师教育或专家讲座帮助评价者熟悉学生评价的基本程序，包括评价步骤，使评价者在实施评价时能做到胸有成竹。二是鼓励评价者使用简易成熟的评价方法收集评价信息，熟能生巧。经过反复尝试以后，收集评价信息

---

[1]　金娣、王钢：《教育评价与测量》，124 页，北京，教育科学出版社，2007。

的效率就会大大提高，从而节约大量时间和精力。三是向评价者强调，没有客观事实作为基础，评价者做出的判断就难免主观和片面。这样公平评价每位学生就无从谈起。

(五)学生评价内容公平

学生评价内容公平是指评价内容的选择能够保证不同学生的利益接近平等或一致的状态。相比评价程序公平，评价内容公平是更容易受到忽视的维度。因为人们常常预设评价内容对所有学生都是一样的，不存在公平与否的问题。然而，评价内容经过事先的人为选择，而这种选择是带有价值倾向性的，所以难免存在对一部分学生有利，而对另一部分学生不利的可能。

评价内容公平的维度需要考虑两方面。一是评价内容的难度，是否考虑到所有学生的已有学习水平。比如，用于学生评价的《广州市学生成长记录册（五年级）》就涉及"学习能力"方面的评价内容。这部分内容提到了评价学生的反思能力，让学生逐步学会认识和评价自己的学习习惯、学习方法、学习能力和学习效果。对部分学习能力相对滞后的学生而言，可能就属于难度过高的要求。学生评价内容是面向全体学生的内容，如果难度过高，就会产生不公平问题。二是评价内容的普适度，即评价内容是否是不同家庭背景学生都有所了解的，还是只有部分家庭背景的学生较为熟悉。当部分学生受家庭条件所限而无法掌握评价内容，这样的内容显然也是不公平的。比如，《广州市学生成长记录册（五年级）》还涉及"审美能力"方面的评价内容，要求学生学会欣赏自然、生活、艺术和科学中的美。对城市中没有条件接触大自然的学生（如外来务工人员子女），或者农村中没有条件接触艺术和科学活动的学生（如留守儿童）而言，都是一种过高的要求。

1. 学生评价内容公平问题

（1）评价内容易使部分学生表现不佳

学生评价内容实际是对学生综合素质的范围所做的限定。笔者所做的调查表明，当前有些学生评价内容较少考虑部分在身心健康和人际交往方面存在问题的学生，他们在部分评价内容上处于不利地位。但是，这些问题并非学生自身造成的，而是有其社会和家庭原因的。按照现有的评价内容对他们进行评价，他们常常表现不佳。以某小学使用的《广州市学生成长记录册（五年级）》为例，该手册"公民素养"部分要求学生逐步学会关心和孝敬父母，关心家庭生活。部分学生来自单亲家庭或由祖辈抚养长大，他们很少体会到家庭温暖，或没有机会体验到父母关爱，在这方面想要有好的表现，的确勉为其难。一些自小就有心理问题的学生（如自闭症儿童），"交流与合作"部分的内容对他们而言难度过大。

　　学生评价内容已经较为全面，涉及学生的"道德品质""公民素养""学习能力""交流与合作""运动与健康""审美与表现"等方面。但是，评价内容的设定一般是建立在把学生视为抽象的人，而非一个个具体的活生生的人的基础上的。每个学生都有自己独特的家庭背景和生活环境，以及由此形成的个性和心理特征。用相同的评价内容来评价每位学生，必然会使一部分在某些学习表现方面出于客观原因而身处不利地位的学生表现不佳。评价内容如果不针对这些特殊的学生做出特别的设定，实现学生评价内容公平就无法落到实处。

　　（2）评价者对保证评价效度的措施不够重视

　　所谓效度（内容效度）是指使用的评价方法能保持评价内容与学校教育教学内容的匹配度，即评价内容能够与学校教育教学内容一致。[①] 有时候评价内容并非教育教学内容，它们主要由部分评价者根据自己的主观愿望加以选择。比如，《广州市学生成长记录册（五年级）》的"公民素养"部分要求学生发现违法犯罪行为能举报。如果学校没有事先进行普法教育，帮助学生学会判断哪些是违法犯罪行为，而用这样的内容评价学生学习表现或成就不仅无效，对学生而言同样是有失公平的。

　　笔者所做的调查显示，只有60％的受访教师通过比较学生评价目标与教育教学目标来保证评价内容的效度。当评价内容效度不足时，学生的学习表现或成就欠佳，可能跟学生自己的努力无关，而只是因为部分评价内容并没有进入教育教学内容中，导致评价学生的内容与学生学习的内容并非一回事。

　　2. 学生评价内容公平问题的解决

　　（1）面向全体学生选择评价内容

　　当前的学生评价在内容选择上主要由教育行政部门指定，并且由各所学校统一执行。这样做的好处是让评价者很容易就能了解学生评价到底评价学生的哪些方面，让评价者不再摸着石头过河。但这也会使评价内容的难易度无法做出灵活调整，无法较好地兼顾不同学生在学习表现或成就上的差异，尤其是一些客观原因造成的差异。例如，家庭或身体原因导致部分学生的心理问题或在班级内部被边缘化，他们在某些评价内容方面会明显处于不利地位。这种不利地位并非他们积极努力就能改变的。因此，他们在学生评价中难以获得好评。

　　对此，评价者主要是教师，可以根据任教班级的具体情况，对评价内容做出调整。评价者通过谈话、观察、家访、问卷等方式，充分了解全体学生的学习表现或成就以及他们的家庭背景情况。在保证全体学生按照相同评价内容接受评价的前提下，对学生因客观原因处于不利地位的评价内容，降低难度及要

<hr>

① 金娣、王钢：《教育评价与测量》，128页，北京，教育科学出版社，2007。

求，以民主协商的程序促成学生和家长在该问题上达成共识和谅解。

（2）帮助评价者掌握内容效度检验方法

评价的内容效度包括结构效度和结果效度。评价者可以根据一些问题检验结构效度。它们包括：评价内容的范围是否已经清楚？评价内容是否已经在评价标准中以具体化的指标形式加以呈现？是否已经根据这些具体的评价指标来收集学生学习表现或成就方面的信息？针对结果效度，评价者同样可以通过一些问题加以检验。它们包括：是否清楚学校教育目标和学生评价目标？学校教育教学目标和学生评价目标是否一致？评价内容又是否与评价目标一致？当评价者根据上述问题进行检验并得到肯定回答时，则大致可以确定学生评价的内容效度是有保证的。

第六章 学业评价

学业是学业成绩的简称，指在学科教学过程中学生掌握学科知识和技能的程度。[1] 对学生的学业进行评价，又称（学科）学业评价或学业成就评价。学业评价的定义在第一章第三节"学生评价的类型"部分已有具体说明，此处不再赘述。学业评价从评价功能的角度来看，多属于总结性评价。目前学校主要采用测验（考试）作为学业评价的手段。具体而言，学业评价又划分为两大领域。一是以考查学科知识掌握情况为主的学科知识评价；二是以考查学科技能习得情况为主的学科技能评价。

第一节 学科知识评价

学科知识评价是指对学生通过学科学习在认知领域取得的学习成就（如语文知识、数学知识、外语知识等方面的学习成就）所做的评价，主要以书面测验为评价手段。

一、学科知识测验的编制

学科知识测验的编制质量取决于每道题目的质量。要想命制出高质量的试题，命题者需要掌握各种基本题型的编制技巧以及不同认知水平的命题技巧。

（一）基本题型的编制技巧

1. 题型的分类

测验所采用的基本题型有不同的分类方法。

第一，按学生作答的方式分类。按学生作答的方式分，题型可分为选答题和供答题两类。选答题要求学生从给定的几个备择答案中选出正确的或最佳的答案；供答题则要求学生自己提供并书写答案。一般而言，选答题均能客观地评分；而供答题的评分相对主观些，即存在程度不等的评分误差。当然，两种分类也会有个别的交叉。例如，填空题需要学生写出答案，属于供答；但由于只需填写少量的词（或词组）或数值，评分误差很小，又属于客观题。

第二，按评分误差大小分类。按这种分类，题型又可分为客观题和主观题

---

[1] 吴钢：《现代教育评价教程》第二版，230 页，北京，北京大学出版社，2015。

两类。客观题是指无评分误差或评分误差很小的题型；主观题是指评分误差较大的题型。

按照第一种分类，下面介绍一些相应的命题原则。

2. 选答题的特点、种类和命题原则

(1)选答题的特点和种类

选答题是目前各种书面测验中较为常用的题型。选答题的主要优点是覆盖面大，效率高，能考核多种能力，答案结构化、评分客观；主要缺点是编制困难，命题需要较高的技巧、费时，较难测量组织材料过程、思维过程、表达能力和独创性。

选答题有多种表现形式。较为典型的是多项选一的选择题，即给出一个题干和3～5个备择答案，要求学生从中选出一个正确或最佳的答案。一些学科知识测验推出了不定项选择题，即备择答案中所包含的正确答案数量不确定，可以是一个，也可以是多个，要求学生必须从备选项中选出正确的答案。一般来说，不定项选择题比多项选一的选择题难度更大，区分度也有所提高。

选答题还有几种变式，如是非题(或正误判断题)、连线题等。

是非题实际上是只有两个备择答案的选择题。因其猜测答对的成功率较高，目前使用的范围日益缩小。

连线题是选择题的复合形式。一般由两个栏目组成，其中一个栏目是需要连线的题干，另一个栏目是备选项。连线题的最大优点是能在较短的时间内考查大量相关的内容。在多数情况下，一个备选项只能搭配一次。比如，规定统一备选项可连线多次，将有助于提高连线题的难度与区分度，因为学生无法用排除法猜出答案。

(2)选答题的命题原则

第一，题干的设问要明确，尽量使用肯定式题干。

第二，尽可能压缩备选项的字数。所有备选项都要用到的相同词语，应设法放在题干中。

第三，避免任何形式和内容上的暗示。应选项(正确答案)与干扰项(错误选项)的长短与句式要大体相仿。

第四，应选项应确保"正确"或"最佳"，不应引起歧义或争执；干扰项应跟应选项有一定相似性，并尽可能使其在错误类型上具有典型性。

第五，备选项数目以4～6个为宜。各备选项应相互独立，无交叉或重复。应选项在各题中的位置，应随机排列，无规律可循。

第六，尽可能少采用是非题。如果必须采用，最好每题只出现一个概念或事实，以免造成模棱两可的情况。要谨慎使用特殊的限定词。比如，"通常"

"一般"等词常意味着命题是正确的；而"总是""从不"等词常意味着命题是错误的。

第七，连线题的题干项数量与备选项数量不应相等，防止通过排除法可得到正确答案。

(3)选答题的备选项分析

较为简单的方法是统计各备选项的选择人数比例。编制良好的选择题，其各个备选项都会有一定比例的学生选择。如果所有学生都选择了正确答案，说明该题太容易，或可能提供了某种暗示信息。如果某个(或更多)的错误答案无人选择，则说明这个(些)错误答案不具有迷惑性，错得过于明显。在规模较大的考试中，选择题每个备选项的选择人数比例应当高于 $2\% \sim 5\%$，如低于该比例就说明此备选项命制得不好，应当修正。

比较深入的分析是计算选择每个备选项的学生群体各自的测验平均总分，即分别计算选择 A，B，C，D 项 4 组学生的测验平均总分。这种分析可以提供更为详尽的信息：平均能力(以测验总分为参照系)最高的学生组选择了哪个备选项(理论上说，应当选择正确答案)？中等能力的学生组选择哪个答案？能力欠佳的学生组选择哪个答案？这样进一步了解不同能力学生的反应倾向或典型错误，并总结出对特定能力学生具有迷惑性的备选项的特征。

3. 供答题的特点、种类和命题原则

(1)供答题的特点

供答题也是测验中较为常用的题型。供答题的主要优点是考核有一定深度、容量较大，可了解过程，考查综合能力、表达能力和独创性，容易编制，排除了猜测因素；主要缺点是覆盖面较小，评分费时、客观性较差。

(2)供答题的种类和命题原则

根据对所提供答案的限制程度的不同，供答题一般可分为三种形式。

① 填空题。填空题是一种最简单的供答题。填空题包括填图、填表等变式。填空题对所提供的答案有严格的限制，一般只需填写一个词、式子或数值，因此评分基本客观。填空题主要考查结论。

设计填空题时应注意如下几方面。

第一，确保只有一个正确答案。待填的内容应当具有重要或关键意义。

第二，不应从教材上抄录原文作为题目。

第三，每题以填写 $1 \sim 2$ 个空格为宜，切忌过多留空，使句子支离破碎。

第四，如要求填写经计算得到的数值时，应当规定预期的精确度。

② 简答题。简答题是一种半限制的供答题，即提供较简短的答案，如简要的陈述、含几个步骤的计算题、制作图形或表格等。简答题还包括列举题、

名词解释等变式。其中列举题较为简单，结构性强，主要考查结论，评分相对客观。名词解释是结论的简单展开，简答题是过程和结论的结合。随着简答题陈述量的增大，评分的主观性也逐渐增加。

设计简答题时应注意如下方面。

第一，考查重要的内容和较高的认知水平，不宜只考查记忆。

第二，问题措辞明确简洁，指出所期望的要求（如范围、容量和精度等）。

③ 论述题。论述题是允许学生自由作答的非限制性供答题，包括文科测验中的作文题、问答题，理科测验中的计算题、证明题、解答题等。论述题适用于考查高层次的认知水平，如选择材料，组织材料，逻辑论证，分析与综合，评价、表达与写作等综合应用知识解决问题的能力。由于是自由作答，这有利于学生发挥其主动性与创造性。学生解答所提供的信息比较丰富。这不仅可了解学生对问题理解的深度与广度，还可了解其解答的过程、思路、风格、策略等情况。当然，论述题也有一些明显的缺点：容量大，分值高，不利于增加题量、扩大测验的覆盖面。此外，论述题的评分误差较大；考前猜题、押题的可能性也较大，在文科知识测验中表现尤为突出。

设计论述题时应注意如下几方面。

第一，题意明确，不产生歧义。

第二，设置新的问题情境，考查高层次的认知水平。

第三，设问应富有启发性，使学生有发挥余地；问题不宜过于空泛或烦琐，应突出重点。

第四，解答要求与评分规则应明确。

（二）不同认知水平的评价原则

学科知识测验编制者除了掌握基本题型的编制技巧外，还应当了解不同认知水平的评价原则，才能对学生的认知发展进行全面的评价。下面参考教育目标分类学的认知领域目标的水平分类原则（详见第二章第三节有关内容），简要论述不同认知水平的评价原则。

1. 知识水平的评价原则

知识水平是指学生能够回忆或识别已经学习过的内容要素。"这里所讲的知识，是指那些注重记忆的行为和测验情境，这种记忆是通过对观念、材料或现象的再认或者回忆获得的。"[①]知识是学生进一步学习和发展的基础，各种技能和能力正是在广泛的知识基础上发展起来的。因此，知识水平应当成为学业

---

① ［美］B. S. 布卢姆等：《教育目标分类学·认知领域》，罗黎辉、丁证霖、石伟平等译，59页，上海，华东师范大学出版社，1986。

评价的组成部分。

知识水平也有难易之分，如事实性的知识一般较为具体、简单，较容易回忆；而方法的知识、原理的知识则相对抽象、复杂，记忆会困难些。

考查学生的知识水平时应当注意把握以下一些要点。

①在选材上，应当尽可能选择重要的知识内容，即对重要的、基础的、反映学科核心本质的概念、事实、方法、原理进行考核。绝不能为了提高试题的难度，出偏题、怪题，偏离评价的本意。学生不应当、也不可能记住所有学过的内容。在记忆上耗费过多的时间和精力，会给学生发展更高级的认知水平带来不利的影响。

②考核知识水平的方式有两种。一种是要求学生提供答案，即能够回忆并再现已学过的知识。另一种是要求学生从给定的答案中识别出正确的答案，即能够再认已学过的知识。两者相比，再现（回忆）要比再认难度更高。

③命题时，对知识试题答案所要求的准确程度应当与教学时基本相似；而且问题中不应出现新的术语或问题情境。如果采用新的术语，便可能成为对新概念和新术语的测试。

④由于知识水平的考核注重的是记忆和再认的能力，因此在学科知识测验中，知识水平考核的比例不宜过大，否则可能会产生不良的导向作用，使学生形成靠死记硬背也能得高分的错误想法和习惯。

2. 理解水平的评价原则

理解水平是指学生能把握已学过知识的本质含义，并能用自己的语言进行阐述。在《教育目标分类学·认知领域》当中，理解又称为领会，它是在知识的基础上发展起来的，是比知识水平更为高级的认知水平。"我们所讲的'领会'这一术语，是用来包括表明理解交流内容中所含的文字信息的各种目标、行为或者反应。在这种理解过程中，学生可能会在自己头脑中改组交流的内容，或者用自己觉得更有意义的某种类似形式作出明显反应时改组交流的内容。还可能有一些表示对简单扩大交流本身的范围的反应。"[①]显然，理解是对知识（交流内容）的转化、解释和推断，也为知识的应用奠定了基础。

考查学生的理解水平时应当注意把握以下一些要点。

①考核理解水平所用的材料应与教学时有所不同，但使用的语言、符号、内容的复杂性要与教学相似。

②考核理解水平的方式有三种。第一种方式是转化，即将一种符号系统转

---

① ［美］B. S. 布卢姆等：《教育目标分类学·认知领域》，罗黎辉、丁证霖、石伟平等译，86 页，上海，华东师范大学出版社，1986。

换为另一种符号系统(如将语言形式转换为图表、符号形式等)。转化时注重对材料要素做基本对应的变换,强调忠实反映和准确性。典型的评价实例是阅读各种图表,获取有关信息,根据上下文领会词汇与句子的含义等。第二种方式是解释,即除了进行要素转换外,还要求学生能把握总体信息中各要素的内在联系,能区分出关键的内涵,并进行说明与解释。典型的评价实例是对一种重要概念、原理进行说明、解释等。第三种方式是推断,即学生能超越信息本身的字面含义,对其发展趋势或倾向做出推论,如在时间、范围、样本或主题等方面进行拓展和延伸。这是一种最高层次的理解,体现了对知识的实质性把握。

发展学生的理解能力是学校教育教学的重要目标。因此,在学科知识测验中,对理解水平的考查应占较大比例。

3. 应用水平的评价原则

应用水平是指学生能把学过的抽象概念运用于某些特定而具体的情境。在《教育目标分类学·认知领域》当中,应用又称为运用,"'运用'的标志在于,在没有说明问题解决模式的情况下,学生会正确地把该抽象概念运用于适当的情境"①。从根本上说,学习的目的在于应用。因此,应用成为检验教学有效性的标志之一。

评价学生的应用水平时应当注意把握以下一些要点。

①必须提供新的、学生不太熟悉的问题情境,否则所评价的只是知识或理解水平。新的问题情境可以是虚构的,但最好是真实的。问题情境可以根据社会生活和科学研究中的实例加以裁剪和改编,也可以通过变换提问的角度,为熟悉的情境赋予新意。

②解决问题所需要的概念或原理是学过的,但解决问题的模式并未具体说明,需要学生自己选择确定。学生在解题前首先要理解题意——明确问题的目标和条件,找出已知的条件及缺少的条件。然后学生选择适合问题类型的抽象概念(原理)及具体材料,逐步填补从已知条件(或前提)到要达成目标之间的认知空隙,通过演算、论证或阐述解决问题。最后学生再对结论进行必要的检验。

应用是一种重要的迁移能力。发展学生的应用能力,有助于培养其在思考上的独立性,让其能够对复杂多变的情境和问题做出适当的反应。因此,学科知识测验中应当加强对应用水平的考查。

---

① [美]B. S. 布卢姆等:《教育目标分类学·认知领域》,罗黎辉、丁证霖、石伟平等译,117 页,上海,华东师范大学出版社,1986。

4. 分析、综合、评价水平的评价原则

在认知目标分类中，分析、综合、评价属于比应用更加高级的认知水平。

分析是指将有关信息进行分解，能区别事实与假设、结论与证据，把握各种观念之间的关系及组织原则。它"注重把材料分解成各个组成部分，弄清各部分之间的相互关系及其构成的方式。分析可能还包括那些用来传递意义或确定交流结果的技术和手段"①。

综合是指对各种信息进行加工，并改组成一个新的整体。综合强调独特性和创造性。它"将各种要素和组成部分组合起来，以形成一个整体。它是一个对各种要素和组成部分进行加工的过程，是一个用这种方式将它们组合起来，以构成一种原先不太清楚的模式或结构的过程"②。

评价是指根据内在的证据或外部的准则对信息材料或方法的价值所做的判断。换言之，评价是"为了某种目的，对观念、作品、答案、方法和资料等的价值作出判断。评价包括用准则和标准来评估这些项目的准确、有效、经济、满意等的程度。判断可以是定量的，也可以是定性的，并且准则可以是学生自己制定的，也可以是别人为他制定的"③。

评价学生的上述高级认知水平时应当注意把握以下一些要点。

①应当提供新的问题、情境和材料。就评价综合水平而言，还可以允许学生自定问题或任务。

②高级认知水平的评价方式，可采用常规的书面闭卷测验的形式。必要时也可采用开卷测验形式。学生可利用各种参考资料解决问题。有时还可以采用小论文的题型，放宽时间、工作条件等规定，让学生利用课余时间进行深入研究，完成课题。

③高级认知水平的表现形式是多种多样的。比如，分析包括某种社会或自然现象的原因和结果，找出若干现象之间的联系；综合包括表达自己的观点、体验，进行叙述或说明，制订研究或调查计划，设计一个实验方案，提出一种假说和命题、理论、模型等；评价则包括评价特定作品、原理、方法和方案的客观性、可靠性、准确性、自洽性、艺术性、感染力、社会与经济效果等价值，比较各种作品、原理、方法、方案的特点和优劣等。

---

① ［美］B. S. 布卢姆等：《教育目标分类学·认知领域》，罗黎辉、丁证霖、石伟平等译，139 页，上海，华东师范大学出版社，1986。

② ［美］B. S. 布卢姆等：《教育目标分类学·认知领域》，罗黎辉、丁证霖、石伟平等译，156 页，上海，华东师范大学出版社，1986。

③ ［美］B. S. 布卢姆等：《教育目标分类学·认知领域》，罗黎辉、丁证霖、石伟平等译，178 页，上海，华东师范大学出版社，1986。

高级认知水平的评价对学生的可持续发展具有深远影响。因此，在学科知识测验中，测验编制者应注意加强对这些高级认知水平的考查。不过，评价的深度、广度等要求应当符合学生的年龄、心理发展的具体水平。

二、学科知识测验结果的分析和评价

根据学生的测验分数，我们通常采用以下程序分析和评价测验结果。

(一)计算班级平均分和标准差

在比较班级之间学生学业成绩时，我们往往采用班级学生单科成绩的平均分和标准差两个指标。

平均分又称算术平均数或均值，是各观测值的总和除以观测值个数所得的商。其计算公式为：

$$\overline{X} = \frac{\sum X}{N}$$

公式中，$\overline{X}$ 为算术平均数，X 为各观察值，$\sum$ 为求和符号。

标准差是方差的算术平方根，而方差是各观察值与其平均数离差(即各数据与平均数之间的距离)平方和的平均数。标准差的计算公式为：

$$S = \sqrt{\frac{\sum (X - \overline{X})^2}{N}}$$

公式中，S 为标准差，X 为各观察值，$\overline{X}$ 为平均数，N 为观察值的个数。

通常情况下，平均分高、标准差小的班级，学生的学业成绩水平较高，学生学业成绩的两极分化程度较低。

案例：某年级 A 班和 B 班学科测验成绩的平均分和标准差比较

某中学为了解某年级 A 班和 B 班学生的学习情况，对学生的学科测验成绩进行了分析，如表 6-1 所示。

表 6-1　A 班和 B 班的学科测验成绩

项目	A班			B班		
	语文	数学	英语	语文	数学	英语
平均分	96.8	95.7	96.3	96.6	96.1	96.5
标准差	6.9	8.7	7.4	7.2	8.5	7.4

通过比较平均分和标准差，我们可以做出以下评价。

①在学科测验中，A 班的语文平均分高于 B 班 0.2 分，说明 A 班语文成

绩的平均水平要好于 B 班。

②在学科测验中，B 班的数学、英语平均分分别高于 A 班 0.4 分、0.2 分，说明 B 班数学、英语成绩的平均水平要好于 A 班。

③在学科测验中，B 班的语文成绩标准差高于 A 班 0.3 分，说明 B 班的语文成绩两极分化的程度要高于 A 班。

④在学科测验中，A 班的数学成绩标准差高于 B 班 0.2 分，说明 A 班的数学成绩两极分化的程度要高于 B 班。

(二)排列名次

这是根据学生的测验分数，按由高到低的规则排列。它主要涉及两方面的内容：一是单科测验分数排列名次；二是多学科测验分数累加排列名次。其中，多学科测验分数累加排列名次较为复杂。下面做简要介绍。

多学科测验分数累加排列名次主要采用累积分数法，即评价者按照评价标准对作为评价对象的学生学习表现或成就(评价指标)逐项进行评分，然后将各项得分相加，就得出评价对象应得总分的方法。它的应用非常广泛，是一种既简单、又实用的方法。累积分数法的计算公式有两种：一种是评价指标不含评价权重时的计算公式，另一种是评价指标含评价权重时的计算方式。下面通过案例来说明两种计算公式的运用。

案例：哪位学生能参加全市数学竞赛？

从甲和乙两位学生中选拔一名学生参加全市数学竞赛。根据运算能力、逻辑思维能力、空间想象力三项评价指标对他们进行学科知识测验，其结果是甲运算能力 100 分、逻辑思维能力 35 分、空间想象能力 20 分；乙运算能力 70 分、逻辑思维能力 50 分、空间想象能力 45 分。请用累积分数法对以上数据进行处理，累积分数更高的学生参加全市数学竞赛。问题一：哪位学生能参加全市数学竞赛？问题二：假如三项评价指标的评价权重分别是 0.5、0.25、0.25，哪位学生能参加全市数学竞赛？

1. 评价指标不含评价权重时的计算

计算公式为：

$$S=S_1+S_2+S_3+\cdots+S_n$$

该公式中，S 为累积分数，S_1，$S_2\cdots S_n$ 为各项评价指标的得分。

$$S_甲=100+35+20=155$$
$$S_乙=70+50+45=165$$

所以，学生乙能参加全市数学竞赛。

2. 评价指标包含评价权重时的计算

计算公式为：

$$S = S_1 \times W_1 + S_2 \times W_2 + S_3 \times W_3 + \cdots S_n \times W_n$$

该公式中，S 为累积分数，S_1，$S_2 \cdots S_n$ 为各项评价指标的得分，W_1，$W_2 \cdots W_n$ 为各项评价指标的权重。

$$S_{\mathrm{甲}} = 100 \times 0.5 + 35 \times 0.25 + 20 \times 0.25 = 63.75$$

$$S_{\mathrm{乙}} = 70 \times 0.5 + 50 \times 0.25 + 45 \times 0.25 = 58.75$$

所以，学生甲能参加全市数学竞赛。

(三)转换成不同等级评定

根据累积分数法对学生学业成绩排名以后，我们可以进一步将排名转换成百分等级评定、五等级评定、四等级评定或三等级评定。

1. 百分等级评定

百分等级评定是常用的表示测验分数结果的方法之一。一个分数的百分等级可定义为：在常模团体(即由具有某种共同特征的人所组成的一个群体或群体的一个样本)中低于该分数的人数百分比。例如，在一次数学测验中，有一半学生的分数低于 80 分，那么这个原始分数就相当于 50 百分等级。百分等级高于 50，表示高于一般水平，低于 50 意味着水平较低。25 百分等级和 75 百分等级代表分配中最低和最高 1/4 百分的分界点。可见，百分等级指出的是个体排名在常模团体中的相对位置。百分等级越低，个体在常模团体中排名越低。

百分等级的意义是无论测验分数的分布形态如何，都可以用百分等级表示某一学生个体在常模团体中的相对排名位置，可以用百分等级来比较一个学生两次测验的进步情况，也可以比较两个团体之间的测验成绩。

2. 五等级评定

五等级评定是正态分布的一种应用方式。正态分布曲线是一种两头低中间高的单峰对称曲线。它是一种重要的连续性分布，在教育测量与统计中普遍存在。图 6-1 所显示的是正态分布曲线下的面积与平均数($\overline{X}$)、标准差(σ)的关系。可见，正态分布曲线至少具有以下两种特性。

①正态分布曲线近似介于 $\overline{X} - 3\sigma$ 和 $\overline{X} + 3\sigma$ 之间。

②过平均数作数轴的垂线，这条垂线就是正态分布曲线的对称轴，即正态分布曲线的左、右两边对应这条垂线对称。

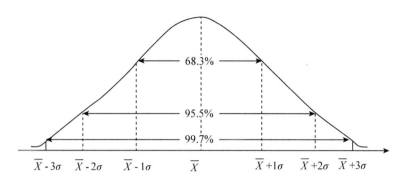

图 6-1　正态分布曲线下的面积与平均数($\overline{X}$)、标准差(σ)的关系

　　由正态分布曲线的性质可知，只要以标准差为单位，做适当划分就能科学地得到五等级评定中各等级所占的比例，如图 6-2 所示。通常的划分是在 5σ 范围内以 1σ 为单位分配优秀、良好、中等、及格、不及格，或者 A，B，C，D，E。

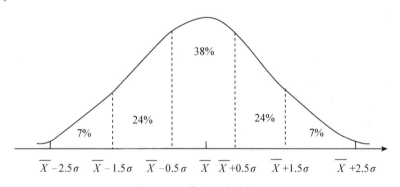

图 6-2　五等级评定的划分

　　在 $\overline{X}-0.5\sigma \sim \overline{X}+0.5\sigma$ 的区间为中等，占总体的 38%；在 $\overline{X}+0.5\sigma \sim \overline{X}+1.5\sigma$ 的区间为良好，占总体的 24%；在 $\overline{X}+1.5\sigma \sim \overline{X}+2.5\sigma$ 的区间为优秀，占总体的 7%；在 $\overline{X}-1.5\sigma \sim \overline{X}-0.5\sigma$ 的区间为及格，占总体的 24%；在 $\overline{X}-2.5\sigma \sim \overline{X}-1.5\sigma$ 的区间为不及格，占总体的 7%。

　　根据上述划分，对于任意个体数较多的群体，只要其个体属性理论上服从正态分布，并且计算出平均数和标准差，我们就可以较为科学地采用五等级评定的方法判断该群体是否服从正态分布。另外，借助五等级评定的方法，我们可以了解常模群体中每个个体测验分数排名的相应位置。按照这个思路，我们还可以把学生的分数排名转换为二级、三级、四级等不同等级评定。下面通过案例来说明五等级评定的运用。

案例：某学科学生学科知识测验的五等级评定

本案例是要判断某学科 176 名学生学科知识测验成绩是否服从正态分布。已算出某学科某次学科知识测验的平均分($\overline{X}$)是 74.5，标准差(σ)为 10.2。由已知条件和图 6-2 可得到表 6-2。

表 6-2　某学科学生学科知识测验的五等级评定

等级划分标准	分数	等级	人数	比例(%)
$\overline{X}+2.5\sigma$	100			
$\overline{X}+1.5\sigma$	89.8	优秀	12	7
$\overline{X}+0.5\sigma$	79.6	良好	46	26
$\overline{X}-0.5\sigma$	69.4	中等	67	38
$\overline{X}-1.5\sigma$	59.2	及格	38	22
$\overline{X}-2.5\sigma$	49	不及格	13	7

由表 6-2 可知，176 名学生学科知识测验成绩五个等级分配中的比例，与正态分布曲线上的理论数据 7%、26%、38%、24%、7%接近。因此，我们可以认为这些学生的学科知识测验成绩近似服从正态分布。

(四)计算标准分数

人们一般总认为语文的 90 分等价于数学的 90 分，物理的 75 分就比化学的 80 分低。其实并非如此，语文的 90 分和数学的 90 分只说明学生分别拿到了语文测验和数学测验中 90%的题目分值。可是，测验的题目难度并不一样。假如数学测验比语文测验难，则应该说数学的 90 分比语文的 90 分好。而且物理的 75 分未必比化学的 80 分不好。因此，有些学校把学生期中和期末考试的各科成绩合成总分进行排序的做法是不妥当的。这主要的原因是没有统一试题的难度。

第四章第一节曾提到，测验的难度是由所有参加测验的学生总人数当中正确答题人数的多少来衡量的。换言之，各门学科测验施测于同一群体学生。学生分数高的学科测验意味着题目难度相对较低，学生分数低的学科测验意味着题目难度相对较高。即在标准差相近的情况下，平均分高的学科测验题目难度较低，平均分低的学科测验题目难度较高。另外，对于中等难度水平的学科测验，学生得分的标准差较大，区分度较好；对于较易或较难水平的试卷，学生得分的标准差较小，区分度较差。可见，学科测验题目的难度与该题目所有参测学生的平均分和标准差有着密切联系。

将原始分数转换成标准分数，即统一所有参测学生各学科测验分数的平均分和标准差，就能把学生各科测验分数看成来源于具有相同难度的测验题目从而进行比较。所谓原始分数就是学生参加学科测验后，按评分标准对其答题表现直接评价给出的卷面分数。标准分数有多种不同的表示方式，主要有以下几种类型。

1. Z 分数

Z 分数是平均分为零且标准差为 1 的标准分数。Z 分数是较为典型的标准分数，其他形式的标准分数一般都由 Z 分数派生而成。其计算公式为：

$$Z = \frac{X - \overline{X}}{S}$$

该公式中，X 为原始分数，$\overline{X}$ 为原始分数的平均数，S 为原始分数的标准差。

原始分数为正态分布，转换后的 Z 分数仍为正态分布，而且是标准正态分布。由图 6-1 可知，在直角坐标系中，平均数左右三个标准差的范围内包含了群体中 99.7% 的学生个体。可见，Z 分数的数值范围大致在 $\overline{X} - 3\sigma - \overline{X} + 3\sigma$。

将原始分数转换成 Z 分数的原因之一，是为了使不同测验中的分数能够进行比较。但是，用上述公式导出的 Z 分数只能在分布形态相同或相近时才能进行比较。若两个分布，一个为正态，一个为偏态，那么相同的 Z 分数可能代表不同的百分等级。因此，对两个测验分数将无法比较。为了能将来源于不同分布形态的测验分数进行比较，可把偏态分布的测验分数转变为正态分布。将测验分数正态化有一个前提条件，那就是只有测验分数原本应该是正态分布，只是由于测验本身的缺陷或取样误差而使分数分布为偏态时，才能转变为正态分布并计算正态化的 Z 分数。

正态化 Z 分数是一个理论数值，它与用上述公式导出的 Z 分数有区别。原始分数越接近正态分布，正态化 Z 分数与用上述公式导出的 Z 分数就越接近。一般情况下，我们应尽可能通过调整测验题目的难度水平以获得原始分数的正态分布，而不是事后去把已经为偏态分布的测验分数正态化。

2. T 分数

由于 Z 分数中经常出现小数点和负数，而且单位过大，计算和使用很不方便，因此常常把它转换成 T 分数。其计算公式为：

$$T = 10Z + 50$$

T 分数是由 Z 分数直接转换而来的。它不仅具备 Z 分数所有的优点，而且克服了 Z 分数的缺点。T 分数没有负数，它的数值范围为 $20 \sim 80$，比较接近百分制的记分习惯，并且计算也不烦琐。

案例：甲、乙两名学生的标准分数和合成总分计算

甲、乙两名学生六门课程的原始分数、合成总分、团体平均分和标准差如表 6-3 所示，试求出他们的 Z 分数、T 分数和合成总分，并且与它们的原始分数合成总分进行比较。

表 6-3　甲、乙两名学生六门课程的原始分数、合成总分、团体平均分和标准差

项目	语文	数学	英语	政治	物理	化学
甲学生的原始分数	76	85	71	70	78	71
乙学生的原始分数	70	79	86	66	85	70
团体平均分	73	75	53	59	58	58
团体标准差	6	12	16	10	16	13

根据 Z 分数和 T 分数的计算公式，可计算出表 6-4 的数据。

表 6-4　甲、乙两名学生六门课程的 Z 分数和 T 分数

项目	课程					
	语文	数学	英语	政治	物理	化学
甲学生的 Z 分数	0.50	0.83	1.13	1.10	1.25	1.00
乙学生的 Z 分数	−0.50	0.33	2.06	0.70	1.69	0.92
甲学生的 T 分数	55.00	58.30	61.30	61.00	62.50	60.00
乙学生的 T 分数	45.00	53.30	70.60	57.00	66.90	59.20

比较表 6-3 和表 6-4 可知，根据原始分数合成总分，乙的成绩比甲好。若录取分数线为 455 分，那么甲被淘汰，乙则被录取。根据 T 分数合成总分，甲的成绩比乙好。若录取分数线是 355 分，那么乙被淘汰，甲则被录取。通过比较可以看到，根据 T 分数合成总分评价甲、乙两名学生六门课程的学科测验成绩是较为科学的做法。

上述例子说明，排列好学科测验成绩的名次后，把学生的测验分数转换成 Z 分数和 T 分数，然后累加 Z 分数或 T 分数。这种方法从理论上说，比用原始分数累加结果进行比较更为科学，因为它基本统一了试题的难度。但是，如果原始分数不服从正态分布，用累加 Z 分数或 T 分数的结果进行比较也可能存在较大误差。这就要求评价者把原始分数转化为正态化的 Z 分数或 T 分数，再进行累加比较。

(五)计算总评分

总评分是依据学生某学科的平时成绩、期中或期末考试成绩，按照一定的

比例计算得到的分数。这种方法明显的问题是把整个班级学生的学科基础等同看待，有可能挫伤学科基础不好学生的学习积极性和自信心，从而影响这部分学生学业成绩的提高。要克服这个缺点，我们就必须考虑学生学业成绩提高的幅度，用目标达成度和发展度两个尺度对学生做出价值判断。

计算学生某一学科测验成绩总评分，目前普遍使用的方法是，将每位学生在一个学期内的平时测验平均成绩的 30%、期中测验成绩的 30%、期末测验成绩的 40% 相加，得到其在一个学期某一学科测验成绩的总评分。这种方法没有考虑到学生各自起点不同，一学期后其进步程度也不同。一位学习成绩中等的学生一学期始终处于这一水平，或许还略有退步；而一个原来学习成绩不好的学生，经过努力成绩上升到中等，虽然他最终的总评分仍低于前者，但却有很大进步。上述方法对学生的进步情况不够敏感。取得进步的学生可能会因此失去信心，失去积极学习的动力；而没有明显进步的学生则可能容易产生自满情绪。

为此，我们有必要借鉴增值评价的理念，在计算总评分时既考虑学生的原有学习基础，又注意到学生学习的进步情况。突出每位学生起始水平的差异，不是把学生所取得的成绩和预定目标相比，而是与各自的起始水平相比，看其进步情况如何。在增值评价中，学习基础不好、起步晚的学生，通过自己的努力，在原有基础上取得一定进步，哪怕离教学目标还有一定距离，也可能取得较好显示进步幅度的成绩。增值评价能较有效地增强学习基础不好学生的信心，提高他们的学习积极性。当然，增值评价也可能使学习成绩不好的学生盲目乐观，使学习成绩较好的学生感到不公平。可见，传统的计算总评分方法和基于增值评价理念的计算总评分方法，各有优缺点，而且又是互补的。我们应该把两者结合起来，即同时用目标达成度（绝对评价基准）和发展度（增值评价基准）来评价学生的学科学习表现和成就，从而得到一个结合两者的最终总评分。

1. 根据原始分数计算总评分

在计算学生某一学科在一个学期的总评分时，我们可以将学生在一个学期中某一学科的若干次学科测验（包括期中考试和期末考试）成绩进行科学计算，估计学生学习成绩的进步幅度（进步率），再进一步计算出其发展分数。例如，某中学九年级某班一共有 30 名学生，他们在一个学期的物理学科测验（包括期中考试和期末考试）共进行了 8 次。全班学生的进步率和发展分数计算步骤如下。

①利用每次测验的原始分数计算出每位学生测验成绩的进步率 I（进步率的计算方法见第三章第四节"增值评价基准"相关内容）。

②根据实际情况，确定整个班级学生进步分数和退步分数的限度，即发展分数的限度。比如，进步学生得分最高为 10 分，退步学生最多扣 5 分(对于这两个数值的确定问题，教师可以根据班级学生测验成绩的分布情况和自己的教学经验，或采用专家讨论的方式来解决，一般一进一退不要超过 20 分)。

③找出整个班级中最大和最小的进步率：I_{max} 和 I_{min}。根据 $a \cdot I_{max} = 10$ 和 $b \cdot I_{min} = -5$ 两个公式分别求出 a，b(假设 $I_{max} > 0$，$I_{min} < 0$)，然后再利用公式：

$$\begin{cases} P = a \cdot I \ (10 \geqslant I \geqslant 0) \\ P = b \cdot I \ (-5 \leqslant I < 0) \end{cases}$$

求得每个学生的发展分数 P。

值得注意的是，进步分数限度和退步分数限度的确定，实际上带有一定的主观性，限定了学生发展得分的最大差距。但是，每位学生的发展分数又是客观的。这充分体现了"以推动进步而不以竞争为最终目的"的评价理念。

④求出运用传统目标达成度(绝对评价基准)方式得到的总评分 N^*，把它和运用发展度(增值评价基准)方式得到的发展分数相加，从而计算出每位学生的最终总评分 N。具体计算公式为：

$$N = N^* + P$$

2. 根据标准分数计算总评分

在上述某中学九年级某班物理学科测验的例子中，由于 8 次测验的难度并不统一，因此使用原始分数来计算总评分缺乏科学性和严谨性。当使用标准分数而不是原始分数来计算总评分时，我们则可以根据以下具体操作步骤进行计算。

①把每位学生的原始分数转换成标准分数，使用计算 Z 分数或 T 分数的计算公式，求出每位学生每次学科测验分数的 Z 分数或 T 分数。

②根据 8 次测验的 Z 分数或 T 分数求出运用传统目标达成度(绝对评价基准)方式得到的总评分 N^*。

③根据 8 次测验的 Z 分数或 T 分数求出每位学生在 8 次测验中的学习成绩进步率 I。

④求出每位学生的发展分数 P。

⑤求出每位学生的最终总评分 N。

假如从全班 30 名学生中按学号顺序选出前 17 位学生，运用上述步骤对他们的物理学科测验成绩进行计算，可得到表 6-5 的数据。[1]

---

① 吴钢：《现代教育评价教程》第二版，172 页，北京，北京大学出版社，2015。

表 6-5　某中学九年级某班 17 名学生某学期物理学科测验总评分情况

学号	原始分数的 Z 分数								进步率	发展分数	目标达成度		发展度	
	测验 1	测验 2	测验 3	测验 4	期中考试	测验 5	测验 6	期末考试	I	P	$N*$	名次	N	名次
1	-0.179	0.626	0.388	0.818	0.975	0.506	-0.242	0.100	-0.022	-0.80	80.4	6	79.60	7
2	-0.318	1.065	0.221	0.033	0.540	0.286	0.964	0.969	0.110	6.40	81.4	5	87.80	1
3	0.239	0.296	-0.531	0.033	-0.764	-0.374	0.444	0.486	0.026	1.50	76.9	10	78.40	9
4	0.169	-0.362	0.053	0.696	-0.873	0.066	-0.388	0.679	0.023	1.30	77.3	8	78.60	8
5	1.145	1.394	0.638	-0.883	-0.112	0.066	1.276	1.259	-0.009	-0.30	83.9	2	83.60	5
6	0.158	-0.692	0.137	-0.276	0	-0.704	-1.635	-0.577	-0.144	-4.90	73.6	12	68.70	15
7	-0.318	-0.143	-0.364	-1.248	-0.655	-0.264	1.068	-1.350	-0.003	-0.10	73.0	13	72.90	14
8	-0.010	0.077	0.053	-0.150	0.758	-1.474	0.236	0.583	0.015	0.88	77.5	7	78.38	10
9	-0.528	-1.899	-0.030	-1.855	-1.308	0.484	-0.076	-0.770	0.113	6.60	68.9	15	75.50	11
10	0.587	1.504	0.155	0.332	0.432	1.936	1.172	-0.090	-0.011	-0.40	75.1	11	74.70	12
11	0.309	0.845	-2.62	-0.397	0	0.176	1.172	0.872	0.171	10.00	77.0	9	87.00	3
12	0.587	-0.362	0.972	0.575	0.540	0.286	0.340	0.776	0.033	1.90	82.1	4	84.00	4
13	-1.294	0.077	-0.782	-1.369	-0.221	-0.374	-0.804	-0.384	0.052	3.00	70.1	14	73.10	13
14	0.448	1.175	1.223	0.453	0.866	1.166	0.652	1.066	0.023	1.30	86.0	1	87.30	2
15	-1.433	0.077	-0.698	-0.883	-0.982	-0.704	-0.284	-2.905	-0.146	-5.00	57.1	16	62.10	17
16	-1.364	-1.899	-0.698	-0.033	-1.090	-0.374	-1.947	-1.060	0.021	1.20	66.0	17	67.20	16
17	0.309	0.845	0.304	1.547	-0.655	0.616	0.548	0.872	0.014	0.80	82.4	3	83.20	6

由表 6-5 可见，利用目标达成度（绝对评价基准）和发展度（增值评价基准）在计算学生测验成绩总评分方面存在显著差异。可以看到，学生在两组排名中的先后顺序有了变化。15 号学生的退步最大，从发展度排名看，名次由目标达成度排名的第 16 名降为发展度排名的第 17 名。6 号学生的退步也较为明显，虽然没有落到群体最后，但发展度排名能清楚地揭示其退步的程度以及在群体中所处的位置。11 号学生的进步最大，其发展分数达到 10 分。在目标达成度排名中，这位学生仅位列第 9 名；而在发展度排名中，这位学生则一跃至第 3 名。2 号学生的进步也较为明显，从目标达成度排名的第 5 名跃居发展度排名的第 1 名。同时使用两种方式计算总评分，能帮助学生清楚了解自己进步与否、进步程度如何，也能够让学生通过了解其他同学的进步情况，调整自己的学习状态和方法，迎头赶上。

第二节　学科技能评价

学科技能评价是指对学生通过学科学习在动作技能领域取得的学习成就（如英文口语交际、体育运动技能、物理或化学实验技能等方面的学习成就）所做的评价。它主要以口头测验、实验测评、任务完成为评价手段，部分情况下也以书面测验为评价手段。发展学生的学科技能是学校教育的一个重要目标，也是目前我国学校教育中比较薄弱的环节。因此，重视对学生的学科技能评价，加强对学科技能评价理论的研究，对全面教育高质量发展具有重要意义。

一、学科技能测验的重要性

学科技能是学生的不同学科领域的实际操作技能，而不是阅读与书写等基本的认知能力。在基础教育中，操作过程和程序的技能是许多学科课程要求掌握的内容，如自然科学学科的实验操作技能，语言学科的母语和外语交流技能，社会科学学科的绘制地图和图表、有效地组织小组活动等，艺术学科的演奏和演唱技能。高等教育中不同的专业教育，如工业教育、商务教育、农业教育、体育，操作技能更为重要。在学业评价中，学科技能测验为学科知识测验提供了有益补充。

20 世纪 70 年代以来，随着标准参照测验（详见第一章第三节相关内容）的兴起，人们日益重视对学生能做什么、不能做什么进行具体而直接的描述。人们还对操作技能的评价进行了较为深入的研究。

学科技能测验具有许多重要的价值，主要体现如下。

①注重实际的应用，使学与用更加紧密地联系起来。

②促进学生手脑并用，既有利于知识的掌握与巩固，对提高学生的观察

力、培养学生主动探究与质疑的精神、养成学生规范的操作习惯以及严谨的科学态度也具有重要的影响。

③情境比较直观、生动，有利于激发学生积极参与的兴趣和动机等。

此外，学科技能测验的实施对教学具有良好的反馈作用，能促进学生知行结合，得到更全面的发展。在艺术（音乐、美术）学科中，学科技能测验有利于学生创造力的充分发挥；在体育学科中，对运动技能进行测验，不但能促进学生获得这些技能，对学生意志和毅力的培养也具有重要作用。

学科技能测验也存在一些困难之处：如把一项操作任务分解为若干测量项目比较困难，实施测验也比较费时，观察、记录、判断都存在一定的误差，测验信度也较难保证。尽管如此，但学科技能测验的效度较高，能够对教学产生良好的导向作用，提高学生的动手能力和操作能力。因此，教育工作者应当重视对学科技能测验，把它作为促进学生全面发展的重要途径之一。

二、学科技能测验的性质

"学科技能"一词大致有三层含义。第一层含义是指实验操作技能，如学生是否能独立而安全地使用实验的器具完成实验。第二层含义是指学生非书面的表达技能，如学生的体育与艺术（音乐、美术）才能，学生的演讲（母语或外语）才能等。第三层含义是指学生的实践能力，如解决实际问题的能力、组织能力等。

有学者将技能归入知识范畴，认为技能是一种程序性知识。比如，第一章第三节在介绍"学业评价"这一概念时就指出，有学者把知识划分为事实性知识、概念性知识、程序性知识和反省认知知识四种基本的类型。但是，这种划分对学生评价而言，并未真正区分知识和技能所依赖的评价情境的差别。

根据评价情境产生的方式，我们可以将其划分为三种基本类型，即自然情境、结构化情境和模拟情境。

自然情境即真实情境，它是指观察者不干涉或介入事件的正常进行过程，以观察学生的典型表现。比如，请设计一个在自然情境中观察和评价学生朗读能力（如朗诵诗歌或散文）的方案。

结构化情境是指观察者在特定的地点、时间，通过一个专门设定的环境将外部干扰降低到最小，以观察学生的最佳表现。比如，请设计一个在结构化情境中观察和评价学生听写能力（如听写字、词、句）的方案。

模拟情境是指在一种经过控制但却是真实的情境中观察学生的表现。比如，请设计一个在模拟情境中观察和评价学生实验操作能力（如使用天平测量物体质量）的方案。

当评价者尝试运用学生评价对学生学习表现或成就做出判断时，就需要根据评价目的设计相应的评价情境，让学生以评价情境为抓手，展现自己的最佳水平，并展示自己的学习成就。

学科知识测验主要将结构化情境作为评价情境，而学科技能测验则主要将模拟情境作为评价情境。就性质而言，学科技能测验是一种主要基于模拟情境的表现性评价。与基于自然情境的表现性评价相似，它同样重视实际情况，力图使学生通过动手或交往，增强其解决实际问题的能力。但它要求学生所做的操作又是一种在特定情境中模拟或简化的操作。

菲茨帕特里克（Fitzpatrick）和莫里森（Morrison）指出，学科技能测验对"现实生活情境"的模拟程度是不同的。[①] 例如，让小学生应用计算技能解决实际的生活问题——用现金购买一些文化用品，其评价情境可以是解一道应用题，也可以是实际购物。前者是低真实性的书面测验，后者则是高真实性的任务完成。介于两者之间还可以设置真实程度不同的若干情境，如进行角色扮演的模拟购物等。

在中学的劳动课中，学科技能测验可采用不同的评价情境的组合形式来开展。考查学生安装日光灯的技能，可要求学生画出有关电路图，写出安装步骤；也可要求学生在实验室里将日光灯的各部件安装起来；最真实的情境是让学生在现场（如教室）安装日光灯。

学科技能测验的评价情境符合真实的程度取决于各种制约因素，如教学的目的，教学中操作的地位，实施条件（时间、经费与设备等），所要测量的特定任务的性质等因素。一般来说，我们应当在各种限制条件下尽可能使评价情境获得较高的真实性。

三、学科技能测验的侧重点

各种学科技能测验的侧重点可以有所不同。有些学科技能测验关注任务完成的过程（如讲演），有些则更关注成果（如具体的作品），也可以是过程与结果两者某种程度的结合（如用工具制作产品）。这是由各种任务的特有性质所决定的。

有些任务并不导致有形的成果，如使用仪器设备、表演、体育技艺等。这些活动要求在过程中评价操作，特别注重动作的要素及适当的顺序。有些任务则主要关心成果，如评价学生的作品。在许多场合，过程和成果都是操作的重要方面。例如，要求学生找出并排除某些常用设备或仪器的故障，既要遵循一

---

① Robert L. Thorndike, *Educational Measurement*, Washington, American Council on Education, 1971, pp. 238-239.

定的程序找出故障，又要排除故障。

通常，学习的早期重视过程和程序的正确性，后期则更为注重成果的质量。例如，在评价打字技能时，开始注重评价指法的正确与否，后续评价则注重打字材料的规范、准确及打字的速度。因此，学科技能测验的重点取决于所测的技能以及任务在教学过程中所处的位置。

四、学科技能测验的类型

根据不同的分类标准，学科技能测验可分为不同的类型。

首先，按测验编制者划分，可分为由专门机构编制的标准化学科技能测验和由教师自编的学科技能测验。

其次，按评价情境的真实性程度分类，则可分为以下三种类型。

(一)书面测验

学科技能的书面测验与学科知识的书面测验不同，前者特别重视在模拟情境下应用知识和技能，后者则注重知识的一般了解和掌握。

在许多场合，书面应用(如绘图、设计等)的成果，本身就是有价值的学习成果。在另一些情况下，书面测验只是操作过程的第一步，如对实际情况下的数值计算。尽管计算实际情况下的数值并不是精确评价绘图技能的充分条件，但却是一个必要条件。书面测验还适用于需要昂贵设备或复杂操作的场合，以避免出现重大事故或导致损坏设备的现象。例如，高中化学课有部分实验需要使用危险化学品。它们一般具有易燃、易爆、有毒、腐蚀性、放射性等特性，在与人体或某些物品接触时，或在受到摩擦、撞击、接触火源、遇水(或受潮)、强光照射、高温等外界条件的影响时，能够引起强烈的燃烧、爆炸、侵蚀、中毒、烧伤，甚至致命等灾害性事故。为了保证学生的人身安全，一般会将实验技能测验改为描述实验过程和具体步骤的书面测验。

案例：国际学生评价项目中数学领域的计算技能书面测验

PISA (Programme for International Student Assessment，国际学生评价项目)是经济合作与发展组织(OECD)面向 15 岁学生开展的一项阅读、数学、科学素养的国际性学生评价项目。该项目从 2000 年开始，每隔三年进行一次测评。每次测评从阅读、数学、科学当中选择一项作为主要领域，另外两项则作为次要领域。图 6-3 是 PISA 数学领域的一道计算技能书面测验题中的平面图。①

———————

① OECD，*PISA 2012 Results：What Students Know and Can Do-Student Performance in Mathematics，Reading and Science (Volume I)*，Paris，OECD Publishing，2014，p. 141.

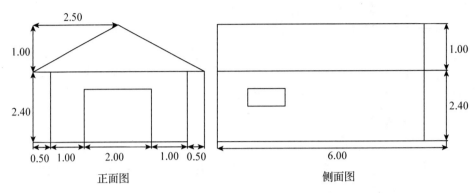

图 6-3　计算技能书面测验题中的平面图

以上两个平面图显示宇乔选择的车库的尺寸，以米为单位。屋顶由两个完全相同的长方形部分组成。计算屋顶的总面积，写出你的计算过程。

(二)辨别测验

辨别测验也是对学生操作技能的间接测量，包括不同的复杂程度。较简单的辨别测验可考查学生对工具、设备与程序方面的了解；较复杂的辨别测验可让学生找出电路中的短路原因；更加复杂的辨别测验是让学生根据设备运行的情况，如倾听机器运行的声音，找出故障以及发现导致故障的大致原因，提出适当的故障排除方案。

(三)模拟操作测验

模拟操作测验强调适当的操作程序。它通常要求学生在模拟情境中完成实际任务所需的动作。模拟操作测验的应用范围十分广泛。除了理科课程和劳动课程以外，文科课程中也时常采用，如模拟的法庭辩论、教学试讲。在学习或培训的初期，模拟操作测验可采用计算机模拟或其他特别设计的仿真设备模拟，以避免条件限制，或出现学生人身意外伤害和设备损坏的情况。在一些情况下，模拟操作测验可以作为总结性评价使用，如化学课的实验操作技能；在另一些情况下，模拟操作测验则是实际操作的准备阶段，如电脑操作等。

五、学科技能测验的编制步骤

与学科知识测验相比，学科技能测验的评价情境一般更难控制和标准化，准备与实施需要更多的时间，评分更困难。因为评价情境越接近实际操作条件，评价中不确定的因素就越多。下面以劳动课程为例，简要介绍学科技能测验的编制步骤。

(一)详细界定测验内容

学科技能测验的内容一般由三个部分组成。

①进行工作任务分析，确认并准备完成作业所需的适当的材料、工具、设备、程序等。

②按规定的程序实施操作，如使用工具，操控设备，进行测量、实验、修理、制作等。

③设计或制作出一种作品作为成果，如设计图、实物、器具设备、操作过程录像等。

(二)选择适当的评价情境

确定评价情境时应考虑多方面的因素。第一，要考虑教学目标的性质。有些理论性较强的导论课程，也许只需要进行书面测验。第二，要考虑教学顺序的安排。比如，对排除机械故障进行评价，可以先进行书面测验，找出可能的故障，再进行实际操作。第三，要考虑实际条件的限制，如时间、费用、设备、实施、评分等因素。第四，要考虑评价情境中特定任务的限制。比如，对急救技能进行测试，就不可能用真正的伤病人员作为对象，以免出现不可控的问题。因此，在准备学科技能测验时，我们常常需要提前就各种影响因素做出权衡，力图模拟出最真实的评价情境。

(三)明确描述测验的评价情境及要求

在确定测验内容和评价情境后，下一步工作便是撰写测验的指示语。指示语应当明确说明要求完成什么任务、在什么条件下实施、判断的依据等。指示语应当包括下列要点。

①测验目的。

②设备与材料。

③测验程序，如设备使用条件、要求的行为表现、时间限制等。

④评分方法。

指示语可以用书面或口头的方式呈现给学生，这取决于指示语的复杂程度。提供指示语的目的是使测验条件尽可能保持统一和标准化。

(四)准备用于评价的观察与记录量表

操作过程与结果的评价都需要进行仔细的观察和准确的判断。因此，准备用于评价的工具是指事先编制好观察与评价所需的量表。常用的量表是核查表和评价量表。这些量表通常包括一组规定的程序、步骤或行为的评价基准。评价者根据观察，记录下规定行为是否出现，并对操作技能的水平做出相应的判断。操作成果的评价还可以采用测验样本比较的方法。测验样本比较方法的基本程序如下。

①先选出一系列(20 个或更多)实际测验样本。

②请几位教师按照整体质量排列这些测验样本。

③计算出各测验样本的平均名次，从中选出5～7种质量不同的测验样本作为实物量表。这些测验样本应具有较高的评价者信度（即评价者的评价意见较为一致）。

④对教师使用量表进行必要的培训。当把学生的作品与这些实物量表做比较后，评价者便可做出较为可靠的评价判断。

(五)确定评价操作技能水平的基准

学科技能测验常用的评价基准包括：速度（时间要求）、准确性（允许的误差大小）、操作顺序和步骤的规范性、成果的数量、成果的质量、材料的合理使用（是否节约和不浪费）、注意安全操作等。在学习与培训前期的评价一般更加强调准确性、规范性、安全等要素，能熟练操作的评价则比较强调速度、数量、质量等方面。评价的等级一般采用不及格、及格、良好、优秀等。还有部分评价基准主要关注操作的过程。一般按照熟练程度来划分等第，如学生的实验操作技能的水平可分为：能够识别（看演示、能辨别操作程序的正确与否），初步学会（在教师的指导下进行操作），学会（能独立、正确地进行操作），熟练（独立、正确、有条理、迅速地进行操作）。

六、学科技能测验需要注意的问题

在实施学科技能测验的过程中，有一些问题需要特别注意。评价者对这些问题应给予必要且充分的重视。

(一)标准化条件

成功的学科技能测验有赖于提供标准化的测验条件。测验条件包括许多方面。首先，测验的程序与指示语必须规范、统一。在评价操作技能时，程序与指示语的微小差异均有可能引起学生表现的巨大差异。可采用制定评价者指南（手册）的方式，严格规定测验的具体程序以及评价者应当宣读的指示语。评价者应按照指南的规定实施测验，并严格宣读指示语，不能有任何增删。其次，所提供的材料、工具或设备应当一致。最后，由于学科技能测验经常采用个别或小组测试的方式，持续时间较长，评价者应当尽力保持测验环境因素的一致性。标准化的测验条件有助于提高学科技能测验的可靠性和有效性。

(二)人—机系统中的误差积累

在学科技能测验中，学生与工具（设备）构成了操作过程的人—机系统。通常情况下，操作过程与结果的复杂程度越高，其标准差也可能越大。这些误差可与人、机两者的差异（误差）分别结合，造成误差的积累。因此，在测验时，测验者要充分考虑到这些因素，正确估计可能产生的误差，使测验尽可能公平、客观。

七、学科技能评价示例

这里以学生的实验操作技能为范例，说明如何评价学生的学科技能。实验操作技能是一种复合能力。近年来，不少学校在加强对学生实验操作技能进行评价的基础上，积极探索更有效的评价方法，把认知、操作和解决实际问题（验证或探究）有机地联系起来，体现了学业评价发展的新趋势。下面是某校学生化学实验操作技能的评价指标体系、评价方法和评价标准示例。

（一）化学实验操作技能的评价指标体系

1. 设计实验程序

①运用已掌握的学科知识和原理，将某种设想（或预测）转变成可以验证的形式，提出实验假设。

②进行实验的设计。它包括从多种因素中确定主要因素、确定改变和控制主要变量的技术、确定观察与测量的次数和范围等。

③选择实验所需要的仪器装置和材料，并考虑安全与成本方面的要求。

2. 获取实验证据

①安全、熟练地使用仪器装置。

②按规定的精确度要求进行观察和测量。

③进行充分的观察和测量以保证获得可靠的证据，必要时可重复观察和测量。

④客观、清楚、适当地记录证据。

3. 分析证据，得出结论

①清晰地呈现定性、定量的证据，按规定的精确度表示数字结果。

②用适当的图表直观而形象地突出重要的证据。

③分析、核查证据与结论的一致性程度。

④解释结果支持（或否定）假设的原因。

⑤运用科学知识和原理解释结论。

4. 评价证据

①考虑得出结论的证据是否充分。

②考虑出现异常结果的原因，适当时可舍弃这样的结果。

③从观察和测量的不确定性方面考虑结果的可靠性。

④对已采用的方法与技术提出改进建议。

⑤提出进一步的探究以检验结论。

5. 确保报告的规范性

①语言表述的规范性。

②科学用语的准确性。

(二)化学实验操作技能的评价方法

①采用实验或探究作业(每学期布置 2～3 次)的方法,在平时教学中进行评价。

②学生独立完成作业,教师进行有效监督。

(三)化学实验操作技能的评价标准

①前三个评价指标的评分分为 2 分、4 分、6 分、8 分四个等级;第四个评价指标的评分分为 2 分、4 分、6 分三个等级;第五个评价指标的评分分为 1 分、2 分、3 分三个等级。

②学生的最后得分是各次评价每个评价指标的最高分之和。

③评价记录与相关的证据放入学生成绩档案,交学校实验考试中心。实验考试中心对学生的成绩评定进行检查,必要时可要求学生在实验考试中心重新接受评价。

第七章　综合素质评价

综合素质评价是与学业评价对举的学生评价类型。其定义在第一章第三节"学生评价的类型"部分已有具体说明，此处不再赘述。实施综合素质评价的目的是整体反映学生德智体美劳全面发展情况和个性特长，客观记录学生成长过程的整体表现，为落实因材施教、促进学生成长提供支持，并作为学生毕业升学的依据或参考。

实施综合素质评价，有利于全面落实立德树人根本任务，引导学生和教师确立正确的教育质量观、发展观和评价观；有利于促进教育评价方式改革，切实转变人才培养模式；有利于提升学生的自我认识、自我评价和自我教育能力，促进学生的积极主动、多样化、健康发展；有利于社会和家庭形成正确的育人观，营造良好的社会氛围。

综合素质评价的实施遵循以下基本原则。

一是注重全面，关注个性。面向全体学生，全面考查学生综合素质各方面的主要特点和突出表现，同时关注不同学生的个性特长发展。

二是强化过程，促进发展。以促进学生发展为目的，关注学生的成长与发展过程并予以记录，反映学生的进步过程，帮助学生认识自我、发展自我。

三是客观记录，真实评价。对学生成长过程中的主要经历和典型事例做客观记录和写实性描述，真实评价学生综合素质发展状况。师生全员参与，过程公正、公平、公开。

四是多方协作，综合评价。学校、家庭、社会多方协作开展学生综合素质评价。学校组织实施，家庭和社会协助，指导学生开展自评，使评价事实与结论相互印证。

从综合素质评价的内容来看，从国家层面到不同地区在制定综合素质评价实施细则时，通常会根据不同学段教育的性质、学生的年龄特点，结合学校教育教学实际，以便借助综合素质评价充分反映学生的全面发展情况和个性特长。学生综合素质评价内容主要包括学习素养评价、道德素养评价、审美素养评价、劳动素养评价等方面。

第一节　学习素养评价

在培养学生学习素养的过程中，如果能够建立"导向—评价—反馈—教育—改进"的机制，就会有效促进学生学习素养的提升。学习素养，顾名思义，就是学生学习过程中应该具备的素养。它是由不同的要素构成的集合，这些要素通常包括学习能力、学习态度、学习兴趣、学习意志等方面。根据与学习活动相关的程度，学习素养可以划分为与学习活动直接相关的学习能力，以及与学习活动间接相关的学习态度、学习兴趣、学习意志等学习心理品质。相应地，学习素养评价也包括学习能力评价和学习心理品质评价。

一、学习能力评价

(一)学习能力的含义

学习能力既不是知识、技能和策略本身，也不是知识、技能、策略之外的特殊之物，而是实实在在的专门化的知识、技能和策略结构系统。[①] 概括地说，学习能力包括以下三方面的内容。

一是自我确定学习目标的能力。学习目标是学习者对学习活动期望得到的结果，同时又是学习活动的出发点。对于学习的全过程而言，目标无疑是重要的。有了适度而明确的学习目标，不仅可以使学习者在目标引导下开展学习活动并同时调节学习过程，增强学习活动的针对性，而且还可以使学习者增强学习的主动性、自觉性。由于学习目标是一个多层次、多维度、互相联系、面对未知世界的存在，对学生而言确定目标并非易事。

二是灵活运用学习方法的能力。恰当灵活地选择使用相应的学习策略和方法，是学习能力的重要标志。善于根据任务选择使用学习策略和方法的学习者，可以更少地依赖他人帮助而自主完成学习活动，在学习过程中准确分析学习内容、目标、要求，并据此选择恰当的策略和方法，自觉调控学习过程；在学习过程中不断检查自己的学习活动，把有关学习要求与学习方法联系起来进行对照思考，检查学习方法与学习要求之间的适应程度，借以估计学习方法能够达到的学习效果，及时调整学习活动的进程。通过反馈和调控，学习者能做到策略和方法适合目标要求时就维持并强化原来的学习方法；当学习策略和方法不适合学习目标要求时，学习者就修改补充，或重新选择学习方法，以实现方法与目标的一致性，增强学习效果。

---

① 毕华林：《学习能力的实质及其结构构建》，载《教育研究》，2000(7)。

三是解决问题策略的迁移能力。学习活动的目的归根结底是掌握解决问题的策略和方法。解决问题的策略一方面取决于学习者对有关知识掌握的熟练程度及知识运用的灵活程度，另一方面取决于对解决问题策略的掌握水平。因此，解决问题策略的迁移能力是反映学习能力的重要标志。学习能力强的学生既能对知识做综合概括和结构性掌握，也能对知识所蕴含的解决问题策略举一反三，触类旁通，具有较强的迁移能力。①

学习能力是一种综合能力，由多种要素按照一定的结构组合而成，是静态结构与动态结构在学习活动中的统一。它具有以下特征。

第一，智力因素与非智力因素是制约学习能力发展的心理基础。从学习能力的心理基础来分析，学习能力是一种个性特征，它会受个人的心理因素影响。换言之，智力因素与非智力因素都是学习能力形成和发展的前提条件。智力因素主要由感知、记忆、思维、想象、言语等心理因素构成，它直接参与客观事物认识的具体操作；而非智力因素通常是指那些不直接参与认识过程，但对认识活动起动力和调节作用的心理因素，如动机、兴趣、情感、意志、性格等。

第二，基本能力和综合能力是学习能力在学习活动中的不同表现形式。学生的学习活动是由内部活动和外部活动两部分构成的，即有两种形式的活动。学习的内部活动即心理活动，它是通过语言、形象和符号对学习对象进行感知、记忆、思维、想象、言语表达等的心理活动，以实现知识的内化和概括化。学习的外部活动在课堂教学中主要是学生主体的实践操作性活动，如阅读、讨论、练习、交流、制作、实验等。这种直观的外部操作可以加速学生掌握知识的内化过程。学习活动是学生内部活动和外部活动的统一，二者在学习过程中相互转化，从而实现学生对知识的系统掌握和学习能力的全面发展。

第三，思维能力和学习策略是学习能力的核心。思维活动是一种指向问题解决的、间接的、概括的认知过程。概括性是思维基本的特征，也是思维能力发展的基础。所谓概括是指将同类事物共同的、本质的特征联结起来的过程，它是在分析、综合、抽象的基础上进行的。学生的学习能力正是其在获得学科知识、技能和策略的基础上通过不断地概括化和内化而形成的。学习策略是学习者在学习活动中有效学习的规则、方法、技巧及其调控，它具有方法性和自我调控性两大特性。我们要把知识、技能、策略纳入学习能力的构成之中，强调学习能力的实质是结构化、网络化、程序化的知识、技能和策略，强调学习活动是学习能力形成和发展的重要途径。这一能力观对学习素养评价而言具有

---

① 刘晋伦：《能力与能力培养》，6～9页，济南，山东教育出版社，2001。

重要的现实意义。

(二)学习能力的评价

1. 学习能力评价标准的制定依据

制定学习能力评价标准的依据主要来自四方面，即学生学习能力培养目标、相关的教育政策和法规、教育学和心理学理论、实践中积累的经验。

(1)学生学习能力培养目标

《深化新时代教育评价改革总体方案》在树立科学人才观方面指出："坚持以德为先、能力为重、全面发展，坚持面向人人、因材施教、知行合一，坚决改变用分数给学生贴标签的做法，创新德智体美劳过程性评价办法，完善综合素质评价体系，切实引导学生坚定理想信念、厚植爱国主义情怀、加强品德修养、增长知识见识、培养奋斗精神、增强综合素质。"

(2)相关的教育政策和法规

为保证学生学习能力培养工作的顺利进行，党和国家根据教育的需要以及教育活动本身的特点制定了一系列方针、政策和法规，用以规范和发展教育及人才培养。它们既是开展培养工作的指南，又是衡量工作成绩的重要标准。因此，制定评价标准时应以此为根据。制定学生学习能力评价标准时主要参考国家或地方性的教育政策与法规，如《教育部关于推进中小学教育质量综合评价改革的意见》《教育部关于加强和改进普通高中学生综合素质评价的意见》《广东省教育厅关于实施初中学生综合素质评价的指导意见》《广州市中小学劳动教育指导纲要》。表 7-1 为广东省初中学生综合素质重要观测点评价参考指标体系（学业水平部分）。

表 7-1　广东省初中学生综合素质重要观测点评价参考指标体系（学业水平部分）

一级指标	二级指标	指标内涵	重要观测点建议（每学期评价一次）
学业水平	学习表现	学生遵守课堂及教师教学基本要求情况；学习兴趣、学习态度、学习自信心等情况。	1. 基本要求。按时出勤，认真听讲、及时完成学习任务。 2. 乐学敬业。保持积极学习态度，具有学习自信心和自主学习意识、养成学业规划习惯，认真制订学习计划。
	学习能力	学生掌握有效学习方法、阅读理解、沟通表达能力情况。	3. 学会学习。掌握有效学习方法，主动预习、及时复习，撰写学习总结，不断提高学习能力。广泛吸收、合理

续表

一级指标	二级指标	指标内涵	重要观测点建议（每学期评价一次）
学业水平	创新精神	学生科学兴趣特长情况；参加创新活动情况；发现、提出、分析、解决问题等方面的情况。	利用信息，文明绿色上网，养成阅读习惯，每学期阅读课外图书5册及以上。4.乐于创新。积极参加学校兴趣小组、社团活动，有小发明、小制作、小创造等兴趣特长。5.学业达标。达到国家规定的义务教育课程学业质量标准要求，各科成绩达到合格及以上标准。主动参与实验、学科实践设计，并能够完成相关操作。
	学科素养	学科基本知识和技能掌握、认知能力、思维发展、创新意识培育情况；学科学业质量标准达成状况；学科实践及实验操作能力情况。	

资料来源：《广东省教育厅关于实施初中学生综合素质评价的指导意见》。

(3)教育学和心理学理论

对于学生来说，基本的学习能力就是听、说、读、写、计算、思考等学习课业的能力。学习能力涉及的心理过程十分复杂，主要包括注意力、观察力、记忆力、想象力、思维力和操作能力以及学习策略。其中任何一方面发展不足都可能导致学生学习效果不佳。当学生的注意力、观察力、记忆力、想象力、思维力等智力因素达到一定水平，学习策略对学习效果起着相当重要的作用。由于学生的注意力、观察力、记忆力、想象力、思维力在学业评价中得到了较多的显现，因此在制定学生学习能力评价标准时，其指标内容应较多地聚焦于学习策略。

(4)实践中积累的经验

这些经验主要通过在各级各类学校的实地调研和访谈获得。学校领导者认为学生的学习能力主要表现在学习习惯的养成，如独立完成作业，发现问题并加以解决。要从上课表现、课后作业、平时考查等方面来评价学生的学习能力，评价内容应渗透在平时的学生学习能力指导之中。要把学生的平时表现、学习能力评价结果以及最终的考试成绩结合起来。

教师认为学习能力强的学生有较强的观察力，能通过多种途径去搜集相关材料，能做一些区分和筛选，有一定的创新能力，主动性比较强。要培养学生的学习能力，教师应上课时多提问，在某一阶段或某个环节让学生多上台主持。搜集资料时给学生大致思路，让他们去充实，这样就可以培养学生的创新思维能力。这个过程中要有教师的参与。比如，在素材搜集时，教学生如何有效地搜集资料；搜集完毕，指导他们如何归类、提炼所需要的材料。

2.学习能力评价标准示例

根据上述依据，再参考第三章中制定学生评价标准的思路和方法，评价者就可以制定学生学习能力评价标准。表 7-2 至表 7-4 是供教师评价、学生自评、家长评价使用的三套学生学习能力评价标准示例。①

表 7-2　学生学习能力评价标准(供教师评价使用)

评价对象	指标体系	权重	评定标准		
			等级内容(1～3 年级)	等级内容(4～5 年级)	评定等级
学生学习能力	1. 发散思维方面	0.2087	①按时按量完成作业 ②及时订正作业 ③上课提问和回答问题思路清晰 ④养成一题多解的习惯	①独立按时按量完成作业 ②养成一题多解的习惯 ③有独特的构思 ④积极参加科技小发明活动	
	2. 提问、质疑方面	0.2064	①上课认真听讲 ②课堂上积极举手提问 ③没听懂的内容,课后主动问老师 ④能提出与老师不同的想法	①课堂上积极动脑提问 ②没听懂的内容,课后主动问老师 ③能提出与老师不同的想法 ④主动发现和研究问题	
	3. 知识梳理及整合方面	0.2018	①课前能预习教材 ②语文和英语单词默写成绩优良 ③课后能及时复习所学内容 ④阅读书籍后能记笔记	①课前能预习教材,注明不懂之处 ②能分类记忆语文和英语单词 ③能较好把握学习重点 ④兴趣广泛,知识面宽	
	4. 信息搜集、处理方面	0.2003	①能按老师的要求搜集有关信息 ②能与同学交流所搜集到的有关信息 ③能上网查询 ④对查寻到的信息能有效选择	①能主动搜集与学习内容有关的信息 ②能与同学交流所搜集到的有关信息 ③能用多种方式搜集信息 ④对搜集到的信息能分类和综合	
	5. 书本知识运用于实际方面	0.1828	①能阅读少儿报刊 ②上课提问和发言中能运用所学词语 ③能帮助老师布置教室、出黑板报 ④能制作电子小报	①能阅读报刊 ②能制作电子小报 ③能在班级活动中提出合理建议 ④能在各类竞赛中获奖	

----

①　吴钢、丁敏:《小学生学习能力发展性评价标准探析——以上海市徐汇区康宁科技实验小学为例》,载《教育科学研究》,2007(2)。

填表说明：如果做到"评定标准"栏等级内容中的 4 项，请在"评定等级"栏填 A；如果做到等级内容中的 3 项，请填 B；如果做到等级内容中的 2 项，请填 C；如果只做到等级内容中的一项或一项都没做到，请填 D。在做到的等级内容上打"√"。

另外，请您回答以下两个问题。

(1)该学生在学习能力方面有哪些优势和不足？

(2)对学生学习能力培养的期望和建议。

表 7-3 学生学习能力评价标准(供学生自评使用)

评价对象	指标体系	权重	评定标准		
			等级内容(1～3 年级)	等级内容(4～5 年级)	评定等级
学生学习能力	1. 发散思维方面	0.2335	①上课能听懂老师所讲的内容 ②能按时按量完成作业 ③能较清楚地回答老师上课的提问 ④养成一题多解的习惯	①上课能理解老师所讲的内容 ②独立按时按量完成作业 ③养成一题多解的习惯 ④积极参加科技小发明活动	
	2. 知识梳理及整合方面	0.2233	①课前能预习教材 ②能记住学得的新知识 ③课后能及时复习所学内容 ④阅读书籍后能记笔记	①课前能预习教材，注明不懂之处 ②与已有知识比较记住新知识 ③能较好把握学习重点 ④能有效整理一阶段所学的知识	
	3. 提问、质疑方面	0.2054	①上课认真听讲 ②课堂上积极举手发言 ③没听懂的内容，课后主动问老师 ④能提出与老师不同的想法	①课堂上积极动脑提问 ②没听懂的内容，课后主动问老师 ③能提出与老师不同的想法 ④主动发现和研究问题	
	4. 书本知识运用于实际方面	0.1754	①学了书本知识就想运用 ②能读懂少儿报刊 ③与他人交流中能自觉运用所学词语 ④能独立购买学习用品	①能阅读报刊 ②能阅读中外名著 ③与他人交流中能自觉运用所学词语 ④能独立购买常用的生活用品	

续表

评价对象	指标体系	权重	评定标准		评定等级
			等级内容（1～3年级）	等级内容（4～5年级）	
学生学习能力	5.信息搜集、处理方面	0.1624	①在家看电视新闻 ②能上网查询 ③能与同学交流所搜集到的有关信息 ④对查寻到的信息能有效选择	①能主动搜集与学习内容有关的信息 ②能与同学交流所搜集到的有关信息 ③能用多种方式搜集信息 ④对搜集到的信息能分类和综合	

填表说明：如果做到"评定标准"栏等级内容中的4项，请在"评定等级"栏填A；如果做到等级内容中的3项，请填B；如果做到等级内容中的2项，请填C；如果只做到等级内容中的一项或一项都没做到，请填D。在做到的等级内容上打"√"。

另外，请你回答以下问题。

(1)你在学习能力方面有哪些优势和不足？

(2)你准备采取什么措施提高你的学习能力？

(3)为了提高学习能力，你希望老师和学校提供哪些支持和帮助？

表7-4 学生学习能力评价标准（供家长评价使用）

评价对象	指标体系	权重	评定标准		评定等级
			等级内容（1～3年级）	等级内容（4～5年级）	
学生学习能力	1.知识梳理及整合方面	0.2159	①课前预习教材 ②能记住学得的新知识 ③课后能及时复习所学内容 ④阅读书籍后能记笔记	①课前预习教材，注明不懂之处 ②与已有知识比较记住新知识 ③能较好把握学习重点 ④能有效整理一阶段所学的知识	
	2.发散思维方面	0.2064	①能按时按量完成作业 ②及时订正作业 ③说话具有较好的条理性 ④养成一题多解的习惯	①上课能理解老师所讲的内容 ②独立按时按量完成作业 ③养成一题多解的习惯 ④积极参加科技小发明活动	

续表

评价对象	指标体系	权重	评定标准		
			等级内容(1～3年级)	等级内容(4～5年级)	评定等级
学生学习能力	3.提问、质疑方面	0.2023	①上课能听懂老师所讲的内容 ②阅读课外书籍能主动与家长交流 ③能发现老师批改作业中的不足之处 ④能提出与老师不同的想法	①阅读课外书籍能主动与家长交流 ②能发现老师批改作业中的不足之处 ③能提出与老师不同的想法 ④主动发现和研究问题	
	4.书本知识运用于实际方面	0.1902	①经常看少儿报刊 ②与他人交流中能自觉运用所学词语 ③能独立购买学习用品 ④能帮助家人解决困难	①能阅读报刊 ②能独立购买常用的生活用品 ③能在各类竞赛中获奖 ④能向小区物业提出合理建议	
	5.信息搜集、处理方面	0.1853	①能把自己的读书用品整理好 ②在家坚持看电视新闻 ③能上网查询 ④对查寻到的信息能有效选择	①能熟练查阅新华字典 ②能熟练查阅英汉辞典 ③能用多种方式搜集信息 ④对搜集到的信息能分类和综合	

填表说明:如果做到"评定标准"栏等级内容中的4项,请在"评定等级"栏填 A;如果做到等级内容中的3项,请填 B;如果做到等级内容中的2项,请填 C;如果只做到等级内容中的一项或一项都没做到,请填 D。在做到的等级内容上打"√"。

另外,请您回答以下问题。

(1)您孩子的学习能力哪些方面较强?哪些方面还存在不足?

(2)您认为如何才能进一步提高您孩子的学习能力?

(3)为了提高您孩子的学习能力,希望学校和教师提供哪些帮助?

3. 学习能力评价的实施

(1)宣传动员

在开展学习能力评价之前,开展一次广泛、深入、细致的宣传动员工作十分必要。通过宣传动员,参与评价的评价者和学生充分了解本次评价的意义和目的,了解评价活动的具体安排,激发参与的热情和积极性,加强沟通,统一思想、协调行动。

（2）信息收集

在对作为评价组织者的教师进行短期培训之后，开始组织实施信息收集工作。评价采用定性和定量相结合的方式，信息来源主要是教师（包括学校领导者）、学生和家长。随机抽取两个低年级班和两个高年级班，采用制定好的评价标准分别对四个班的学生实施学习能力评价。

（3）信息处理

首先是对评价信息进行编号。编号方法由年级（小学低年级、小学高年级），评价者（教师、学生自己、家长），学生三个变量决定。然后依次对定量数据进行统计。具体步骤如下。

第一，统计每项评价指标各等级（A，B，C，D）的人数。

第二，为各评定等级赋值：A（4分），B（3分），C（2分），D（1分）。

第三，计算每项评价指标各个等级的选择人数，然后由每个等级的赋值分乘以每个等级的选择人数得出每个等级的得分，并把各个等级的得分相加，最后除以每项评价指标的评价者总人数，得出每项评价指标的得分。

第四，每项评价指标的得分乘以每项评价指标的权重，得出每项评价指标的加权得分。各项评价指标的加权得分相加之和，就是最终的总评分（保留四位小数）。

其次是沿用定量数据处理时的编号，将所有定性评价的信息输入计算机，对应各项问题把输入的信息进行记录整理，做有条理的表述。

（4）信息反馈

总结评价结果，撰写评价报告，提交给决策者、教师、家长或学生，如表7-5和图7-1所示。评价报告包括三个部分。

表 7-5　某学生学习能力评价报告表

学生姓名			×××		评价日期	2021 年 5 月 8 日				
评价结果	教师评价						学生自评				
	思维	提问	梳理	搜集	实际	总评分	思维	梳理	提问	实际	搜集	总评分
	3	3	3	3	3	3	3	2	4	2	2	2.6443
	家长评价						平均分：2.8297 等级：良				
	梳理	思维	提问	实际	搜集	总评分					
	4	4	2	2	2	2.8448					

续表

1. 学习能力情况 (1)优势 课后能按时复习，有钻研精神，课后提问积极。 (2)问题 不善于与同学交流，知识的积累工作不充分，学习的主动性不足，课堂发言不够积极。 2. 希望得到的支持和帮助 扩展学习内容。 3. 对提高该生学习能力的建议 养成良好的学习习惯，多阅读课外书，参加各类活动。 填表人签名：××× 2021 年 5 月 16 日

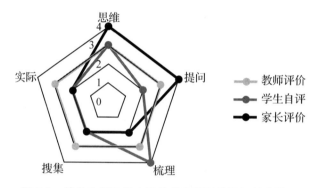

图 7-1　某学生学习能力评价的各项评价指标得分情况

一是评价结果，包括通过量化方式描述三类评价者对每位学生的总评分，以及三类评价者的总评分相加之和除以 3 得到的平均分。平均分大致划分为四个等级：3.0001～4 为优，2.0001～3 为良，1.0001～2 为中，1 或以下为不及格。

二是对评价结果的分析，找出其中的问题，提出改进建议。

三是雷达图。对于每一位学生而言，它可以直观地反映不同评价者对不同评价指标的评价情况。

二、学习心理品质评价

(一)学习心理品质的含义

在学校学习中，学习心理品质既可同知识、技能一样被看作学习的内容，又反过来构成快速学习的一个必要的心理条件因素。它可以帮助学生选择学习目标，增强学习的主动性和积极性，控制和支配学习行为，使学生能以顽强的意志克服困难，在学习过程中获得成功，体验到愉悦的情绪。没有良好的学习心理品质，学生的学习难以收到理想的效果。如前面"学习素养的构成要素"部分所概括的，学生学习心理品质主要表现为学习态度、学习兴趣和学习意志三个维度。

1. 学习态度

学习态度是指学生对学习的认识和情感的心理状态。它是直接推动学生学习的内部动因，具有引发学习行为的激活作用，驱使学生制定一系列的学习目标，直到既定目标的实现。它还具有维持和加强学习活动的作用，使学生减少其他无关的活动，并能持之以恒、排除干扰、克服困难、经受失败和挫折的考验，直至成功。学习态度不是生来就有的，而是后天习得的，是个体在家庭、学校和社会生活中，通过交往，接受别人的示范、指导、劝说而逐步形成的。在学习中，学习态度的正确是很重要的。有了积极、正确、严肃、认真的学习态度，才能够刻苦钻研，努力克服学习中的困难。特别是那种把学习与未来理想联系在一起的正确学习态度，是学生在学习上不断取得进步的强大动力。教师在学科教学中应注意引导学生改正不良的学习态度，树立健康向上的学习态度。

2. 学习兴趣

学习兴趣是指学生对学习的一种积极的认知倾向和情绪状态。学生对某一学科有兴趣，就会持续地专心致志地钻研它，从而提高学习效果。从生理学的角度来看，如果一个人对某种事物产生兴趣，往往伴随着血液循环亢进，能充分调动记忆、想象等心理因素，使之进入活动状态。这种活动状态吸引着人们去从事活动，去思考问题，从而推动思维的发展。学习兴趣可分为直接兴趣与间接兴趣。前者是由学习内容或学习过程本身直接引起的，如学习内容的新颖性、学习活动的趣味性、个人在学习过程中取得的进步和成就等。后者是由学习活动的结果引起的，如学生意识到学习的目的性或任务的重要性，或希望通过学习活动来达到其他的目的等。学习兴趣的产生与教学有密切关系，学生学习兴趣的培养关键在于教师使学生的学习活动变得有趣。

3. 学习意志

学习意志是学生自觉地确定目的，支配和调节自己的行为去克服困难，以实现目的的心理过程。它有两个基本特点：一是自觉的目的性；二是与克服困难相联系。在学习活动中，意志的能动性通过对行为、心理的多种调节影响学习能力的形成和发展。一方面对学生学习行为具有调节作用，可以支持其去实现自己的目的，也可以抑制与目的相悖的行为；另一方面还可以调节其心理活动，如提高注意力、努力记忆、积极思考、控制自己的学习情绪等。意志与认知、情感有密切的联系。意志行动需要知觉、记忆、思维等认知活动的参与，而认知活动也离不开意志活动的参与。情感是人的意志行动的重要动力，而意志又可以控制和调节人的情绪和情感。学生的学习意志品质主要表现在学习的自觉性、学习的持续性、学习的钻研性以及克服学习困难的勇气等方面。

(二)学习心理品质的评价

1. 学习心理品质评价标准的制定

以学习态度、学习兴趣和学习意志三个维度为学生学习心理品质评价标准的基本内容，根据第三章中学生评价标准制定的相关方法设计评价指标、评价权重；然后根据不同评价者的特点，设计不同的评价基准，最终完成供教师评价、学生自评和家长评价使用的三套学生学习心理品质评价标准，如表7-6至表7-8所示。

表7-6 学生学习心理品质评价标准(供教师评价使用)

评价对象	指标体系	权重	评定标准	
			等级内容	评定等级
学生学习心理品质	1. 学习态度	0.3042	①上课不迟到、不早退、不旷课	
			②遵守纪律，认真听讲	
			③认真及时地完成和递交作业	
			④在学习过程中能积极动脑提问	
	2. 学习兴趣	0.2500	①对学科学习有兴趣	
			②不满足于课堂上讲授的知识	
			③主动询问课本知识延伸的问题	
			④自觉探究自己感兴趣的学科内容	
	3. 学习意志	0.2708	①自觉确定学习目的	
			②学习上遇到困难和挫折不慌张	
			③冷静地分析学习中的困难和挫折	
			④学习中体现出一种坚韧不拔的精神	

填表说明：如果做到"评定标准"栏等级内容中的4项，请在"评定等级"栏填A；如果做到等级内容中的3项，请填B；如果做到等级内容中的2项，请填C；如果只做到等级内容中的一项或一项都没做到，请填D。在做到的等级内容上打"√"。

表 7-7　学生学习心理品质评价标准(供学生自评使用)

评价对象	指标体系	权重	评定标准	
			等级内容	评定等级
学生学习心理品质	1. 学习态度	0.3042	①愿意到学校学习	
			②认为学校学习是有用的	
			③认真听课、积极思考	
			④自觉、按时完成作业	
	2. 学习兴趣	0.2500	①上课喜欢提问题	
			②对学科学习有兴趣	
			③经常阅读课外材料来补充课内知识	
			④主动探究自己感兴趣的学科内容	
	3. 学习意志	0.2708	①自觉确定学习目的	
			②当天的学习任务当天完成	
			③能认真地将知识类书籍从头读到尾	
			④有信心排除学习中出现的各种困难	

填表说明：如果做到"评定标准"栏等级内容中的 4 项，请在"评定等级"栏填 A；如果做到等级内容中的 3 项，请填 B；如果做到等级内容中的 2 项，请填 C；如果只做到等级内容中的一项或一项都没做到，请填 D。在做到的等级内容上打"√"。

表 7-8　学生学习心理品质评价标准(供家长评价使用)

评价对象	指标体系	权重	评定标准	
			等级内容	评定等级
学生学习心理品质	1. 学习态度	0.3042	①课前预习，课后复习	
			②回家后先完成作业	
			③独立认真完成作业，不抄袭，不偷懒	
			④自觉阅读各种课外读物	
	2. 学习兴趣	0.2500	①对学科学习有兴趣	
			②不满足于课堂上讲授的知识	
			③自觉探究自己感兴趣的学科内容	
			④有自己的特长或兴趣爱好	

评价对象	指标体系	权重	评定标准	
			等级内容	评定等级
学生学习心理品质	3. 学习意志	0.2708	①有自己的学习计划	
			②学习上遇到挫折能寻求父母的帮助	
			③学习上遇到困难能利用现代信息技术	
			④学习上遇到问题能自己努力解决	

填表说明：如果做到"评定标准"栏等级内容中的 4 项，请在"评定等级"栏填 A；如果做到等级内容中的 3 项，请填 B；如果做到等级内容中的 2 项，请填 C；如果只做到等级内容中的一项或一项都没做到，请填 D。在做到的等级内容上打"√"。

2. 学习心理品质评价的实施

学习心理品质评价的实施过程与学习能力评价的实施过程基本相同，具体内容可参考上文"学习能力评价的实施"部分。

第二节　道德素养评价

对学生的道德素养进行评价，是综合素质评价的重要组成部分，也是德育过程的重要环节。道德素养评价以德育目标为准绳，对学生的道德素养发展水平做出评价判断，揭示其优缺点，促使学生的道德品质向善发展，并为改进学校德育工作提供宝贵信息。

一、道德素养评价的概念与意义

(一)道德素养评价的概念

道德素养是一定社会关系所要求的社会道德规范内化于个体的产物。德育则是把一定的道德规范转化为学生个体道德素养的教育。学校通过德育把党和国家对年青一代在道德方面的要求转化为学生个体的道德素养，实现学生个体在道德品质和行为上的社会化。

道德素养评价就是以德育目标为评价标准制定依据，运用科学有效的方法和技术，系统地收集有关的资料信息，对学生的道德素养做出基于事实判断的价值判断，促进学生的道德素养发展，并为德育工作提供指引。因此，道德素养评价对学生个体的全面发展、对学校德育管理的科学化具有非同寻常的意义。

(二)道德素养评价的意义

道德素养评价的意义主要有以下几个方面。

第一，实施学生道德素养评价，是提高学生道德素养发展水平、促进素质教育转轨的重要措施。全面提高学生综合素质的关键和难点在于提高学生的道德素养。学生的道德素养发展水平是关系到学生未来人生发展方向的核心环节，在五育中处于核心地位。学生的道德素养发展水平的提高将有力地促进其在其他综合素质上的全面提高。

第二，实施学生道德素养评价，是促进德育管理科学化的重要手段。学校德育无法适应社会发展需要和学生身心发展需要的原因之一，就是德育管理不够健全，道德素养评价机制不尽完善，缺乏全面科学的评价标准和有效的评价方法。因此，我们根据德育目标，建立系统、科学、可行的道德素养评价标准，运用科学方法广泛收集信息，并采取定性和定量相结合的方法处理评价信息，从而做出全面、客观的判断。通过评价信息的反馈，我们不但可以调整德育决策，而且能改进完善德育工作，提高学校德育质量。

第三，实施道德素养评价，有利于激励先进，鞭策后进。以往的道德素养评价虽然并非全部由学校领导者或教师决定，但由于缺乏科学的评价方法，而难以克服形式主义和脱离实际的弊端。科学的道德素养评价为德育管理提供了客观依据，使学校领导者或教师能切实了解学生的道德素养发展状况，并依据评价结果对学生做出奖惩决定，使学生得到适当的鼓励和鞭策，促使学生"见贤思齐"，在学生中形成一种奋发向上的良好风气。

（三）道德素养评价的对象

就一般意义而言，道德素养是人类通过个人在道德上的自我锻炼，并根据所处社会生活和道德的要求，对自我主体高层次精神文明的构建和实践。道德素养作为人的本质在伦理维度的体现，是一个人道德水平、道德境界的综合表现，是个体道德认识能力、道德情感判断、道德意志抉择以及道德行为实践的融合。不断提高一个人的道德素养是道德教育的内在要求和重要任务。

道德素养评价的对象是学生的道德素养，包括道德认知、道德情感、道德意志和道德行为四个主要维度。

1. 道德认知

道德认知是人们对客观存在的道德关系及如何处理这种关系的原则和规范的认识。道德认知是在道德主体不断掌握道德概念、逐渐提高道德评价和道德判断能力的过程中形成、发展和加深的。其形成使人们在道德发展过程中能按照一定的道德标准行动，从而提高道德行为的自觉性、主动性和创造性。培养道德认知是德育目标的第一步。道德认知也是对家庭成员、亲朋好友、邻里之间等伦理关系的深度理解，能让个体懂得自己在其中的角色和地位，更懂得当前社会主流的道德规范体系。

2. 道德情感

道德情感是基于一定的道德标准，对现实的道德关系和自己或他人的道德行为所产生的一种爱憎好恶的内心体验。道德情感体现为个体对一定的社会存在和道德认识的主观态度，也表现在处理相互道德关系和评判自己或他人的行为时所体会到的心理活动[①]，包括道德良知、道德正义感、道德同情心等积极道德情感，也包括与之相反的消极道德情感。学生正处于道德情感从不成熟向成熟的过渡阶段，情感内容主要包括自我认同感、人际交往的情感、社会责任感和爱国主义情感等。高尚的道德情感有助于学生正确处理和对待生活中各式各样的道德问题，保持积极向上的乐观心态。

3. 道德意志

道德意志是个人在履行道德义务或实施道德决策的情境中，自觉地调节言行，克服内外困难障碍，实现道德目的的心理过程。道德意志主要表现为坚持某种道德信念，使道德动机战胜不道德动机，从而将道德动机贯穿于道德行为的始终，保持自身道德行为的稳定性和一贯性。在现实道德生活中，道德意志能使学生调节自己的道德行为，严格要求自己，克服艰难险阻，即使所处的环境较为复杂多变，也同样能忠实地履行道德义务。

4. 道德行为

道德行为是人们在一定的道德认知、道德情感、道德意志影响下表现出来的对待他人和社会有道德意义的实践活动，是反映一个人道德素养水平的外在表现，是实现道德动机的手段，与"非道德行为"相对。学生道德行为是在一定道德意识的支配下，在道德实践中可能会涉及的他人和社会利害关系下，学生作为行为主体的一种可选择性的行为，即可以这样做，也可以不这样做，关键是取决于学生自身的自觉性和对道德价值的追求。好的道德行为表现在用实际行动去追寻美德，敢于抵制各种不道德行为。

二、道德素养评价的方法

自 20 世纪 80 年代以来，在道德素养评价方面，世界各国的教育学者做了大量有益的探索。目前学校对学生道德素养评价的方法归纳起来主要有以下几种。

(一)操行评语法

这种方法是评价者根据自己对学生某个时期(如某一学期)道德行为和表现的观察和了解，参照有关评价标准，以简短的陈述句形式给出评语，概括性地总结学生在该时期的道德素养行为表现和发展水平。首先，评语要求全面，对学生道德素养发展方面的优缺点给予全面评价。其次，评语要求真实，以日常收集到的事实材料为依据，写出真实客观的评语。再次，评语要求具体，观点

---

① 蒋洋洋：《道德认知与道德情感交互作用初论》，载《湖北科技学院学报》，2019(1)。

鲜明，事实清楚，不用模棱两可、似是而非的语言文字。最后，评语要充满对学生的期望，激励学生积极向上。操行评语可由班主任给出，也可以通过学生自我总结、小组评议、班委会审核确定。

操行评语法是目前学校应用较为广泛的方法。由于这种方法是以总体印象为基础，因此它难免渗入评价者个人的主观因素。而且评价者和组织者大多为教师，出于工作任务繁重等原因，操行评语有可能出现由敷衍应付导致千人一面的现象。

(二)等第法

等第法是按照一定评价标准对学生的道德素养发展水平予以总结性的等第评定，以显示道德素养发展水平的差异。操作步骤为先确定评价内容和标准，然后让学生自评自报，由学生小组进行评议，再由班主任征求任课教师的意见，结合小组评议结果和教师平时观察评出等第，最后由学校审定。所评等第有优秀、良好、及格、待提高。对于各等级的人数，有的学校规定具体比例进行控制，有的学校则采用绝对评价基准评出。等第法对学生的道德素养发展虽能划分出发展层次和等级，促进学生之间的互相学习，但也存在过于概括化的问题，难以反映学生道德素养发展过程中的具体情况。在评价实践中，教师常常将等第法与操行评语法结合使用。

(三)评等评分法

评等评分法是先拟定评价标准，评价时按学生个人、小组、教师分别逐项对照评价标准进行评价。具体做法为：先划分等级(如 A，B，C，D)，然后将各等级赋分如 A(4 分)、B(3 分)、C(2 分)、D(1 分)，并将分值填入相应等级，最后综合计算总评分并转为等第。具体操作步骤可参考上文"学习能力评价的实施"部分。

(四)操作加减评分法

操作加减评分法是评价者根据教育行政部门颁布的德育大纲、学生守则、行为规范以及学校的具体要求，列出评分项目，制定加分减分标准，对于应该提倡的良好行为确定加分数值，对于不良行为确定减分数值。学期开始，全体学生有共同的基础分数，如 100 分；学期结束评价时，根据每个学生的具体行为表现，对照评价标准分别评出加分和减分的数值，在基础分数上进行加减，得出最后分值。这种方法客观、具体，结果具有可比性，但多偏重对言行的评定，对道德观念、意识等不易反映。

(五)加权综合评价法

加权综合评价法同样需要先建立评价标准。评价标准中的评价指标体系建立一般是将德育目标逐层分解，具体化为各级评价指标；然后根据各项评价指标在整个评价指标体系中重要程度的不同确定相应权重。评价时根据学生的具体表现，采用自评与他评相结合的方式，先确定单项分数或等级，然后再进行加权求和，得出综合值。这种方法能够较为合理地体现各因素的作用，但它对标准化和评价权重的确定要求较高。这在准备评价方案时应予以重视。

(六)评等评分评语综合评价法

这是对上述各种评价方法兼容综合的方法。它是在得出分数、等第之后，再加评语，以解释等级分数的意义，定性说明学生的品德个性与特点。具体操作是先按评价标准逐项分等评分，再综合得到总评分及等第，最后依据分项及综合评定提供的信息写出评语。这种方法由于比较客观、具体，而且能够较全面地反映学生的道德素养发展状况，因此应用较广。

三、道德素养评价示例

近年来，不少学校在评价学生的道德素养方面做了有益的探索，注重把学生的理论认识与实践表现结合起来，力图全面地把握学生的道德素养发展水平。部分学校以微信公众号搭建的微校通平台为基础，充分利用日益普及的移动互联终端，结合大数据平台及时有效地收集、处理用于学生道德素养评价的数据，并根据学生的反馈信息调整日常德育管理策略。① 学生道德素养评价的具体步骤如下。

(一)建立评价指标体系与平台

1. 建立评价指标体系

建立评价指标体系是前提，需要明确的是对学生道德素养的哪些表现进行观测、评价。评价者可以考虑基于数据收集的客观性、易操作性制定评价指标体系。表 7-9 是道德素养综合评价表示例。

表 7-9　道德素养综合评价表示例

姓名＿＿＿＿＿＿＿＿＿　　学生证编号＿＿＿＿＿＿＿＿＿

项目	内容	等第评定				学期应得学分	学期实得学分
		优秀	良好	合格	待提高		
道德认知	道德与法治课程					2	
	德育校本课程					1	
	道德行为规范学习					1	

---

① 蒋智春、柏永志：《基于"智慧评价"数据的小学生德育评价变革研究》，载《中国教育信息化》，2021(9)。

续表

项目	内容	等第评定				学期应得学分	学期实得学分
		优秀	良好	合格	待提高		
道德行为	日常出勤(早自习)					1	
	校园文明岗值周					1	
	校园包干区保洁					1	
	社团活动					2	
	文明就餐					1	
	个人志愿服务					3	
	自主学习					1	
	参加社会实践					1	
道德素养附加	获各类道德模范或先进个人称号,校级加 0.1 学分,区级加 0.2 学分,市级加 0.5 学分						
	学生自主管理委员会干部,由指导教师考核认定工作卓有成效的,加 0.5～1 学分;班级学生干部,由年级组认定班级管理卓有成效的,加 0.2～0.5 学分						
	在维护校园秩序和校园环境及精神文明建设中与不良现象做斗争,成绩显著者加 0.5 学分						
	志愿者服务、校园包干区劳动或值勤等工作极为出色,酌情加 0.1 学分						
学期实得学分						学期总等第	

2. 建立评价平台

目前,手机微信扫码应用非常普遍,所以学校可以确立在微信公众号平台上建立微校通评价平台。评价者对照评价指标体系设计"道德知识""道德实践""道德素养附加"三个模块;对学生个体实施评价时进入平台操作。这样就能为学校提供操作简单、信息全面、管理便捷的信息化评价平台。

(二)数据收集

数据收集是道德素养评价中较为重要、较为需要理性的一个环节。因此,对于参与数据收集的对象要避免单一,应涵盖不同层次的人员,以获得多元视角的观察结果。应避免只注意到学生个别行为就武断做出评价的情况,力求客观、公平。

1. 数据收集对象的确定

要实现评价者的角色多元,需要通过学校领导者、班主任、任课教师、学生来收集数据。实现对班级整体和学生个体的同时评价，体现多元评价的特征。与此同时，校长办公室、德育处的成员每天随机检查，参与对班级整体和学生个体的评价，进一步丰富道德素养评价的数据。这样一来，对学生的道德素养评价数据来源就更为全面、客观，评价结果更为科学、可信。

2. 数据收集的操作方式

评价者打开学校微信公众号，进入微校通平台，点击相应模块，就可以进行评价打分。各个模块会具体到对学生的行为表现进行评价，可以用微信扫学生一卡通的条形码进行评价，也可以进入班级名单选择学生进行评价。例如，对于检查文明就餐情况，评价者既要对班级整体表现进行评价，又要对表现优秀或表现不好的学生进行评价；德育管理过程中应重视集体与个人表现的统一，逐步使学生建立集体荣誉感。

评价者完成评价以后，学生所在班级班主任的手机微信端会实时收到系统平台推送的评价信息。除班主任外，学生家长的手机微信端也会及时收到系统平台推送的加分评价信息；而扣分评价信息也可以在家长端微校通平台查阅。为家长设置上述信息推送设置体现了所有利益相关者参与评价的理念。所有参与评价的人员只需要用手机微信关注学校公众号，打开公众号中的"我的应用"，即可进入微校通平台。评价操作简单便捷，让所有参与评价的人员较快掌握，投入评价的热情也比较高。

(三) 数据分析

通过对数据的分析，评价者能够对学生的道德素养发展状况和存在的问题提出建设性方案，助力德育管理工作。微校通平台还提供了电脑端后台；便于查看、分析收集到的数据；便于学校对班级的德育管理水平进行跟踪与督促，掌握表现突出学生的信息；便于班主任根据数据的分析改进德育管理的做法，与家长形成合力。

1. 班主任分析

班主任分析首先是一种即时性分析。班主任根据手机微信端接收到的评价推送信息，可以较为直接地了解自己不在教室时学生的行为状态，第一时间知晓学生在学校不同空间与时间下的道德行为表现。即时性的特征便于班主任抓住教育时机，对班级德育进行管理，同时对道德行为被扣分的学生进行引导教育。

班主任分析还是一种阶段性分析。班主任可以登录微校通平台的后台，查询1周、1个月或一个阶段内的班级整体道德水平与学生个体道德素养的评价数据，了解阶段性的班级德育管理情况。同时，班主任还可以掌握学生道德素养发展方面的积分情况，对表现突出的学生加以表彰鼓励、树立典型，用言传身教来影响、矫正道德行为扣分较多学生的不良行为。更重要的是,班主任还可以根据评价数据与家长紧密合作,共同帮助学生提高道德素养。

在一个学期结束后,班主任可以利用评价数据形成评价报告。这份报告将学生在一个学期中的道德素养发展水平评价数据进行汇总,对学生本学期存在的问题提供诊断,并指明下学期努力的方向。这份评价报告可以以电子版的形式发送到家长手机微信端,也可以按照家长或学生要求打印成纸质稿。随着微校通平台在校内广泛使用,学生的毕业诊断发展报告可以纳入不同学段学校的平台系统。评价报告不仅是一份阶段成长报告,还是一份进入更高一级学段的基础报告,有助于更高一级学段班主任为新生规划具有针对性的道德素养发展目标。

2. 学校领导者分析

在每个月底或学期末,德育处会导出评价数据,通过分析数据,科学地评价班级德育管理质量、学生的道德素养发展水平。以往班级德育管理的积分排名公布时,会有班主任质疑积分的客观性和公平性。评价数据可视化,切实改变了收集评价数据缓慢、评价单一的传统方式。学校对班级整体、学生个体的评价实时反馈到班主任手机微信端,让他们在第一时间掌握班级德育管理的积分情况,从而使德育管理工作更透明、更高效、更科学。评价结果还能够为班级德育管理提供"扬长避短"的科学建议。

(四)评价结果的使用

1. 跟进教育

学校领导者根据微校通平台隔日推送的"每日校园常规数据",可以查看班级整体和学生个体两个维度的评价信息,结合校园巡查情况,在较清晰地把握班级德育管理状况的前提下,对扣分的班级和学生进行跟进教育,帮助被扣分班级解决存在的问题,弥补不足。尤其是根据数据反映的情况督促班主任加强管理,并跟进了解班级解决问题的进展。

2. 示范引领

道德素养评价在利用大数据以后,来自较多不同类型评价者、不同评价视角的数据成为评价学生道德素养发展水平的客观证据。如此能够帮助学校领导者评选出德育工作出色的班主任。学校再进一步为这些优秀班主任搭建分享交流平台,将每位优秀班主任的独特经验分享给其他班主任。通过互动交流,优秀班主任为其他班主任在德育工作中遇到的难题提供解决对策,最终整体提升班主任队伍的德育工作水平。

3. 家校合作

评价报告便于班主任与家长更为顺畅、科学、综合地探讨学生的道德素养发展状况。家长能与班主任一道针对数据对学生的道德素养发展水平进行分析和诊断，查找学生身上存在的不足。在此基础上，家长与班主任共同科学、准确地为学生制定德育方案，合力实施对学生的道德转化教育，使学生道德素养发展有迹可循、有的放矢。

第三节　审美素养评价

美育是审美教育的简称。席勒（Schiller）在其著作《美育书简》中提道："有促进健康的教育，有促进认识的教育，有促进道德的教育，还有促进鉴赏力和美的教育。这最后一种教育的目的在于，培养我们感性和精神力量的整体达到尽可能和谐。"[①]他的观点表明，美育的根本目的并非单纯获得美的知识，而是帮助学生形成一种能使"感性和精神力量的整体达到尽可能和谐"的审美素养。

美育是国家德智体美劳全面发展育人目标不可或缺的组成部分。2020年，《中共中央办公厅　国务院办公厅关于全面加强和改进新时代学校美育工作的意见》（简称《美育工作的意见》）指出："美育是审美教育、情操教育、心灵教育，也是丰富想象力和培养创新意识的教育，能提升审美素养、陶冶情操、温润心灵、激发创新创造活力。"关于美育目标，《美育工作的意见》概括为："以提高学生审美和人文素养为目标，弘扬中华美育精神，以美育人、以美化人、以美培元，把美育纳入各级各类学校人才培养全过程，贯穿学校教育各学段，培养德智体美劳全面发展的社会主义建设者和接班人。"可见，提升学生的审美素养发展水平，既是美育的重要功能，同时也是其根本目标。

一、审美素养评价的概念与意义

对学生的审美素养进行评价，是综合素质评价的重要组成部分，也是美育过程的重要环节，对提升学生的审美素养发展水平具有重要作用。审美素养评价以美育目标为旨归，对学生的审美素养发展水平做出评价判断，揭示其优缺点，促使学生在情感、心灵、创造力方面健康发展，为改进学校美育工作提供有效信息。

（一）审美素养评价的概念

审美素养是指学生在审美活动中对美的对象（人或事物）感受、体验、欣赏、评价和创造的能力。它大致划分为四个维度：一是审美认识能力，它是对各种美（和谐）的事物，如自然美、社会美、艺术美、科技美等的感知力、理解力和评价力；二是审美体验力，它是审美趣味和审美取向的统称；三是审美表现力，它是指能用一定技法（包括但不限于艺术技法）表现美；四是审美创造

---

① ［德］席勒：《美育书简》，徐恒醇译，108页，北京，中国文联出版公司，1984。

力，它是指能用一定技法，遵循美的本质和基本规律创作新作品或创造新事物，如表 7-10 所示。① 虽然对审美素养概念的界定为人们了解审美素养提供了直接的方式，但是我们仍然要注意这一概念与其他相近概念存在的联系与区别。

表 7-10　审美素养评价指标体系的具体维度

	一级指标	二级指标
审美素养	审美认识能力	1. 对自然美的感知力、理解力、评价力 2. 对社会美的感知力、理解力、评价力 3. 对艺术美的感知力、理解力、评价力 4. 对科技美的感知力、理解力、评价力
	审美体验力	1. 审美趣味 2. 审美取向
	审美表现力	1. 艺术技法表现美 2. 非艺术技法表现美
	审美创造力	1. 运用技法创作新艺术作品 2. 运用想象力创造新事物

第一，审美素养不等于审美素质。从内涵来看，素质是先天禀赋与后天教养的"合金"；从过程来看，素质经由生理、心理、文化、思想等不同层次，不断提升，逐步完善。从素质与素养的关系来看，素质是素养的上位概念，素养的特性尤其是它的可教、可学、可测的特点在素质层次结构中得到了科学的说明。② 从一些学者的研究来看，审美素养是审美素质的下位概念。如果说审美素质是先天禀赋和后天教养相结合的产物，那么审美素养更偏重审美素质当中后天可教、可学、可测的部分。因此，从美育评价的角度来看，评价的对象准确地说是学生的审美素养而不是审美素质，但是审美素养评价又属于综合素质评价的一个组成部分。

第二，审美素养不等于艺术素养。事实上，审美素养作为美育目标应该比艺术素养的外延更为宽泛。审美素养除了艺术类学科所要培养的艺术素养以外，还包括非学科的审美素养，如学生的部分审美认识能力和审美体验力往往在人际交往、参观博物馆等活动才得以表现。从评价的角度来说，学生的艺术素养更多是通过学业评价来判断其发展水平，而非学科的审美素养则更适宜以

---

① 赵伶俐、文琪：《以审美素养发展为目标的美育评价》，载《湖南师范大学教育科学学报》，2021(3)。

② 柳夕浪：《从"素质"到"核心素养"——关于"培养什么样的人"的进一步追问》，载《教育科学研究》，2014(3)。

综合素质评价中的审美素养评价来判断其发展水平。

根据对审美素养的界定以及对相似概念的区分，我们可以进一步将审美素养评价定义为：以美育目标为评价标准制定依据，运用科学有效的方法和技术，系统地收集有关资料信息，对学生的审美素养做出基于事实判断的价值判断，促进学生的审美素养发展，并为美育工作提供指引。

(二)审美素养评价的意义

学生审美素养评价是整个学生评价改革的重要方面，也是推进学校美育改革发展的关键环节和主要突破口。可以说，近年来学校美育工作所取得的进步在一定程度上得益于学生审美素养评价的改革创新。但是从整体上讲，学生审美素养评价改革依然面临许多挑战，推进新时代学校美育改革发展，必须以推进学生审美素养评价改革为前提。

长期以来，学校美育是全面发展教育体系中较为薄弱的环节。人们习惯于把学校美育等同于音乐课、美术课，因此对于学生审美素养评价的认识也只是停留在音乐、美术这些艺术类学科的学业评价层面。由于音乐、美术不属于升学考试科目，这直接导致了部分地方和学校甚至没有开展针对学生审美素养培育的基本评价。学生审美素养的发展水平如果缺乏科学、系统、完备的评价机制和评价标准，培养德智体美劳全面发展的人就是一句空话。因此，重新认识学生审美素养评价在学校美育中的地位与作用，意义非凡。

二、审美素养评价的方法

人都有不同程度的审美素养，但不是天生的，而是在社会实践中产生和发展起来的。不同时代、民族和地域的人，固然有不同的审美素养，就是个人与个人之间也会因文化修养、个性特征等的不同而形成审美素养的差异性。审美素养的特性制约了对其进行评价的方法，这种制约主要表现在以下几个方面。

首先，审美素养评价的方法主要是过程性的而非总结性的。对审美素养每一个维度的评价，都应该紧扣一个特定表现的关键词。比如，某一学期，教师重点评价审美体验力维度中的关键词"审美趣味"和"审美取向"，考查学生通常依据什么标准来判断审美对象的美与不美。从这些具体的关键词出发，审美素养评价的观察点、分析线索就会比较明确。如果没有这种定位，教师把各个方面含混地搅在一起去评价，往往会让评价失去公信力。教师心里对评什么有清晰的定位，评价就不会随波逐流。此外，教师要考虑到不同年龄段学生的心理特点。对于儿童来说，正处在身体快速发育的阶段，从3~12岁，每一学年都会有很大的变化。所以审美素养评价必须考虑儿童的年龄、心理与认知特点、接受能力采用有效的评价方法。这是更深层次的定位。定位越明确，审美素养评价的质量越好。

其次，审美素养评价的方法主要是质性的而非量化的。与智育偏重理性、逻辑相比，美育的性质更接近情感教育、感性教育，审美素养的培养也更依赖于顿悟、体验、即兴表演等方式。因此，对学生审美素养的评价一般难以使用客观、精确、量化的评价方法。诚如埃里奥特·W. 艾斯纳（Elliot W. Eisner）所言："人们之间通过不同的表达形式进行交流，每一种形式具有表达不同类型的理解的作用。数量指标对某些目的是有用的，但不能解决所有问题。书面描述对于理解某些事件有所帮助，但它不能复制某些目的下的视觉形象。统计说明规范有助于探明趋势，但却忽视独特的事件。"①他所提倡的"教育批评"就是一种质性评价方法。质性评价方法相对于学生审美素养这一对象具有较高的适切性。下文"基于档案袋法的审美素养评价"部分会对此做更为详尽的分析。

最后，审美素养评价的方法主要是感性的而非理性的。审美素养从发生学的角度来看，来源于三个方面。

一是来源于感觉。感觉是个体对直接作用于感官的刺激的觉察②，包括视觉、听觉、嗅觉、味觉、触觉等不同类型。例如，关于音乐的审美素养来源于听觉；关于美术的审美素养来源于视觉；关于气味的审美素养来源于嗅觉；关于美食的审美素养来源于味觉；关于物品手感或舒适感的审美素养来源于触觉。因此，我们可以把来源于感觉的审美素养称为"感性的审美素养"。对"感性的审美素养"进行评价，除了采用音乐、美术等艺术类学科的评价方法（如测验法）外，还可以根据不同的感觉来源，收集学生相应的审美素养形成记录，进行档案袋评价。

二是来源于知觉。知觉是个体将感觉信息组织成有意义的整体的过程。③它跟感觉一样：关于外部世界的经验被以一种统一的方式感知，但这种经验的感知要比单一感官所感知到的经验更为复杂和完整。例如，对一个苹果的知觉便包括颜色、质感、味道等方面。因此，我们可以把来源于知觉的审美素养称为"知性的审美素养"。对"知性的审美素养"进行评价，可以采用在第二章提到的"基于真实情境的表现性评价"。例如，参观、鉴赏等真实活动中考查学生"知性的审美素养"的发展水平。

三是来源于直觉、抽象和想象。直觉是未经有意识的思考和判断而出现的一种直接和立即理解或认知的方式。④ 抽象是将事物的本质属性抽取出来，舍

---

① ［美］埃里奥特·W. 艾斯纳：《教育想象——学校课程设计与评价》，李雁冰译，195 页，北京，教育科学出版社，2008。

② 姚本先：《心理学》第 2 版，94 页，北京，高等教育出版社，2009。

③ 姚本先：《心理学》第 2 版，101 页，北京，高等教育出版社，2009。

④ 教育大辞典编纂会：《教育大辞典》第 5 卷，268 页，上海，上海教育出版社，1990。

弃事物的非本质属性。[1] 想象是个体对已有表象进行加工，产生新形象的过程。[2] 三者存在相似之处，即既依靠经验，又不停留于经验。例如，对《西游记》中人物形象的鉴赏和评价中，由于孙悟空是虚构的人物，并不存在于现实世界之中，对其所进行的审美活动就需要超出经验，运用想象力进行创造性的解读诠释。所以，来源于超验思维的审美素养可称为"超验的审美素养"。对"超验的审美素养"进行评价，可以采用在第二章提到的"基于模拟情境的表现性评价"，创设情境考查学生的审美表现力和审美创造力。例如，在白纸上给出一个圆形，让学生发挥想象力在圆形的基础上画出一幅图画，并对作品进行评价。

三、基于档案袋法的审美素养评价

对于不少艺术类学科的教师而言，运用档案袋法评价学生早已不是什么新鲜事物。但有些学校的思路仍然是以音乐、美术等学科学业评价的形式使用档案袋评价，且在档案材料收集过程中存在"唯证书""唯荣誉"等现象。为了更好地形成学生审美素养的过程性评价，我们应在明确档案袋评价反思性和激励性等功能的基础上，建构学生审美素养档案袋评价体系。

（一）基于档案袋法的审美素养评价体系建构原则

1. 艺术类课程评价与艺术实践活动评价相结合

艺术类课程通常包括音乐、美术、书法等分科课程以及艺术综合课程等常规课程；艺术实践活动主要包括学生艺术社团活动、文艺演出、作品展演等发生在常规教学时间之外的学生实践活动。二者相互补充，共同构成学校美育体系。但传统的评价体系中仅包括音乐、美术、书法等艺术类课程评价，将学生审美素养评价几乎等同于艺术类课程评价，并未将一些艺术实践活动纳入评价范围。

我们要在运用档案袋法的基础上，建构艺术类课程评价与艺术实践活动评价相结合的审美素养评价体系。首先，从教育功能来看，艺术类课程与艺术实践活动目标一致，二者密不可分。无论是艺术类分科或综合课程，还是艺术实践活动，培养目标均为全面提升学生审美素养。其次，从课程活动的属性来看，艺术实践活动在一定程度上是艺术类课程的延伸与补充，二者相辅相成，共同发展。艺术类课程与艺术实践活动本就存在内在关联，在对学生进行审美素养评价时更应将二者联系起来。

---

①　姚本先：《心理学》第 2 版，118 页，北京，高等教育出版社，2009。

②　姚本先：《心理学》第 2 版，128 页，北京，高等教育出版社，2009。

2. 全面评价与重点评价相结合

审美素养评价的全面性是指评价体系中既包含艺术类课程评价，也包括艺术实践活动评价，共同构成档案袋的素材来源。审美素养评价的重点是指遵循因材施教原则，运用档案袋法选择素材应从学生的兴趣和特长出发。这样让学生基于自我反思选择不同艺术类课程和实践活动的素材放入档案袋。而在传统的档案袋评价中，学生的素材选择"千篇一律"。例如，都包含一幅最佳的美术作品、书法作品，一场艺术演出的图片与视频等内容，不易突出学生在审美素养发展过程中的个性与特长。因此，进行基于档案袋法的审美素养评价时，我们应在确保全面性的基础上，重点突出学生在审美素养发展中的个性与特长。比如，一名学生喜爱并擅长绘画。在他的档案袋评价素材中，除了包含艺术类课程与艺术实践活动的评价素材，还可以重点呈现该生在不同阶段的绘画作品、欣赏名画名作的个人见解、对绘画流派风格的认识与看法等内容，在实现学校美育目标的基础上，凸显学生审美素养的个性色彩。

3. 传统档案袋评价与电子档案袋评价相结合

传统档案袋评价主要通过实物收集的形式进行，尤其侧重于纸质材料的收集，更多表现为一种相对结果化的静态评价方式[①]，无法及时跟进美育活动的具体过程并获取学生在活动中的感受变化，只能通过纸质材料记录和反映学生在发展过程中的一些片段。电子档案袋评价是在传统档案袋评价的基础上，利用数字时代的网络发展优势，拓宽素材收集的范围，从传统的实物素材收集发展到电子素材收集，具体包括文档、图片、音频、视频等电子资源，并用电子档案袋替代传统的纸质档案袋进行素材存档。一些学校还搭建了电子档案袋平台，通过多方参与和资源共享，在实施评价的基础上实现了家校合作。

相较之下，电子档案袋提供了更加多元的素材收集方式和更加便捷的素材管理平台，并为家校合作搭建了良好的沟通桥梁。虽然电子档案袋评价优于传统的档案袋评价方式，但并不能完全武断地用电子档案袋替代传统档案袋进行评价。首先，电子档案袋评价的平台建设对学校的硬件提出了较高要求，并不适用于所有学校。其次，年龄较小的学生尚未拥有独立进行电子档案袋管理的能力，推行全面的电子档案袋评价可能给教师和家长带来额外的管理负担。最后，由于美术、书法等作品本身就是纸质素材，将其转换成电子素材，有可能会受损，也耗费更多时间。因此，在进行学生审美素养评价时，我们提倡传统档案袋评价与电子档案袋评价相结合的方式。

(二)基于档案袋法的审美素养评价设计

如何将建构原则落实到具体的设计中对审美素养评价而言同样重要。基于

---

① 赵敏：《"线上档案袋"：德育评价的新探索》，载《人民教育》，2018(10)。

档案袋法的审美素养评价应根据不同学段的具体课程内容和实践活动要求进行设计，具体包括以下四个方面。

1. 撰写学习自传

撰写学习自传的过程实际上是在进行叙事性学习。叙事性学习是指人们通过口头或书面的表达方式对自己亲身经历的事件进行全面的回顾、深刻的反思，从而理解自我。将学习自传引入档案袋中，可以帮助学生更好地形成反思意识。学习自传可包括学生对某一艺术类课程的学习过程描述，对某一艺术实践活动的参与过程描述，艺术类课程学习过程中的问题与困惑，参与艺术实践活动的收获与体验，在学习过程中的关键事件等。需要注意的是，学习自传中对课程学习或实践过程等的描述不是"流水账"，而是通过系统而有重点的叙事，让学生与过去的自我进行对话，形成对学习过程、学习内容、学习能力等方面的反思。

2. 展示艺术作品

艺术作品展示是档案袋评价实施的主要方式，是通过呈现学生不同阶段的作品，反映学生在不断学习和实践中审美素养的发展水平。档案袋评价可以通过多样的形式进行作品展示，可以是绘画、书法等实物作品，也可以是音乐演唱音频、戏剧表演视频等电子作品（参考第四章第五节"档案袋法"的相关内容）。艺术作品展示的基本要求是学生必须成为档案袋评价的主体。根据学生所处学段的不同，在学生进行审美素养的档案袋评价时，教师参与指导的程度也需要相应做出调整。例如，小学1～2年级学生在教师的指导或辅助下进行作品选择；3～4年级学生逐步摆脱教师帮助独立地进行作品选择；5～9年级学生完全自主进行作品选择。

3. 撰写作品选择说明

由学生自主选择艺术作品作为档案袋评价素材，确保了学生在评价过程的主体地位，但尚未确定学生反思意识的形成。反思性作为档案袋评价的核心功能之一，主要体现在学生进行作品选择的过程之中。因此，我们需要在档案袋评价中呈现作品选择的说明，作为"判断价值高低的准则和学生自我反思的证据"[①]。撰写作品选择说明需要学生具有较强的反思意识。义务教育阶段1～2年级的学生可在教师的引导下，通过师生对话的方式完成作品选择说明。比如，教师提问"为什么把这幅画放进档案袋里？"，然后可以帮助学生记录其回

---

① F. L. Paulson，P. R. Paulson，& C. A. Meyer，"What Makes A Portfolio A Portfolio? Eight Thoughtful Guidelines Which Will Help Educators Self-Directed Learning，"*Educational Leadership*，1991(6)，pp. 60-63.

答。教师在此环节应注意尊重学生的选择，不对学生的选择进行评价与干涉。至于 3 年级及以上年级的学生，则建议教师自行撰写作品选择说明。

4. 撰写艺术批评

学习自传的撰写、艺术作品的展示和作品选择说明，实现了对学生在审美体验力、审美表现力和审美创造力方面的评价。而对审美认识能力，尤其是鉴赏和评价能力的评价，则可以通过对艺术作品、艺术家、艺术流派的评价或研究来体现。通过这样一种艺术批评，学生的审美认识能力得到了合适的评价。不同学段的学生在艺术批评撰写上的难度要求应有所不同。比如，对于义务教育阶段 1～2 年级，教师可以通过提问引导学生表达对作品的直观感受；对于 3～4 年级，教师可以通过提问引导学生运用语言或文字描述作品，在直观感受的基础上表达自己对作品的认识；对于 5～6 年级，教师可以组织学生对某一艺术作品或艺术家进行分析与讨论，让学生在讨论中表达观点、交流意见并最终形成自己的见解；对于 7～9 年级，由于处于此阶段的学生已经具备一定的鉴赏和评价能力，对艺术作品或艺术家的评价可以延伸至对艺术流派的评价，教师可以组织学生讨论不同流派之间的异同，让学生在比较过程中表现出自己的鉴赏和评价能力。相应地，根据不同学段学生在审美认识能力方面的表现，评价者就可以采用不同的评价标准对其进行评价。

第四节　劳动素养评价

劳动是人类有目的地运用智力和体力与自然和社会互动，创造物质或精神财富，从而满足自身物质需要和精神需要，最终求得生存和发展的实践活动形式。人们日常生活中的衣、食、住、行都离不开劳动。恩格斯在《劳动在从猿到人转变过程中的作用》中论证了人类的产生起源于劳动的观点。[1] 传统意义上的劳动主要分为体力劳动和脑力劳动两种。体力劳动是指劳动者使用和改变自然界中的物质材料，以消耗体力为主。与之相对的脑力劳动，是指使用符号生产精神产品，以消耗脑力为主。

劳动教育是以促进学生形成劳动价值观（确立正确的劳动观点、积极的劳动态度，热爱劳动和劳动人民等）和养成劳动素养（有一定劳动知识与技能、形成良好的劳动习惯等）为目的的教育活动。[2] 换言之，劳动教育是面向全体学

---

① 《马克思恩格斯全集》第二十卷，中共中央马克思恩格斯列宁斯大林著作编译局译，509～522 页，北京，人民出版社，1971。

② 檀传宝：《劳动教育的概念理解——如何认识劳动教育概念的基本内涵与基本特征》，载《中国教育学刊》，2019(2)。

生的普通教育，而且还是德智体美劳五育中极为重要的一环。2020 年，《中共中央 国务院关于全面加强新时代大中小学劳动教育的意见》（简称《劳动教育的意见》）强调："劳动教育是中国特色社会主义教育制度的重要内容，直接决定社会主义建设者和接班人的劳动精神面貌、劳动价值取向和劳动技能水平……近年来一些青少年中出现了不珍惜劳动成果、不想劳动、不会劳动的现象，劳动的独特育人价值在一定程度上被忽视，劳动教育正被淡化、弱化。对此，全党全社会必须高度重视，采取有效措施切实加强劳动教育。"从劳动教育的定位来看，它是新时代党对教育的新要求，是中国特色社会主义教育制度的重要内容，是全面发展教育体系的重要组成部分，是大中小学必须开展的教育活动。

与此同时，《劳动教育的意见》也确定了劳动教育的总体目标："通过劳动教育，使学生能够理解和形成马克思主义劳动观，牢固树立劳动最光荣、劳动最崇高、劳动最伟大、劳动最美丽的观念；体会劳动创造美好生活，体认劳动不分贵贱，热爱劳动，尊重普通劳动者，培养勤俭、奋斗、创新、奉献的劳动精神；具备满足生存发展需要的基本劳动能力，形成良好劳动习惯。"与《劳动教育的意见》同年印发的《大中小学劳动教育指导纲要（试行）》（简称《劳动教育指导纲要》）则把劳动教育总体目标概括为："准确把握社会主义建设者和接班人的劳动精神面貌、劳动价值取向和劳动技能水平的培养要求，全面提高学生劳动素养。"由于两份政策文本都把劳动素养的培育和提高视为劳动教育的总体目标，因此它们均提出将劳动素养纳入学生综合素质评价体系。可见，学生劳动素养评价不仅是实现劳动教育总体目标的重要手段，也是综合素质评价的重要组成部分。

一、劳动素养评价的概念与意义

对学生的劳动素养进行评价，对提升学生的劳动素养发展水平具有重要作用。劳动素养评价以《劳动教育的意见》中提出的劳动教育总体目标为依据，对学生的劳动素养发展水平做出评价判断，揭示其优缺点，促使学生在劳动观念、劳动精神、劳动能力和劳动习惯等方面综合发展，并为改进学校劳动教育工作提供有效信息。

（一）劳动素养评价的概念

劳动素养是经学校教育和后天家庭、社会环境长期作用下形成的一种稳定的、综合的有关劳动的内在品质和能力的总和。[①]《劳动教育的意见》的劳动教育总体目标反映出通过劳动教育期望学生具备的一些特质，如"劳动观念""劳动能力""劳动精神""劳动习惯"。这些特质构成了学生劳动素养的不同维度。《劳动教育指导纲要》进一步将上述四个维度细化为以下内容。

---

① 杨慧：《小学生劳动素养测评研究》，硕士学位论文，山西师范大学，2020。

①树立正确的劳动观念。正确理解劳动是人类发展和社会进步的根本力量，认识劳动创造人、创造价值、创造财富、创造美好生活的道理，尊重劳动，尊重普通劳动者，牢固树立劳动最光荣、劳动最崇高、劳动最伟大、劳动最美丽的思想观念。

②具有必备的劳动能力。掌握基本的劳动知识和技能，正确使用常见劳动工具，增强体力、智力和创造力，具备完成一定劳动任务所需要的设计、操作能力及团队合作能力。

③培育积极的劳动精神。领会"幸福是奋斗出来的"内涵与意义，继承中华民族勤俭节约、敬业奉献的优良传统，弘扬开拓创新、砥砺奋进的时代精神。

④养成良好的劳动习惯和品质。能够自觉自愿、认真负责、安全规范、坚持不懈地参与劳动，形成诚实守信、吃苦耐劳的品质。珍惜劳动成果，养成良好的消费习惯，杜绝浪费。

2019 年正式出台的《广州市中小学劳动教育指导纲要》指出，劳动教育的基本理念首先强调学生亲历劳动过程，获得正确的劳动观念、劳动习惯、劳动情感，了解和懂得生产技术知识，掌握生活和劳动技能，培育劳动精神，在劳动实践中追求幸福感并获取创新灵感，提升劳动素养。[①] 该政策文本进一步丰富了劳动素养的基本维度，除"劳动观念""劳动能力""劳动精神""劳动习惯"以外，还增加了"劳动情感"这一维度。劳动情感不仅指学生在对待劳动或劳动时产生的喜怒哀乐等外显情绪表征，而且还指学生在全身心投入劳动的状态下深刻、稳定、持久的体验和感悟，表现为行为上的主动拥护和执行。

根据对劳动素养的界定，我们可以进一步将劳动素养评价定义为：以劳动教育目标为评价标准制定依据，运用科学有效的方法和技术，系统地收集有关的资料信息，对学生的劳动素养做出基于事实判断的价值判断，促进学生的劳动素养发展，并为劳动教育的开展提供指引。

（二）劳动素养评价的意义

劳动素养评价的意义主要体现在以下三个方面。

1. 引导学生树立新时期正确的劳动价值观

劳动素养评价能够发挥育人导向功能，在学校教育场域中引导学生形成热爱劳动、崇尚劳动、尊重劳动的新时期劳动价值观。换言之，劳动素养评价引导学校把劳动素养作为一种重要的育人目标，通过发挥评价的激励作用，让劳动成为学生的一种积极生活方式，突出学生在劳动过程中的主体性和责任感。

---

① 广州市教育研究院：《广州市中小学劳动教育指导纲要》，2 页，广州，广州出版社，2019。

2. 启发学生解决劳动教育实践问题

劳动教育实践是提升学生劳动素养的重要途径。当前，无论家庭劳动教育实践、学校劳动教育实践还是社会劳动教育实践都存在"窄化""弱化""异化""物化"等问题。劳动素养评价能够正视劳动教育实践问题，在评价过程中帮助学生解决这些问题。一方面，劳动素养评价体系为劳动教育实践问题的解决提供方向与思路，发挥评价导向功能。这是因为劳动素养评价在评价指标、评价方法、评价内容等方面关注当前劳动教育实践问题，突出劳动教育实践的内涵要义和时代性特点，致力于帮助学生更好地解决劳动教育实践问题。另一方面，劳动素养评价具有诊断功能，可以预测劳动教育实践中可能发生的问题。这就为学生解决劳动教育实践问题提供方向上的指导，为规避劳动教育实践问题和提供解决问题的支撑保障奠定基础。

3. 提升学校劳动教育质量

劳动教育质量是检验劳动教育成效的重要指标，劳动素养评价的本质在于通过直接提升学生的劳动素养，从而间接促进劳动教育质量的提高。劳动素养评价提升劳动教育质量主要通过以下方式实现。首先，在劳动素养评价过程当中，学生劳动素养既是评价对象，也是提升劳动教育质量的关键。劳动素养评价可以诊断学生在劳动教育过程中劳动素养存在的问题，从而提出具体解决方案，进而达到提升劳动教育质量的效果。此外，劳动素养评价还能帮助教师判断开展劳动教育的实际效果，诊断教师在劳动教育过程中遇到的困难或存在的不足。在此基础上，教师调整开展劳动教育的方式、方法，从而达到提升劳动教育质量的目的。

二、劳动素养评价的方法

在如何开展劳动素养评价的问题上，《劳动教育的意见》要求大中小学应健全劳动素养评价制度："将劳动素养纳入学生综合素质评价体系，制定评价标准，建立激励机制，组织开展劳动技能和劳动成果展示、劳动竞赛等活动，全面客观记录课内外劳动过程和结果，加强实际劳动技能和价值体认情况的考核。建立公示、审核制度，确保记录真实可靠。把劳动素养评价结果作为衡量学生全面发展情况的重要内容，作为评优评先的重要参考和毕业依据，作为高一级学校录取的重要参考或依据。"《劳动教育指导纲要》进一步指出，劳动素养评价应该"以劳动教育目标、内容要求为依据，将过程性评价和结果性评价结合起来，健全和完善学生劳动素养评价标准、程序和方法，鼓励、支持各地利用大数据、云平台、物联网等现代信息技术手段，开展劳动教育过程监测与记实评价，发挥评价的育人导向和反馈改进功能。"具体到劳动素养评价的方法，大致有平时表现评价、学段综合评价和学生劳动素养监测三类。

1. 平时表现评价

平时表现评价是指在平时劳动教育实践活动中及时进行评价，以评价促进学生劳动素养发展。评价应覆盖各类型劳动教育活动，明确学年劳动实践类型、次数、时间等考核要求。关注学生在劳动教育活动中的实际表现，注重从行为表现中分析把握劳动观念形成情况。以自我评价为主，辅以教师、同伴、家长、服务对象、用人单位等他评方式，指导学生进行反思改进。教师可以指导学生如实记录劳动教育活动情况，收集整理相关制品、作品等，选择具有代表性的写实记录，纳入综合素质档案，作为学生学年评优评先的重要参考。

2. 学段综合评价

学段综合评价是指在学段结束时，依据学段目标和内容，结合综合素质档案分析，兼顾必修课学习和课外劳动实践，对劳动观念、劳动能力、劳动精神、劳动习惯和品质等劳动素养发展状况进行综合评定。建立诚信机制，实行写实记录抽查制度，对弄虚作假者在评优评先方面一票否决，性质严重的依法依规严肃处理。在高中和大学开展志愿者星级认证。高中和高等学校需要将考核结果作为毕业依据之一。推动将学段综合评价结果作为学生升学、就业的重要参考。

3. 学生劳动素养监测

监测"是对评价的进一步限定，它强调依赖行政数据，将持续不断的信息收集作为管理决策的基础，着眼于描述而非价值判断"[1]。教育监测与教育评价的区别主要在于使用不同的数据来源，它的数据来源主要是基于教育成就测量的数据、从教育行政部门数据(包括教育统计)中获得的数据，以及从专家评审和教育研究中获得的数据。[2] 因此，学生劳动素养监测主要是指根据不同学校学生劳动素养评价数据、教育行政部门关于劳动教育的统计数据、劳动教育的专家评审和专业研究的数据，对不同地区、不同学段学校学生劳动素养发展总体状况的客观描述。它是人们了解学生劳动素养整体发展水平的重要途径。

为此，有必要将学生劳动素养监测纳入基础教育质量监测、职业院校教学质量评估和普通高等学校本科教学质量评估。教育行政部门可委托第三方专业评估机构，定期组织开展关于学生劳动素养状况的调查，注重学生劳动观念、

---

[1] ［荷］雅普·希尔伦斯、［荷］塞斯·格拉斯、［英］萨利·M. 托马斯：《教育评价与监测——一种系统的方法》，边玉芳、曾平飞、王烨晖译，7页，北京，教育科学出版社，2017。

[2] ［荷］雅普·希尔伦斯、［荷］塞斯·格拉斯、［英］萨利·M. 托马斯：《教育评价与监测——一种系统的方法》，边玉芳、曾平飞、王烨晖译，8页，北京，教育科学出版社，2017。

劳动能力、劳动精神、劳动习惯和品质等的监测。发挥监测结果的示范引导、反馈改进等功能。

三、劳动素养评价示例

随着劳动素养评价日益为学校所重视，一些学校开展了富有成效的探索，尝试通过劳动素养评价提升学生的劳动素养发展水平。根据这些探索，劳动素养评价包括建立评价指标体系、编制评价量表、收集信息和分析评价结果四个步骤。

（一）建立评价指标体系

前文对劳动素养的基本维度进行了说明介绍。根据上述劳动素养概念的定义和基本维度，我们可以建立相应的学生劳动素养评价指标体系，如表 7-11 所示。这一指标体系对原有的"劳动观念""劳动能力""劳动精神""劳动习惯"和"劳动情感"五个维度做了进一步细化。这一指标体系在"劳动观念"的基础上又增加了"劳动知识"，把它们都作为一级指标，合并到"劳动认知"的基本维度下。"劳动情感"作为基本维度，下面又细分为"劳动态度"和"劳动兴趣"两个一级指标。"劳动习惯"这一基本维度包含"劳动意识"和"劳动行为"两个一级指标。"劳动技能"和"劳动创造"作为一级指标隶属于"劳动能力"这一基本维度。最后是"劳动精神"这一基本维度，下面划分为"劳动意志"和"劳动信念"两个一级指标。

表 7-11　学生劳动素养评价指标体系

基本维度	一级指标	二级指标（观测点）
劳动认知 A1	劳动观念 A1.1	1. 认识劳动光荣与劳动幸福，崇尚劳动、尊重劳动 2. 认为劳动是积极的生存方式，是提升公民意识、品格素养和社会责任感的重要路径
	劳动知识 A1.2	1. 积极参加劳动课程学习、劳动实践体验并获取丰富的劳动知识 2. 懂得劳动最光荣、劳动最崇高、劳动最伟大、劳动最美丽的道理
劳动情感 A2	劳动态度 A2.1	1. 增强劳动感受，体会劳动艰辛，分享劳动喜悦 2. 认识到好逸恶劳、不劳而获是可耻的
	劳动兴趣 A2.2	1. 积极参与生产劳动、家务劳动、公益劳动、义务劳动、生存性劳动、主题劳动、动手实践等，并对其中某一或某些方面劳动学习、劳动体验产生浓厚兴趣 2. 在感兴趣的劳动领域产生持续劳动的热情，并勇于学习、探究，促进积极的劳动成果产生

续表

基本维度	一级指标	二级指标（观测点）
劳动习惯 A3	劳动意识 A3.1	1. 让劳动意识成为核心素养的重要组成部分，认识劳动的生活性、享用性、体验性、人文性 2. 认识劳动联通生活世界和职业世界，将劳动与生涯发展、未来幸福生活联系起来
	劳动行为 A3.2	1. 认真、主动地完成分配的劳动任务，养成良好的劳动行为习惯 2. 在学校劳动、家务劳动、校外劳动学习中展现良好的劳动合作、探究行为
劳动能力 A4	劳动技能 A4.1	1. 将劳动技能养成与未来职业、生涯的可持续发展联系起来，持续提升劳动、生活与职业技能 2. 在劳动中展现动手能力与发现问题、解决问题的能力
	劳动创造 A4.2	1. 劳动创意或创造在服务他人、社会中获得认可或做出积极的贡献 2. 展现通过辛勤劳动、诚实劳动创造出的成果
劳动精神 A5	劳动意志 A5.1	1. 敢于磨砺劳动意志与品质 2. 在劳动过程中遇到困难不轻易放弃，勇于坚持，挑战自我
	劳动信念 A5.2	1. 立志成为新时代优秀的劳动者 2. 立志成为全面发展的社会主义建设者和接班人

（二）编制评价量表

在建立劳动素养评价指标体系后，我们需要编制评价量表对学生劳动素养的总体状况进行问卷调查（关于作为学生评价方法的问卷法可参考第四章第二节相关内容）。根据评价指标的观测点，我们通过集体讨论、文献搜查等方法设计调查问卷中的评价题项。随后，我们选取部分学校进行试测，保证调查问卷中设计的评价题项表达清晰明了，符合学生的认知水平，并邀请专家对问卷提出修改意见，根据专家意见和信效度分析结果，对问卷进行微调。经过调整，我们正式发放问卷进行调查。

问卷的主体部分分别对应上述劳动素养评价指标体系的五个基本维度，每个维度下评价题项数量不等。评价题项采用李克特五点量表形式设计。（1＝"完全不同意"，2＝"较不同意"，3＝"不确定"，4＝"基本同意"，5＝"完全同意"）。下文将以"劳动精神"（A5）中的"劳动意志"（A5.1）为例进行分析。以五点量表形式设计的评价题项如表7-12所示。根据专家意见和信效度分析以后，评价题项最终确定为11项。

表 7-12 "劳动意志"评价指标及对应题项

一级指标		二级指标	1	2	3	4	5
名称	明细	评价题项					
A5.1 劳动意志	A5.1.1 自觉性	33 我常常需要有人监督,才能认真劳动					
		34 我每周都会自己主动制定劳动目标,然后努力完成它					
		35 即使是自己能独立完成的劳动,我也总想找个人帮我一起做					
	A5.1.2 果断性	36 劳动中遇到困难时,我能够迅速找到解决方法,并冷静处理					
		37 团体劳动中,我总是充当小队长的角色带领大家克服困难					
		38 假如在劳动中意外受伤了,我会很慌乱,不知道怎么办					
	A5.1.3 坚韧性	39 当劳动还没做完时,谁来找我玩我也不会去					
		40 劳动时我会认真去做并且付出自己最大的努力,不是随便弄					
		41 每天坚持劳动对我来说是一件简单的事情					
	A5.1.4 自制力	42 劳动中遇到麻烦时,我会怀疑自己并想要选择放弃					
		43 遇到不开心的事情也不会影响我劳动时的心情					

(三)收集评价信息

为了解当前学生的劳动素养总体状况,我们通过问卷法收集评价信息的对象是小学四、五、六三个年级的学生,采取随机抽样,选择 G 市城市和农村各 2 所小学。每所小学每个年级随机抽取 1 个班级,合计 6 个班级。① 问卷调查共发放问卷 650 份,回收 636 份,回收率为 97.8%;剔除无效问卷 11 份,共计回收有效问卷 638 份,问卷有效率为 98.3%。

通过正式调查,我们得到"劳动意志"这一指标下各二级评价指标的均值情况,如表 7-13 所示。劳动自觉性评价指标的均值为 3.50(百分制分值为 71.0);劳动果断性评价指标的均值为 4.02(百分制分值为 80.4);劳动坚韧性评价指标和自制力评价指标的均值分别为 4.08 和 3.91(百分制分值分别是

---

① 调查示例参考自杨慧:《小学生劳动素养测评研究》,硕士学位论文,山西师范大学,2020。个别内容有修改变动。

81.6 和 78.2)。"劳动意志"这一评价指标中，学生的劳动自觉性相对最低，自制力次之，均表现为中等水平；劳动果断性和坚韧性均处于良好水平。

表 7-13 "劳动意志"各二级评价指标的均值情况

指标	劳动自觉性		劳动果断性		劳动坚韧性		劳动自制力	
	原值	百分制分值	原值	百分制分值	原值	百分制分值	原值	百分制分值
M	3.50	71.0	4.02	80.4	4.08	81.6	3.91	78.2
SD	0.91		0.93		0.93		0.85	

注：表中的 M 为均值，SD 为标准差。

对不同年级学生劳动意志二级评价指标进行均值比较，在四个二级评价指标上得分表现为：六年级＞五年级＞四年级。再进一步通过多重差异分析可知，如表 7-14 所示，在劳动自觉性指标上，四年级得分显著低于六年级，五年级得分显著低于六年级，四年级得分低于五年级但不存在显著差异（$P = 0.543 > 0.05$）。在劳动果断性评价指标上，各年级之间差异性不明显，表明不同年级学生劳动果断性无差异。在劳动坚韧性评价指标上，四年级和五年级得分显著低于六年级，四年级低于五年级但不存在显著差异（$P = 0.159 > 0.05$）。在劳动自制力评价指标上，得分从低年级到高年级逐渐递增，即四年级＜五年级＜六年级。

表 7-14 不同年级"劳动意志"评价指标多重差异分析

年级		自觉性（显著性）	果断性（显著性）	坚韧性（显著性）	自制力（显著性）
四年级	五年级	0.543	0.659	0.159	0.023
	六年级	0.000	0.102	0.000	0.000
五年级	四年级	0.543	0.659	0.159	0.023
	六年级	0.001	0.645	0.002	0.022
六年级	四年级	0.000	0.102	0.000	0.000
	五年级	0.001	0.645	0.002	0.022

(四)分析评价结果

1. 数据描述

调查数据显示，学生的劳动意志普遍处于中等水平，整体来看仍存在较大提升空间。四、五年级的劳动自觉性和坚韧性显著低于六年级，四、五年级之间无显著差异；劳动果断性在年级之间的差异性不明显；劳动自制力随着年级正向递增。

2. 存在问题

(1)劳动机会缺乏

一些教师反映，迫于教学任务压力鲜有机会在课堂中对学生进行劳动教育。还有些教师反映，即使有意培养，但有些学生不愿吃苦。班级劳动委员往往是学生最为排斥的班级职务。有些学生过于依赖家长，缺乏自理自立能力，囿于游戏和上网，很少会对家务上心，缺乏劳动自觉性。

(2)师资力量薄弱

劳动教育专兼职教师队伍数量匮乏，教师劳动教育专业水平不高，难以引导学生养成顽强的劳动意志。

(3)家长缺乏正向的鼓励和引导

有些学生反映，在参加劳动时，很少得到家长的鼓励，甚至在出错时被批评，极大打击了学生的自信心和主动性，导致逆反心理的产生。

3. 对策建议

(1)关注劳动意志中的劳动自觉性和劳动自制力的培养

为增加学生的劳动自觉性，家校之间应该形成合力，为学生提供充分的劳动教育机会，促进劳动教育向实际生活渗透，与社区社会联系，让学生走出校园、走出家园、走向社会。首先，家庭教育应发挥自身贴近生活的优势，成为劳动教育的主要场所。其次，社区社会应发挥其场地资源丰富的优势，多组织活动为学生提供劳动与交往的机会。最后，学校可在各种校内活动中融入劳动教育，如设置重养成、重实践、重创新的劳动教育校本课程，并通过家长会或家委会，以微信群等网络方式与家长建立联系，共同商讨行之有效的劳动教育途径。同时，学校可构建分享平台鼓励学生家长分享和交流经验与疑难，还可邀请劳动楷模进校园，或通过各种校外劳动活动，让学生理解劳动的意义。比如，在"五一"劳动节，学校可组织"寻访最美劳动者"活动。

(2)加大低年级学生劳动意志的培养力度

调查显示，大部分家长不太重视从小培养孩子的劳动意志。其实，学生进入小学后，很多劳动都可以自己独立完成。这时家长应注意避免事事代劳，多引导孩子自己独立完成一些劳动，从小培养孩子的劳动意志，不仅可以锻炼孩子的生活与交往能力，还能使孩子的劳动习惯得以养成，并成为生活中必不可少的一部分。

(3)注重高年级在劳动意志方面的示范作用

学生之间在学习上会产生比较心理，在加大培养学生的劳动意志时也应该紧扣这种示范性。在学校，主要体现在应该抓住高年级的学生对低年级学生的示范作用，引导和增加低年级学生学习和互动的机会。比如，学校向低年级学生展示高年级学生的劳动成果，利用宣传栏或文化墙等张贴劳动光荣榜；组织分享会让劳动表现较好的高年级学生传授经验或心得；组织跨年级的互助共享小组，让高年级学生带领低年级学生共同参与完成劳动实践活动。在家里，体现在年长孩子对年幼孩子的示范作用。对于非独生子女家庭，家长应该注重对年长孩子的劳动教育和引导，让他们以身作则，给弟弟妹妹树立良好的榜样，在生活中不断帮助和鼓励弟弟妹妹参与劳动，向弟弟妹妹表现自己的劳动意志力。

第八章　学生评价改革的新动向

2018年，习近平总书记在全国教育大会上指出，要深化教育体制改革，健全立德树人落实机制，扭转不科学的教育评价导向，坚决克服唯分数、唯升学、唯文凭、唯论文、唯帽子的顽瘴痼疾，从根本上解决教育评价指挥棒问题。教育界响应号召，由此吹响了"破五唯"的教育评价改革号角。2020年，中共中央、国务院印发的《深化新时代教育评价改革总体方案》提出"改革学生评价，促进学生德智体美劳全面发展，并给出树立科学成才观念、完善德育评价、强化体育评价、改进美育评价、加强劳动教育评价、严格学业标准、深化考试招生制度改革等具体改革举措。新时代学生评价改革的序幕正式拉开。

通过上述政策文本的主张，我们不难发现，学生评价改革的目的是要改变以往"唯分数、唯升学、唯文凭"的痼疾，扭转以应试教育为导向、学生身心片面发展的不良风气，解决学校学业质量不佳、考试招生制度不健全的问题。总体来看，学生评价改革体现了以下改革思路。

第一，学生评价改革从只注重智育评价向注重综合素质评价转变。传统的学生评价是一种以智育为中心的评价，从多元智能评价的角度来看，重点考查学生的言语—语言智能和数理—逻辑智能，从而导致学生的片面发展。这与国家一直以来坚定不移奉行的教育目的，即培养德智体美劳全面发展的社会主义建设者和接班人是相悖的。因此，学生评价改革致力于分类评价与综合评价相结合。方法手段上阐明各育，尤其是一直以来较薄弱的教育领域的具体评价举措，如《美育工作的意见》《劳动教育的意见》《劳动教育指导纲要》。目的上通过科学实施德智体美劳各育评价，使各育评价真正融入综合素质评价体系并落到实处，使国家教育目的的实现得以可能。关于综合素质评价详见第七章"综合素质评价"相关内容，此处不再赘述。

第二，学生评价改革从注重结果评价向注重过程评价转变。学生评价目前存在以学业成绩、考试分数为中心的现象，根据分数给学生贴标签，甚至作为分班的依据。这种完全以结果评价学生的做法，使学生的身心健康受到了伤害。新时代的学生评价改革一方面强调革除只重结果的评价弊端，应该完善评价结果运用，综合发挥导向、鉴定、诊断、调控和改进作用。另一方面，新时代的学生评价改革也主张创新德智体美劳过程性评价办法，完善综合素质评价体系，充分运用过程性评价来展现学生的学习全过程图景以及综合素质发展水平。

第三，学生评价改革从注重知识技能向注重核心素养转变。学生评价目标方面目前存在过于偏重学术性和理论性的知识技能倾向，在考查学生理论联系实际和学以致用方面重视程度不够。这一倾向造成学生适应社会生活程度较低、实践动手能力不强等问题。为了从根本上改变这一现象，学生评价改革日益重视联系实际，强调以学生的核心素养为学生评价目标，重点考查学生参与社会生活、解决实际生活问题的综合能力。核心素养是在学科素养基础上形成的一系列涉及认知和非认知领域的能力，涵盖了解决问题过程中所涉及的知识、技能和态度等内容，对于推进社会发展和个人发展均具有积极意义。

第四，学生评价改革从采用传统方法技术向基于信息技术转变。学生评价受传统评价方法和技术的局限，常常无法开展针对特定学生群体的大规模监测与评价，学生评价的科学性、真实性和有效性也难以得到保证。一些新的学生评价理念，如综合素质评价（横向过程评价）、增值评价（纵向过程评价）等，除重视结果性数据外，还强调过程性数据采集，为学生生成数字画像和学习进步状况分析报告。面对这些要求，传统的评价方法和技术是难以胜任的。这些新的学生评价理念的落地，有赖于像人工智能、大数据等新技术，尤其是信息技术的保驾护航。《深化新时代教育评价改革总体方案》敏锐地指出了信息技术在学生评价改革中的地位和作用："创新评价工具，利用人工智能、大数据等现代信息技术，探索开展学生各年级学习情况全过程纵向评价、德智体美劳全要素横向评价。"运用信息技术开展学生评价，日益受到人们的高度重视。

第一节 基于教育过程的学生评价改革

学生评价是学生学习过程的"指挥棒"，它引导学生学习的总体走向。把升学率、学生的学业成绩作为学生评价的主要评价指标的现象依然存在，导致应试教育、学生负担过重、忽视学生主体地位等问题未能完全解决。因此，我们有必要对单纯注重结果的学生评价取向加以引导，向兼顾结果和过程，尤其重视过程性评价的取向转变。

一、学生的自我建构和学生的学习与发展

教育过程包括学生的学习、教师的教学和教育条件三个构成要素。在这三者中，教育条件为教师的教学和学生的学习服务；在教师的教学和学生的学习两者之间，前者为后者服务。

（一）学生的学习与发展是教育过程的核心

第一，从教育目的来说，学校组织的教育资源都是为学生的学习和发展服务的；教师开展教育教学活动，也是为学生的学习与发展服务的；学生在整个教育过程中处于核心地位。所以，学生是学习的主人。教育过程中应该用学生的学习与发展引导教育的资源配置和教师的教学活动。

第二，从教育过程的内在逻辑来看，学生的精神发展变化是自主的。对于学生的发展变化来说，一切外部影响都是间接影响。教师的教学只有转化为学生的主动学习才能真正起到作用，学生的身心健康成长是通过自我建构实现的。

第三，教师的教学出现以教师的教为中心向以学生的学为中心的转型。教学主要围绕学生学习的目标、内容、方法、特点、风格等开展。教师创设的教育情境和条件能否激发学生主动学习与发展，能否帮助学生科学有效地向预期的教育目的发展，是评价教师教学水平的重要参考依据。所以，教师应该以学生的学习与发展为中心进行教学，根据学生的已有学习水平、需要、特点、方式来调整教学方式。

（二）学生学习与发展的关键是自我建构

教育过程的进展取决于其内在逻辑，"教育虽然存在一种外部施加影响的过程，但是其主题却应是促进、改善受教育者主体自我建构、自我改建的实践活动的过程"[①]。世界是客观的，但是人对外部客观世界的反映、选择是基于自身已有的认知图式逐步建构起来的。可以说，教育过程实质上是在教师引导下学生自我建构的过程。学生的学习成就是学生自我建构的结果。只有学生有自我建构的过程，才会直接影响学生学习与发展的过程以及他们的学习成就。教师无法直接作用于学生的主观世界，无法把知识、观念等直接灌输于学生的头脑之中。只有学生主动参与到对外部世界意义和经验的建构过程中，学习才会发生。如果学生没有自我建构的意愿和行为，教师的指导就无法从间接影响转化为直接影响，也难以产生效果。因此，除以往对学生学习成就，包括学业成绩和综合素质发展水平的结果评价外，教师还需要对影响学生学习过程自我建构的因素进行评价。

二、学生学习过程自我建构的影响因素及其评价

学生的"学"，又称学习，这一行为的英文单词为"learning"。一般认为，学习是指学生有意识地为了积累知识、提高技能和自身修养而采取的活动，它

---

① 鲁洁：《教育：人之自我建构的实践活动》，载《教育研究》，1998(9)。

既包括了个体行为的改变，又包括了个体意识倾向和潜能的变化。[①] 学生的学习是整个学校教育中较为关键的部分，而这部分又可以划分为学习过程和学习结果。

当前，对于学生学习，人们更为关注的是学习结果，而学习过程受到的重视程度不足。这与一些学校承担着升学压力和学习结果是升学的唯一依据紧密相关。过分注重学习结果、忽视学习过程的弊病在学校教育中已经显露。因此，针对学生学习过程中自我建构存在的问题，我们可以将影响学生学习过程自我建构的因素划分为学生的学习动力、学习方式、课外学习状况、学习负担四个维度。

(一)学生学习过程自我建构的影响因素

1. 学习动力

学生的学习动力是指引发与维持学生的学习行为，并使之指向一定学习目标的一种作用倾向。它包括下列子项：对学校生活的兴趣、对家庭作业的兴趣、对教师教育教学的兴趣、学习自信心、学习动机、学习压力、学习态度。

(1)对学校生活的兴趣

增强学生对学校生活的认可度，对提高学生的学习质量有一定帮助。这就提醒学校教育者在制定学校规划和开展日常教学、活动时，应该重视学生在学校内的主体地位，为学生提供更多的参与机会，尤其是给学习上存在困难的学生更多参与机会。这有利于学生整体学习质量的提高。学生对学校生活的兴趣包括学生的同学关系、是否愿意参加学校集体活动、是否喜欢学校以及在学校是否会感到孤独等具体指标。

(2)对家庭作业的兴趣

家庭作业主要包括五种类型：课后练习、预习新课、阅读课外书籍、查找资料、参加社区实践活动，当然也包括其他一些不太常见的类型。要提升学生学习过程的质量，我们就需要弄清楚学生都喜欢哪些类型的作业，原因是什么，什么样的作业适合哪一类学生。这些问题都值得做进一步的研究。

(3)对教师类型的兴趣

根据北京市海淀区对全区各所小学所做的调查，学生喜欢的教师类型依次是幽默的、负责的、温和的、博学的、民主的、文雅的、漂亮的、年轻的、严肃的。[②] 可见，教师丰富的人格魅力和广博的知识修养才是学生较为看重的特

---

① 石中英：《公共教育学》，176 页，北京，北京师范大学出版社，2008。

② 张卫光、孙鹏：《北京市海淀区小学义务教育教学质量分析与评价研究报告》，280～281 页，北京，北京师范大学出版社，2010。

征。与此同时，教师较重视的严肃的形象和学生对教师的期望之间的差距也较大。提升教师的内在修养，是提高学生对教师的认可度、改善师生关系的前提。

（4）学习自信心

学习自信心主要包括学生对个人学习能力的评价、尝试解决问题的意愿、对取得优异学习成绩和完成学习目标的预期等内容。

（5）学习动机

学习动机包含学生对于学习目的和意义的认识、对于学习与未来工作与生活的关系、学习意愿的强烈程度等指标。

（6）学习压力

学生承受过重的学习压力会导致学习质量的下降。对学习压力的判断主要从学生在学习过程中产生的心理负担和焦虑、学生作业量的多少及难易度、考试的数量以及学校公布考试成绩之前的感受等方面来进行。

（7）学习态度

它是学生对学习较为持久的肯定或否定的行为倾向或内部反应的准备状态。从学生内部心理状态来看，学习态度通常包括学生对待学习的注意状况、情绪状况和意志状态等方面。从学生学习态度指向的对象来看，学生的学习态度具体又包括对待课程教学的态度、对待学习任务的态度以及对待教师、学校的态度等。

2. 学习方式

学习方式是指个体在进行学习活动时所表现出的具有偏好性的行为方式与行为特征。它包括下列子项：预习功课的习惯、遇到学习问题的解决方式、对待作业错误的方式、参与小组合作学习的方式。

（1）预习功课的习惯

每天预习新课，一方面说明学生具有良好的学习习惯，另一方面也有助于学生尽快熟悉新课内容。这对提高学生的学业成绩有重要的影响。在学生的学习内容不断增加、学习时间有限的情况下，教师应该引导学生采取有效的预习方式，切实提高学习效率。

（2）遇到学习问题的解决方式

在学习过程中，学生更倾向于采用什么方式解决学习上的问题，体现了学生的学习能力水平。学生解决学习问题的方式通常有：自己想办法解决（独立思考和查阅资料），请同学帮忙，向教师求助，向家长求助。

（3）对待作业错误的方式

学生在完成作业时出现错误，对待的方式主要是自己查书后改正错误。也有的学生会与同学讨论后改正错误，有的学生则向教师请教后改正错误，也有一部分学生选择与家长讨论后改正错误。

（4）参与小组合作学习的方式

小组合作学习是目前课堂上较为常见的学习方式。学生参与的状态大致可以分为主动参与、被动参与和旁观三种类型。其中，主动参与表现为积极参与讨论和组织同学讨论；被动参与主要表现为听别人说和做记录；旁观表现主要为不参与讨论。一般而言，提高学生参与活动的积极性和主动性，有利于提高小组合作学习的有效性。

3. 课外学习状况

课外学习状况是指学生在学科课程以外的校内外学习活动状况。它包括下列子项：课外学习途径、课外阅读状况、参加社会实践状况、图书馆资源利用状况、网络资源利用状况。

（1）课外学习途径

课外学习对于学生而言，是对课堂学习的有益补充，能够使学生学到平时在书本上无法学到的知识。利用节假日进行参观、旅游，有利于学生积累生活经验，开阔视野，增长历史、地理、人文等知识，是学生进行校外学习的一种有益方式。

（2）课外阅读状况

对课外阅读状况的了解主要基于学生每周的阅读时间。有研究表明，随着学生阅读时间的增加，学生平均的学业成绩也有所提高，说明阅读对学业发展有促进作用。[1]

（3）参加社会实践状况

学生参加社会实践的主要途径是参加学校组织的公益劳动或志愿者活动。有研究表明，学生参加社会实践的积极性和学生平均学业成绩的分布具有一定的一致性，即平均学业成绩越高的学生参与社会实践的积极性越高。[2] 这一现象的形成可能与学生的生活态度有关。生活态度比较积极的学生，对学习活动和其他活动都抱有较高的积极性。其积极的态度与优良的学习成绩形成了相互促进的关系。因此，教师在平时的教育中应该注意培养学生积

---

[1] 张卫光、孙鹏：《北京市海淀区小学义务教育教学质量分析与评价研究报告》，285页，北京，北京师范大学出版社，2010。

[2] 张卫光、孙鹏：《北京市海淀区小学义务教育教学质量分析与评价研究报告》，287页，北京，北京师范大学出版社，2010。

极的处事态度。

（4）图书馆资源利用状况

学校内的图书馆也是学生进行课外学习时可利用的资源。学生从图书馆借阅图书的数量可以在一定程度上反映学生的课外阅读量，而学生阅读量的增加对提升学生学习质量具有重要作用。

（5）网络资源利用状况

在高度信息化的社会，学习资源的载体日益从纸质媒介转向网络媒介。学生的课内外学习质量也与其利用网络作为学习工具、充分利用学习资源达成学习目标的能力高度相关。因此，我们亟需通过评价了解学生在学习过程中收集、分析和评价网络学习资源的状况。

4. 学习负担

学习负担是指学生在学习过程中，因教师或家长提出的要求超出自身身心承受能力或违背自身的意愿以及对学业成绩的担心等原因造成的疲劳性身心体验。它包括下列子项：每日平均睡眠时长、每日平均作业时长、每日平均复习和预习时长。

（1）每日平均睡眠时长

《中小学生近视眼防控工作方案》明确要求切实保证小学生每天睡眠 10 小时，初中学生 9 小时，高中学生 8 小时。与睡眠时间较多的学生相比，睡眠时间较少的学生更容易产生注意力不集中、学习效率下降的现象。

（2）每日平均作业时长

小学生每天做作业时间为 1 小时左右，中学生每天做作业时间为 2 小时左右，学生的学业成绩水平明显高于基本不做作业或做作业时间过长的学生。做作业时间包括来自教师布置的当天要完成的作业和来自家长布置的作业。

（3）每日平均复习和预习时长

这主要是指教师和家长每天要求的相对稳定的复习和预习时间。学业成绩与复习和预习时长之间并不存在明显的相关关系，无限延长复习和预习时长并不一定意味着能提高学业成绩。

（二）学生学习过程自我建构影响因素评价指标体系

根据上面四个维度的具体细分，学生学习过程自我建构影响因素评价指标体系如表 8-1 所示。详细的评价标准设计请参考第三章"学生评价标准"相关内容。

表 8-1　学生学习过程自我建构影响因素评价指标体系

指标名称	基本维度	一级指标
学生学习过程自我建构影响因素评价指标体系	1. 学习动力	1.1 对学校生活的兴趣
		1.2 对家庭作业的兴趣
		1.3 对教师教育教学的兴趣
		1.4 学习自信心
		1.5 学习动机
		1.6 学习压力
		1.7 学习态度
	2. 学习方式	2.1 预习功课的习惯
		2.2 遇到学习问题的解决方式
		2.3 对待作业错误的方式
		2.4 参与小组合作学习的方式
	3. 课外学习状况	3.1 课外学习途径
		3.2 课外阅读状况
		3.3 参加社会实践状况
		3.4 图书馆资源利用状况
		3.5 网络资源利用状况
	4. 学习负担	4.1 每日平均睡眠时长
		4.2 每日平均作业时长
		4.3 每日平均复习和预习时长

三、基于教育过程的学生评价的意义

基于教育过程的学生评价改革为什么是必要的？其原因在于它所具有的重要意义。总体来看，它的重要意义有以下几个方面。

(一)让学生评价回归教育本体价值

与基于教育结果的学生评价相比，基于教育过程的学生评价把评价重心前移到学生评价过程之中。在基于教育结果的学生评价中，结果与目的具有最高价值。但是，这些结果与目的大部分属于外在价值，即功利化的社会效用，如升学或就业。它们规制甚至架空了整个教育过程，使教育过程所蕴含的本体价值，即学生身心向善发展被异化。

教育的本体价值不在教育过程之外，而在教育过程之中。诚如杜威(Dewey)所说："教育的过程，在它自身以外没有目的；它就是它自己的目的。"[①]教师在教育过程中引导学生学习，帮助学生身心向善发展，这是教育的本体价值。学生在这个过程中得到的思考、体验、领悟、收获会积淀在其日后的人生之中，这是学生的学习成就。因此，只有对教育过程中学生学习的自我建构情况进行评价，才能确保所评价的是教育的本体价值，才能确保对教育结果的评价不会蜕变为对架空了本体价值的外在价值的评价。传统的学生评价多重视结果却忽略过程，重视外在价值而无视本体价值，导致产生功利性的负面后果和影响。学生评价改革只有兼顾过程性评价和总结性评价，才能同时保证本体价值值和外在价值都得到恰当的评价。

(二)真正体现"以生为本"的教育理念

基于教育过程的学生评价以学生为主体、以学生学习与发展状况为内容，主要评价影响学生自我建构的诸因素，从而呈现出学习上自我建构的态度和水平。评价的出发点和落脚点都是学生的发展。从建构主义的视角来看，学生自我建构的精神世界，包括各种核心素养，决定了其学习成就水平的高低。

此外，重视过程性评价，尤其是注意收集学生在教育过程即学习上的自我建构过程的信息。学生评价改革中成长记录袋评价和增值评价等方式的革新，突显了学生评价的诊断和改进功能。这种评价真正体现了"以生为本"的教育理念。

(三)有助于打破应试教育桎梏

针对应试教育提出的素质教育和新课程改革取得了一定成果，但实际上应试教育的现象在社会上还有所存在。根本原因之一就是学生评价方式并未得到根本改变，致使教育改革也是步履维艰。即使不少学校意识到应试教育的弊端并试图进行改革，重结果、轻过程的学生评价标准观依然存在。要打破应试教育的路径依赖，改变"唯分数、唯升学"的现状，就需要对学生评价这一"指挥棒"做出调整，从结果导向的"指挥棒"转变为过程导向为主、结果导向为辅的"指挥棒"。这样让学校和教师不再以学业成绩和升学率为唯一评价标准，而是突出学生在学习上自我建构的态度和水平，帮助学校、教师和学生从应试教育的桎梏中解脱出来。

案例：制作橡皮泥船[②]

一位小学教师在给四年级的学生上课。学生要学习的内容是浮与沉。教师

---

① John Dewey，*Democracy and Education：An Introduction to the Philosophy of Education*，New York，The MacMillan Company，1916，p. 59.

② 张春雷：《教师如何评价和推进学生核心素养的发展——以表现性评价为例》，2021-09-01。

不仅让学生观察不同的日常生活用品在水里的沉浮状态并找到浮沉与密度之间的关系。为了检测和巩固学生的理解，教师还带学生做了一个趣味活动项目——制作橡皮泥船。

每个学生分到一块大小相同的橡皮泥，然后把它捏成各种形状的船，观察其能否浮在水面，还可以看这艘船能够承载多少枚硬币。

每个小组的成员之间可以交流、合作，最后选出一艘承载能力最强的船参加班级的比赛。之后教师会让学生分享成功或失败的原因。

课上，学生对这个项目非常着迷，他们尝试制作不同形状的船。每次自己的船能够承载更多的硬币时，他们都会欢声雀跃。为了防止橡皮泥溶于水，有的学生想到用塑料薄膜把船包起来，这个想法得到了教师的公开表扬。还有学生做的船虽然承载能力不是最大的，但是船的颜色和形状非常美观，也得到了教师的称赞和认可。

案例点评：有时候，当我们强调培养和评价孩子的核心素养时，有些一线教师往往不知所措。这个案例给我们很多启发。实际上发展和评价学生的核心素养离我们并不远，教师只要用心就可以找到或设计出恰当的活动和评价方案。在该案例中，这位教师采用的实际上是表现性评价。所谓表现性评价就是指在真实或模拟真实的任务情境中依据学生的具体活动表现对学生进行的评价。教师如果能够在日常教学中合理运用表现性评价，不仅能够较好地评价学生的核心素养，还能有效地促进学生核心素养的发展。

比如，在这个案例中，学生学习到了一些重要的科学概念，如体积、质量与密度的关系、形状与体积的关系等。这就是所谓核心知识。除此之外，学生还学会了如何将这些知识应用于船只设计与生产的实践中。同时他们也在学习如何合作、思考、创造和解决问题，并体会到成功不是一蹴而就的，而是需要不断改进和完善。这其实都是现代公民应该具备的核心素养。

活动设计与评价建议：我们设计或者选择教学活动或表现性评价时，应该努力做到：①要给学生合作的机会；②要给学生沟通表达的机会；③要给学生创造和发明的机会；④要给学生批判性思考和解决问题的机会。

那么，我们如何根据学生在活动中的表现，评价学生的核心素养呢？实际上，仅仅根据一个活动中的表现来评价学生核心素养，有过度概括的嫌疑。在教学中，教师应该记录学生在多个活动中的表现，积累充分的证据，最后做出整体、客观的评价。

在上述案例中，教师如何解释学生的不同表现呢？教师可以参照学生核心素养表现核查表，如表8-2所示，对学生的表现进行一定程度的评定和解释。

表 8-2　学生核心素养表现核查表

维度	学生在制作橡皮泥船过程中的具体表现	是	否
科学知识	能说出船的形状与承载力的关系		
	能说出造成船沉水的各种原因		
科学实践	小组进行了合理的分工合作		
	船是否能稳定地浮在水面上		
	创造性地解决了遇到的问题		
情感、态度、价值观	小组进行了反复的改进和尝试		
	在表达交流时，能批判性地思考，具有质疑精神		

在科学知识上，教师可以提问：为什么某小组的船承载能力更强？学生回答：因为它是圆的。教师追问：为什么圆的船承载能力更强呢？有的学生可能答不出来或者答得不准确，有些学生可能回答：因为这样船的体积最大。这就说明该学生比其他学生理解更透彻。

在科学实践上，教师可以注意观察学生制作和改造船的过程。比如，他们遇到了什么问题？他们是如何解决的？他们是否善于交流合作？他们有哪些创新？最后他们小组的船承载能力如何？从这些方面，教师可以对学生的问题解决能力、创造力、合作交流能力等进行评价。

对于情感、态度、价值观的评判，教师可以重点观察学生对橡皮泥船改造和实验的次数以及最后取得的进展，还有关注学生能否独立思考和相互帮助，最后关注学生是否能认识到科学与工程技术之间的联系。

虽然表现性评价在发展和测评学生核心素养上具有自身独特的优势，但相对纸笔评价而言，表现性评价的成本和实施难度更大，对于教师的评价素养要求也更高。因此，在教学中，教师应该根据评价的目的和实际情况，选择合适的评价方式，测评和推进学生核心素养的发展。

第二节　基于核心素养的学生评价改革

21 世纪要求培养全面发展的人，使学生具备在人生中达成个人幸福生活和参与社会公共事务所不可或缺的素养。因此，学生评价方面也由以往的注重学生学术性、理论性知识技能向注重生活参与和实际问题解决的学生核心素养转变。

对核心素养的理解，目前主要存在两种观点。一种观点认为，核心素养是一种特殊能力，即"胜任力"①。根据国际学生评价项目的界定，核心素养是"学生在主要学科领域中运用知识和技能的能力，以及在多种环境下在提出、理解和解决问题过程中进行分析、推理和有效交流的能力"②。另一种观点则认为，核心素养"与知识（或认知）、能力（或技能）、态度（或情意）等概念的不同在于，它强调知识、能力、态度的统整"③。笔者更倾向于第二种观点，即核心素养是知识、能力、态度乃至信念等要素以统整的方式在个体身心结构中呈现的最优状态。

国际学生评价项目从 2000 年首次开展评价至今，影响几乎遍及全球。它着重对学生阅读素养、数学素养和科学素养三个领域进行评价，促使世界各国的评价内容由以往的关注学术的学习成绩逐渐向关注学生的核心素养转变。④法国将学生在基础教育阶段的表现通过《个人能力手册》分三个阶段对学生进行完整的记录，分别对学生在第一阶段（1～2 年级）的法语、数学、社会及公民素养，第二阶段（3～5 年级）和第三阶段（6 年级到初中毕业）学生发展的七大素养进行考查；每个学段逐年填写完毕，所有教师都会参加对学生的考核。⑤ 此外，还有一些国家针对特定的核心素养开发形成性评价工具。

核心素养作为有巨大影响力的跨国学生评价概念，一方面促进了学生评价理论的变革，必须从过去单纯以学业成绩为评价标准转向以学生核心素养为评价标准。另一方面，核心素养以实际问题解决为指向，一般分为学科核心素养和通用核心素养，如表 8-3 所示。学科核心素养是一种与特定学科领域联系密切的核心素养，如语文素养、数学素养、信息技术素养。通用核心素养是一种超越特定学科领域的核心素养，如沟通交流素养、团队合作素养、自主学习素养。由于核心素养并非完全以学科知识技能习得为指向，评价时需要兼顾整体性和发展性，因此评价方式面临深刻转型。

---

① 刘永存、尹霞：《中小学班主任核心素养：概念的梳理与厘清》，载《中小学德育》，2016(5)。

② OECD, *PISA 2009 Assessment Framework：Key Competencies in Reading，Mathematics and Science*，Paris，OECD Publishing，2009，p. 13.

③ 柳夕浪：《从"素质"到"核心素养"——关于"培养什么样的人"的进一步追问》，载《教育科学研究》，2014(3)。

④ 辛涛、姜宇：《全球视域下学生核心素养模型的构建》，载《人民教育》，2015(9)。

⑤ 刘晟、魏悦、周平艳等：《21 世纪核心素养教育的课程、教学与评价》，载《华东师范大学学报（教育科学版）》，2016(3)。

表 8-3　学科核心素养和通用核心素养

维度		素养
学科核心素养	基础领域	语言素养、数学素养、科技素养、人文与社会素养、艺术素养、运动与健康素养
	新兴领域	信息素养、环境素养、财商素养
通用核心素养	高阶认知	批判性思维、创造性与问题解决、学会学习与终身学习
	个人成长	自我认识与自我调控、人生规划与幸福生活
	社会性发展	沟通与合作、领导力、跨文化与国际理解、公民责任与社会参与

一、充分挖掘大数据以科学有效评价学生核心素养

在信息技术快速发展的当下，技术的革新为学生提供了各种各样的教学设备，创造了多样化的学习方式，如移动学习、在线学习等。学生的学习不再局限于教室、教师和教材，学生可在多样化的学习条件下发展多方面的能力。相应地，首先，学生评价改革需要通过互联网技术捕捉分散在各种网络平台的数据；其次，学生评价改革需要在海量数据中深入挖掘到可以精准评价学生核心素养的核心数据。

例如，我们可以将影响学生核心素养发展水平的各种因素，如学习动力、身心健康状况、家庭情况、自我管理等进行归纳整理，建立相应的数据库，借助计算机对数据进行分析、存储、处理和追踪，全面评价学生的日常行为表现。此外，我们还可以通过相关数据对教师教学、学校管理等活动进行评价，找出影响学生核心素养的各种因素，以此加深对学生核心素养发展影响因素的认识。建立和完善学生评价的数字化管理平台，不仅可以为学校开展评价、改进教育教学工作提供技术支持，还可以对学生进行更为客观、全面的评价。学校管理者则可以通过对管理过程中反馈的一些学业测验结果、班级状况、学生学科诊断信息等进行分析，从而对学生学科核心素养和通用核心素养的发展状况进行综合评价。

二、质性与量化相结合以促进学生核心素养评价多样化

对于学生核心素养的评价，一方面可以以核心素养为指向，并依托课程标准进行量化评价；另一方面应超越数据表面探寻其实质，对核心素养进行质性评价。

新西兰通过观察儿童学习故事的方法，形成了一套能有效记录与评价儿童学习和发展轨迹的形成性评价体系。[①] 教师对儿童的学习过程进行观察，并用故事、照片等媒介对儿童行为进行记录。具体而言，在评价儿童沟通、理解、互帮互助等能力表现时，教师运用表现性评价对儿童的相关能力表现进行客观分析；在评价儿童兴趣、情感、经验等方面的发展状况时，教师运用发展性评价对儿童的一系列行为进行观察、记录。不仅如此，教师在"学习故事"中注重倾听家长的声音，凝聚社区及社会的力量，并鼓励儿童参与评价过程，以评价主体的多元化和评价方式的多样化促进儿童健康成长。在国家层面，新西兰还把对学生核心素养的监测融入每年一次的国家学生学业成就国家监测研究，并对学生的不同核心素养在每个学科中的具体表现给出明确的操作性定义，强化学生核心素养评价的科学性。

三、建立学生核心素养的四维评价空间

学生核心素养的习得与养成具有连续性、整体性、综合性等特点，这决定了其测量与评价也必须具有发展性和整合性。有学者据此提出了学生核心素养的四维评价空间的构想，如图 8-1 所示。[②]

首先，从生态理论的视角全方位考量学生在各种成长环境中的核心素养表现。处于互联网时代的学生，他们的生活高度依赖网络。所以，学生核心素养的评价也包括现实与虚拟两个部分。学生的现实生活不仅包括学校学习，还包括家庭生活和社会实践。学生核心素养评价可以围绕学校学习、家庭生活、社会实践、网络交往的四维空间展开，并以此为收集学生评价信息的出发点。

其次，根据全息理论中"部分是整体的缩影"的观点可知，学生在某项活动中的问题解决过程，也能全息地反映出其各方面的核心素养，即评价可以"窥一斑而知全豹"。由此，评价者可以围绕其中一维，通过综合性问题情境的设置，根据学生在解决问题中所表现出的知识、能力、态度、责任感等，对其核心素养做出整体性评价。

有研究认为，学生核心素养表现为三个层次："双基"层、问题解决层、学科思维层。[③] 就每一维度的评价而言，知识是基础，问题解决是综合能力和品

---

① 许贞：《新西兰学习故事及其对我国学前教育的启示》，载《考试周刊》，2016(22)。
②③ 黄小莲、魏晓婷：《基于核心素养的学生评价改革构想》，载《教育测量与评价》，2016(9)。

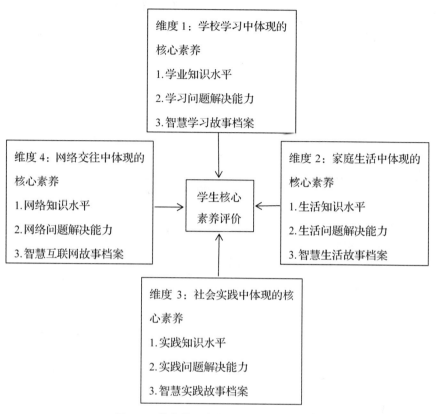

图 8-1　学生核心素养的四维评价空间①

格的展现，智慧则是思维的创新和表现形式。所以，对每一维度的评价可以沿着这样的层级设计展开。

图 8-1 显示，学校学习中主要从以下三方面考查学生的核心素养：①学业知识水平。它主要指学生在学科测验中的学业表现。②学习问题解决能力。它主要通过记录学生在学习中遇到问题时的行为表现，分析学生的学习品质及其相关素养。③智慧学习故事档案。学习故事的讲述者可以是学生本人、同学或教师，采用叙事研究的方式描述学生学科思维的发展过程。学生学校学习主要关注学生的学习能力以及他们在学习活动中表现出来的核心素养。

家庭生活中主要从以下三方面考查学生的核心素养。①生活知识水平。这一部分内容常常被忽略，以致出现学生生活常识缺失的现象，如学生的生存能

---

① 黄小莲、魏晓婷：《基于核心素养的学生评价改革构想》，载《教育测量与评价》，2016(9)。

力较弱和生活习惯不良等。②生活问题解决能力。这是核心素养在日常生活中的表现，它既需要大量相关知识的支撑，也需要运用知识动手实践和学习。③智慧生活故事档案。其记录者可以是学生本人或家长，可以采用创设生活情境的方法，主要关注学生的生活能力、家庭责任、审美情趣、身心健康以及在生活中表现出来的核心素养。家长是主要评价者之一。

社会实践中主要从以下三方面考查学生的核心素养：①实践知识水平，即学生参与社会实践的相关知识。②实践问题解决能力。它包括问题的发现、解决问题的方案设计、行动跟进等能力，可以综合地反映学生各方面的核心素养。③智慧实践故事档案。其讲述者可以是活动组织者或者学生本人，可以采用项目活动的考查方式，评估学生在具体情境中分析问题、解决问题的能力及其表现出的探究精神和实践创新能力。

网络交往中主要从以下三方面考查学生的核心素养：①网络知识水平。它主要指学生运用互联网等技术工具的常识。②网络问题解决能力。它是学生运用网络查阅资料、开展学习、与他人互动，以及解决"互联网＋"过程中各种问题的策略。③智慧互联网故事档案。它描述的是个人运用互联网的各种经历及其成长故事、创新能力。其讲述者可以是学生，也可以是网友或网络合作者。

上述四维的评价方式，每一维度的前两项可以通过问题情境的创设进行量化评价，第三项可以采用叙事的方法开展质性评价。核心素养的综合评价应该是多种评价主体与多种评价方法的结合。

核心素养作为 21 世纪学生适应社会的基石，对学生的发展有着不可替代的作用。基于核心素养的学生评价也是学生评价改革的未来趋势之一。因此，评价者应充分利用大数据和运用多元化、开放性的评价方式，促进学生各方面核心素养的协调发展。

第三节 基于信息技术的学生评价改革

2018 年，由教育部印发的《教育信息化 2.0 行动计划》（简称《计划》）将教育信息技术视为教育迈向真正现代化的新型推动力量，将教育信息化作为教育系统性变革的内生变量，支撑引领教育现代化发展，推动教育理念更新、模式变革、体系重构。具体到学生评价改革的技术支撑上，《计划》提出了推进网络学习空间在综合素质评价的应用、建设国家学分银行和终身电子学习档案等具有革命性的举措。2020 年印发的《深化新时代教育评价改革总体方案》对信息技术运用于学生评价改革同样提出了具体要求："坚持科学有效，改进结果评价，强化过程评价，探索增值评价，健全综合评价，充分利用信息技术，提高教育评价的科学性、专业性、客观性。"可见，基于信息技术的学生评价改革正日益受到国家以及教育界的普遍重视。

传统的学生评价多存在评价方法单一、评价内容片面、重智育轻德育、重分数轻素质等问题，在以往的技术条件下很多都难以解决。大数据、人工智能、区块链等新兴技术快速融入教育领域，为推动学生评价改革提供了条件，有助于开展面向教育教学全过程的纵向评价以及包括德智体美劳全要素在内的横向评价，推动学生评价方式和评价内容重构。

一、学生评价改革对信息技术的迫切需求

当今社会处于一个信息技术高度发展的时代，它改变了社会各行各业对人才在知识、能力和素质等方面的标准，继而改变了教育领域的人才培养目标。学生的批判性思维能力、协作沟通能力、解决复杂问题能力、创新能力以及技术运用能力，成为其在未来信息化社会中的关键能力，因此也同样成为全面发展的育人目标不可或缺的构成要素。针对新的人才培养要求，教育领域不可避免需要创新信息化条件下的学生评价方式，发展与时俱进的评价体系，发挥学生评价的"指挥棒"作用，引导课程与教学方式变革，从而实现上述新的人才培养目标。

信息技术在促进学生评价方式方法创新上发挥着不可替代的作用。创新学生评价工具，以大数据、人工智能技术为代表的信息技术为实现学生评价方式的多样化奠定了基础。例如，基于信息技术的学生评价，不但可以全方位、全过程采集学生个体或班级全体的数据，而且可以获得情感状态、心理健康、实践能力等非结构化数据；通过跟踪和记录学生的学习过程并适时发起学习干预，可为教师、学生提供动态、实时的评价反馈，有利于及时调整教学方案；在区块链等技术支持下，可以设计开发面向终身学习的学分银行，打破不同学段之间信息互不衔接的评价藩篱，有效构建终身教育立交桥。

在传统的评价体系下，学生评价内容主要关注学生对知识的掌握情况，有可能导致死记硬背、机械刷题等现象，对德智体美劳整体发展水平的考查不足。为此，要重构学生评价体系，利用信息技术深化学生评价改革，评价者必须在学生评价内容、评价主体、评价方法、评价工具等方面提供具有针对性的解决方案，支持形成性和个性化的学生评价。

二、基于信息技术的学生评价改革的基本途径

基于信息技术的学生评价，既要注重全局性的战略布局和顶层设计，也要关注课程与教学层面的信息化学习方式变革。基于信息技术的学生评价改革的基本途径主要表现在过程性评价、增值评价和综合评价等方面。

强化过程性评价，注重学生评价的动态性和诊断性。传统的学生评价以总

结性评价方式为主。而通过基于技术的数据采集和分析将评价渗透到教学环节之中，对自然状态下评价对象的真实学习行为轨迹进行跟踪，评价者可以实现基于数据分析的证据差异化和适性教学，提供对学习数据的全过程采集和评价结果的快速反馈，确保学习效果。

优化增值评价，关注学生的努力程度和进步表现。开发多样的评价模型，不以学生学业成绩为唯一评价标准，通过大数据、人工智能技术采集学生知识、情感、态度、思维和行为等全过程数据，从发展性视角评价学生的努力程度、学习效率等，关注学生在原有学习基础上的进步幅度，形成纵向比较，激发学生的内在动力，引导学生全面发展。

健全综合评价，强化评价主体的多元性和评价方式的多样性。学生评价主体的多元性表现在教师、学生、家长甚至是机器均参与到评价之中，同时推进学校内部评价和外部评价的整合。学生评价方式的多样性即采用基于人工智能技术的试题测验、实践操作、面试答辩、作业批改等方式进行综合评价，增强学生评价的客观性、公平性和有效性。

此外，评价者还可以利用人工智能技术改进总结性评价，尤其是优化考试流程、实现从组卷、阅卷、评分到考务管理等全方位的智能化，从而提升学生评价的整体质量。

三、基于信息技术的学生评价改革的新举措

信息技术能够使学生评价手段更加丰富、学生评价过程更加科学、学生评价结果更加准确、学生评价反馈更加及时。基于信息技术的诸多优势，创新学生评价实践得以可能，也出台了不少新举措。

首先，不少地区、学校借助信息技术完善学生评价指标体系，突出道德素养、审美素养、劳动素养的重要性，强化综合素质为先的评价导向。例如，开展大规模评价，采集海量数据进行挖掘分析，使原来注重结果导向的"单一"评价向注重过程导向的"多维"评价转变，由主要注重知识传授向更加注重全面发展转变。

其次，不少地区、学校创新多样化的学生评价方式，开展基于学习行为的数据分析。例如，利用信息技术跟踪和监测教学与学习全过程，如课堂考勤、课堂表现、历次测验考试分数、作业练习分数、课外阅读情况等。建立学生线下线上、校内校外学习和活动的电子档案袋，全面记录和追踪学生校内外的成长轨迹，强调学生评价的诊断功能、激励功能、改进功能、预测功能等，以发现学生的潜质或不足，服务学生全面发展和个性成长。

再次，不少地区开发了信息化的关键技术和系统，为评价实施提供智能化解决方案。例如，研发数据采集管理平台，部署物联感知、图像和语音识别、视频采集等软硬件作为数据采集技术设备，支持人机结合的智能评价，加强多

样化数据之间的互联互通，利用信息技术实现对学生个体发展水平和学生群体发展状况的全过程监测，加快评价结果的反馈速度，实现以评促教，为管理者的教育管理决策和教师的教学决策提供数据参考。

最后，不少地区推进了典型区域重大学生考试评价制度改革，开展应用试点示范。例如，加大基础教育质量监测模型和关键技术研发力度，推动学生评价智能化产品的创新，促进基于数据的过程化评价在教育教学中的应用实践，助力教育科研机构和教育信息化企业加快智能评价技术的成果转化。部分地区尝试推进重大考试评价制度改革实践，取得了不错的效果，发挥了引领示范作用。

四、信息技术在学生评价改革中的具体应用

信息技术目前已应用到学生评价改革的方方面面。从评价主体、评价内容、评价方法到评价结果，信息技术越来越深刻地改变着学生评价的面貌。[①]

(一)网络平台支持评价主体的多元化

信息技术环境下，教师、学生与家长可以通过网络平台不断协商，共同制定学生评价标准，联合开展学生评价活动。学生之间通过网络教学平台了解各自的学习情况并及时评价，能够产生相互借鉴和激励作用；家长借助网络平台不仅有助于了解学生的在校学习情况，还可以将其与家庭生活联系起来，更加系统地评价学生。例如，"家校通"等网络平台可以拓展家长会、家访等联系渠道，支持家长和教师以互动的方式深入了解学生的学习情况、评价学生的进步和不足，以协商的方式引导学生及时调整学习状态。教师、学生、家长通过网络平台开展多元协商的学生评价，有助于学生从不同角度更加深刻地认识和提升自己。在网络环境下，在自我评价中，学生总结学习成就，反思学习不足，改善学习行为；在同伴评价中，学生可交流学习方法，升华情感态度；在家长评价中，学生获得家庭认同和鼓励；在教师评价中，学生可获得精准的学习诊断和指导，进一步优化学习行为。网络环境下的多元协商将学生评价转变为多元评价、学生改进和效果提升的渐进过程，有助于学生在展示和交流过程中提升语言表达、逻辑思维和人际交往等方面的能力。一方面，网络环境下的匿名评价有利于评价者发挥自身的主体性和积极性，支持他们以平等、多元和反思的方式开展评价活动。另一方面，微信、博客等社交软件可以为学生评价提供展示和互动的机会，支持评价者在交流互动中开展学生评价活动。

(二)大数据技术支持评价内容的综合化

如何全面反映学生核心素养的发展，而不仅仅注重学业成绩，成为学生评价内容中亟待解决的问题。尽管传统学生评价也根据学生学业成绩评价学生发

---

① 赵慧臣：《教育信息化促进学生评价改革》，载《教育研究》，2017(3)。

展，但所采集的数据比较有限，难以全面反映学生的综合素质。大数据将给教育发展带来深刻影响，甚至改变教育的传统面貌。作为大数据的一个子集，教育大数据是通过采用物联感知类技术、视频录制类技术、图像识别类技术及平台采集类技术获得。教育大数据技术凭借正式学习与非正式学习中多样化的数据来源，多元化的数据类型（文本、图片、音频、视频等），高效能地处理和分析等优势，全方位收集学生发展的多元化数据，深入分析学生数据背后的学习趋势，帮助学校和教师支持学生成长。教育大数据支持的学生评价不再仅仅停留在学业成绩上，而是记录学生的学习轨迹，关注学生的日常学习表现，促进学生评价内容更加立体、全面和客观。

目前，教育部已经建立了国家基础教育质量数据库和多级数据采集网络，大数据技术将应用到学生的综合素质评价、学业测评等方面。政府、学校、教育技术支持部门和教育研究者等应加强互联互通，在运用大数据开展学生综合素质评价方面开展理论研究与实践探索，为不同学生提供针对性和个别化的评价与指导。评价者需要深度分析学生评价中的数据，揭示学生目前的学习特征，预测学生未来的学习趋势，为评价学生综合素质的发展情况提供支持。

(三)电子档案袋支持评价方法的质性化

作为信息技术与传统评价工具相结合的重要方式，电子档案袋既避免了评价工作繁杂、师生工作量大等问题，也支持评价方法从重视量化分数逐步转为重视质性描述。具有展示、反思和记录功能的电子档案袋，关注不同学生的文化背景、认知水平和学习风格等个性特征，准确反映学生学习过程中情感态度的变化以及过程与方法方面的特性，促进学生评价实现真实性、过程性和反思性的融合。在"互联网＋"背景下，电子档案袋记录和共享学生的成长过程（个人成绩、学业信息、活动记录、作品集和评价信息等），帮助学生看到已有进步及努力成效，便于教师了解和引导学生的思维发展、协作过程乃至成长历程，有利于教师科学评价学生的发展状况。

(四)学习分析技术支持评价结果的可视化

基于信息技术的学生评价不只判断学生的学习表现和学习结果，更从学生学习的大量数据中分析隐含的特征和位置的问题，以图表等可视化方式直观地呈现出来，便于教师针对学生的学习问题改进教学活动，支持学生根据评价结果判断学习状况和改进学习活动。学习分析技术通过数据分析学生及其学习情境，发现学生学习过程中的潜在问题和学习特点；评估和预测学生的学习活动，支持学生及时调整学习活动；促使教师根据不同学生的能力水平和实际需求提供学习指导。只有充分收集学生学习活动的海量数据，深入挖掘学习过程中的影响因素，才能客观真实地评价学生学习的优势和不足，支持学生有效分析和解决学习中的问题。

　　在基于信息技术的学生评价改革的进程中，相关人员应共同努力达到以下目标：一是了解学生评价中"信息技术有什么用"，把握学生评价中应用信息技术的目标；二是懂得学生评价中"信息技术如何使用"，知道如何选择适当的信息技术；三是明白学生评价中"信息技术怎样用好"，不断提升教师、家长和学生的信息技术应用能力，发挥社会系统对学生评价的支持作用，从而更加有效地运用信息技术支持学生评价。

案例：珠海市三灶镇海澄小学：一份与众不同的成绩报告单①

　　2021年1月19日，学期结束，珠海市金湾区三灶镇海澄小学的学生拿到了一份与众不同的成绩报告单。三年级的李俊同学仔细阅读报告单："雷达图上显示我在身心健康这一块比学校平均水平要低一点。下学期我要增加体育运动！"五年级的王英同学说："学科学习的趋势图中，我的数学曲线在往上走，说明我的数学学习在进步。下学期我还要继续努力！"六年级的李华同学说："美术老师表扬我，说我的审美意识强！"原来，同学们拿到的是海澄小学幸福少年综合素质报告单。

　　海澄小学认真学习贯彻《深化新时代教育评价改革总体方案》以及《义务教育质量评价指南》，完善立德树人体制机制，树立科学的教育发展观、人才成长观，破除"五唯"顽瘴痼疾，开展基于教育大数据平台的幸福少年评价体系改革实践，全面推进教育评价改革，努力培养德智体美劳全面发展的社会主义建设者和接班人。

　　评价维度改革，促进学生全面发展。学校秉承为每一个孩子的终身幸福奠基的办学理念，树立办幸福智慧学校、享智慧教育幸福的办学目标，提出身心健康、品行高洁、智能发展、情趣高雅、劳动创新的幸福少年培养目标和评价维度。每个维度有5个关键指标，每个指标下设置观察点。例如，品行高洁对应的是德育，5个关键指标分别是社会主义核心价值观、日常行为规范、文明礼仪、法制教育、主题实践。社会主义核心价值观的主要观测点是德育课程参与、爱国主义教育参与、少先队活动参与情况等。

　　评价方式改革，关注学生终身发展。海澄小学从教师单一评价走向教师、家长和学生多元评价，从期末一次性评价走向日常性和经常性评价，改进结果评价，强化过程评价，健全综合评价，关注学生进步幅度与综合素养的提升，关注学生终身发展能力的获得。班主任、任课教师（包括负责各项目训练、比

---

　　① 教育部：《珠海市三灶镇海澄小学：一份与众不同的成绩报告单》，2021-09-05。

赛的教师）以及家长每周从五个维度对学生进行评价，同学之间也可以互评。每月汇总后，每班从每个维度评出前 5 名，发放当月相关维度的小白鹤卡。海澄小学是国家非物质文化遗产鹤舞的传承学校，将评价工作与校园文化相结合，对应 5 个评价维度设置了品行高洁卡、身心健康卡、智能发展卡、情趣高雅卡和劳动创新卡，如图 8-2 所示。

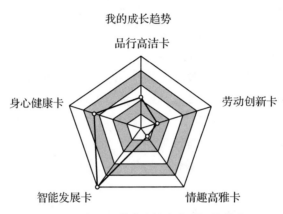

图 8-2　海澄小学学生综合素质评价维度

评价工具改革，完善科学评价方法。在推进评价改革进程中，海澄小学始终坚持高效、准确和减负的原则。学校在区级教育平台金湾智校下搭建了校级评价系统。评价系统与学业成绩监测系统、"老师对我说"等系统互联互通，可有效精准地整合各种教育过程性和结果性数据。教师在手机端上可以手动评价，也可以刷脸评价。多个观察点设置为按等级形式快捷评价。学校还设计了二维码奖卡，日常由教师根据学生表现颁发。学生或家长通过在手机终端扫描二维码，就可以在平台上积累对应的评价数据。

评价反馈改革，提高教育温度。一个学期结束，学校能给孩子和家长的绝不能只是试卷和假期作业。海澄小学的学生综合素质报告单里有幸福少年成长趋势、学科素质评价、学业发展水平、教师综合评价和兴趣特长等内容，记录了学生参加的每次活动、获得的每点进步、付出的每分努力，列出了每位任课教师的关心、认可和期许。学生毕业以后，12 份报告单就能成为他们的毕业档案和纪念册。

海澄小学的胡红娟校长说："每张报告单都在提醒着我和老师们教书育人的广泛责任，也希望能提醒部分家长全面长远看待孩子的成长。我们的教育评价改革还是一个起步式的尝试，我们还要继续打磨和完善，进一步落实立德树人，克服'教育功利化'，培养幸福少年，办人民满意的教育。"

参考文献

一、著作类

[美]Peter W. Airasian. 课堂评估：理论与实践[M]. 第四版. 徐士强，等，译. 上海：华东师范大学出版社，2008.

[美]埃里奥特·W. 艾斯纳. 教育想象——学校课程设计与评价[M]. 李雁冰，译. 北京：教育科学出版社，2008.

[美]L. W. 安德森，等. 学习、教学和评估的分类学：布卢姆教育目标分类学修订版[M]. 皮连生，译. 上海：华东师范大学出版社，2008.

[美]B. S. 布卢姆，等. 教育目标分类学·认知领域[M]. 罗黎辉，丁证霖，石伟平，等，译. 上海：华东师范大学出版社，1986.

陈玉琨. 教育评价学[M]. 北京：人民教育出版社，1999.

辞海编辑委员会. 辞海[M]. 第六版. 上海：上海辞书出版社，2010.

辞海编辑委员会. 辞海（中）[M]. 上海：上海辞书出版社，1989.

邓云乡. 清代八股文[M]. 石家庄：河北教育出版社，2004.

风笑天. 社会调查中的问卷设计[M]. 第三版. 北京：中国人民大学出版社，2014.

冯平. 评价论[M]. 北京：东方出版社，1995.

高时良. 学记研究[M]. 北京：人民教育出版社，2006.

教育大辞典编纂会. 教育大辞典：第5卷[M]. 上海：上海教育出版社，1990.

顾明远. 教育大辞典[M]. 增订合编本. 上海：上海教育出版社，1998.

广州市教育研究院. 广州市中小学劳动教育指导纲要[M]. 广州：广州出版社，2019.

许建钺，赵世诚，杜智敏，等. 简明国际教育百科全书：教育测量与评价[M]. 北京：教育科学出版社，1992.

胡中锋. 教育评价学[M]. 北京：中国人民大学出版社，2008.

[美]华勒斯坦. 学科·知识·权力[M]. 刘健芝，等，译. 北京：生活·读书·新知三联书店，1999.

[美]Howard Gardner. 智力的重构——21世纪的多元智力[M]. 霍力岩，房阳洋，李敏谊，等，译. 北京：中国轻工业出版社，2004.

[美]霍华德·加德纳. 智能的结构[M]. 沈致隆，译. 杭州：浙江人民出版社，

2013.

金娣，王钢．教育评价与测量[M]．北京：教育科学出版社，2007.

瞿葆奎．教育学文集：第16卷[M]．北京：人民教育出版社，1989.

[美]科恩．论民主[M]．聂崇信，朱秀贤，译．北京：商务印书馆，1988.

李德顺．价值论[M]．第2版．北京：中国人民大学出版社，2007.

俞启定，施克灿．中国教育制度通史：第一卷[M]．济南：山东教育出版社，2000.

李民，王健．尚书译注[M]．上海：上海古籍出版社，2000.

刘复兴．教育政策的价值分析[M]．北京：教育科学出版社，2003.

刘晋伦．能力与能力培养[M]．济南：山东教育出版社，2001.

王景英．教育评价理论与实践[M]．长春：东北师范大学出版社，2002.

马克思，恩格斯．马克思恩格斯全集：第二十卷[M]．中共中央马克思恩格斯列宁斯大林著作编译局，译，北京：人民出版社，1971.

石中英．教育哲学[M]．北京：北京师范大学出版社，2007.

孙崇文，伍伟民，赵慧．中国教育评估史稿[M]．北京：高等教育出版社，2010.

陶行知．陶行知全集：第一卷[M]．成都：四川教育出版社，1991.

田正平．留学生与中国教育近代化[M]．广州：广东教育出版社，1996.

王振宇．儿童心理学[M]．南京：江苏教育出版社，1987.

[美]Ellen Weber．有效的学生评价[M]．国家基础教育课程改革"促进教师发展与学生成长的评价研究"项目组，译．北京：中国轻工业出版社，2003.

吴钢．现代教育评价基础[M]．第2版．上海：学林出版社，2004.

吴钢．现代教育评价教程[M]．第二版．北京：北京大学出版社，2015.

吴康宁．教育社会学[M]．北京：人民教育出版社，1998.

[荷]雅普·希尔伦斯，[荷]塞斯·格拉斯，[英]萨利·M. 托马斯．教育评价与监测——一种系统的方法[M]．边玉芳，曾平飞，王烨晖，译．北京：教育科学出版社，2017.

[德]席勒．美育书简[M]．徐恒醇，译．北京：中国文联出版公司，1984.

姚本先．心理学[M]．第2版．北京：高等教育出版社，2009.

袁振国．当代教育学[M]．第4版．北京：教育科学出版社，2010.

张凤阳，等．政治哲学关键词[M]．南京：江苏人民出版社，2014.

张卫光，孙鹏．北京市海淀区小学义务教育教学质量分析与评价研究报告[M]．北京：北京师范大学出版社，2010.

二、期刊类

毕华林．学习能力的实质及其结构构建[J]．教育研究，2000(7)．

曹日昌．我国教育测验运动的回顾与展望[J]．教育杂志，1940(7)．

陈玉琨，李如海．我国教育评价发展的世纪回顾与未来展望[J]．华东师范大学学报(教育科学版)，2000(1)．

龚孝华．教育评价中管理主义、功利主义、科学主义倾向及其批判[J]．内蒙古师范大学学报(教育科学版)，2008(7)．

黄小莲，魏晓婷．基于核心素养的学生评价改革构想[J]．教育测量与评价，2016(9)．

霍力岩，赵清梅．多元智力评价与我国基础教育评价改革[J]．教育科学，2005(3)．

蒋洋洋．道德认知与道德情感交互作用初论[J]．湖北科技学院学报，2019(1)．

蒋智春，柏永志．基于"智慧评价"数据的小学生德育评价变革研究[J]．中国教育信息化，2021(9)．

李艺，钟柏昌．谈"核心素养"[J]．教育研究，2015(9)．

刘晟，魏悦，周平艳，等．21世纪核心素养教育的课程、教学与评价[J]．华东师范大学学报(教育科学版)，2016(3)．

刘永存，尹霞．中小学班主任核心素养：概念的梳理与厘清[J]．中小学德育，2016(5)．

柳夕浪．从"素质"到"核心素养"——关于"培养什么样的人"的进一步追问[J]．教育科学研究，2014(3)．

鲁洁．教育：人之自我建构的实践活动[J]．教育研究，1998(9)．

檀传宝．劳动教育的概念理解——如何认识劳动教育概念的基本内涵与基本特征[J]．中国教育学刊，2019(2)．

吴钢，丁敏．小学生学习能力发展性评价标准的探析——以上海市徐汇区康宁科技实验小学为例[J]．教育科学研究，2007(2)．

吴钢，潘倩青，孙巧荣．小学生综合素质评价的实践与反思——以上海市J小学为例[J]．教育测量与评价，2017(3)．

辛涛，姜宇．全球视域下学生核心素养模型的构建[J]．人民教育，2015(9)．

辛涛，张文静，李雪燕．增值性评价的回顾与前瞻[J]．中国教育学刊，2009(4)．

许贞．新西兰学习故事及其对我国学前教育的启示[J]．考试周刊，2016(22)．

杨捷．美国进步主义教育之"八年研究"述评[J]．河南大学学报(社会科学版)，

2006(3).

赵德成．初中毕业生综合素质评价实践的问题与思考[J].中国教育学刊，2007(7).

赵慧臣．教育信息化促进学生评价改革[J].教育研究，2017(3).

赵伶俐，文琪．以审美素养发展为目标的美育评价[J].湖南师范大学教育科学学报，2021(3).

赵敏．"线上档案袋"：德育评价的新探索[J].人民教育，2018(10).

宗秋荣．教育目标分类学[J].中国电大教育，1991(11).

三、学位论文类

付莉．小学生综合素质评价研究[D].长春：东北师范大学硕士学位论文，2008.

梁丽群．小学生综合素质评价研究：以湖南大学附属小学为个案[D].长沙：湖南大学硕士学位论文，2013.

杨慧．小学生劳动素养测评研究[D].临汾：山西师范大学硕士学位论文，2020.